Legumi

Funghi

Dolci

EDEL
Rezepte für einen
ITALIENISCHEN
SOMMER

La dolce vita

Für die Italiener ist Sommer gleichzusetzen mit Ferien und Erholung. Man trifft sich und isst zusammen – ob an langen Tafeln zwischen den Weinreben oder bei einem ungezwungenen Picknick unter einem Schatten spendenden Baum. Die italienische Sommerküche ist schnell und einfach und verarbeitet eine große Auswahl an erntefrischen Zutaten zu wunderbaren Gerichten.

Ferragosto

Fast alle Italiener nehmen ihren Jahresurlaub im August, denn das wichtigste Datum im Sommerkalender ist der 15. August. Der „Ferragosto" ist ein nationaler Feiertag, der traditionell mit einem großen Essen im Familien- und Freundeskreis begangen wird, zum Beispiel mit einem üppigen Picknick auf dem Land oder am Strand.

Für spezielle Anlässe wie Ferragosto werden die Speisen besonders sorgfältig ausgewählt. Erntefrische Zutaten der Region werden zu abwechslungsreichen, häufig kalten Gerichten verarbeitet, die nicht nur ausgesprochen lecker, sondern auch leicht sind. Oft besteht das Essen aus einem kalten Buffet, für das die Gerichte von links nach rechts arrangiert werden: von leichteren Vorspeisen und Antipasti bis hin zu den Desserts. Besonders wichtig dabei ist, die Speisen so ansprechend wie möglich zu präsentieren – und damit auch die köstlichen, frischen Zutaten zur Geltung zu bringen.

Urlaubsregionen

Viele Rezepte in diesem Buch stammen aus den beliebtesten Urlaubsregionen Italiens: Sizilien, Sardinien, Kampanien, Toskana und Norditalien. In der hocharomatischen Küche Siziliens mit ihren nordafrikanischen Einflüssen spielen Zitrusfrüchte eine wichtige Rolle. Sizilien ist zudem bekannt für seine fantastischen Eiscremes. Sardisches Essen ist einfach und doch raffiniert; insbesondere die direkt vor der Insel gefangenen Fische und Meeresfrüchte werden zu leckeren Gerichten verarbeitet. Besonders bekannt ist der „sardische Kaviar“, Bottarga, ein gesalzener und getrockneter Fischrogen.

Die intensiven Aromen der Küche Kampaniens sind perfekt für den Sommer. Im Mittelpunkt stehen vor allem frische Zutaten wie Oliven, Tomaten und Ziegenkäse. Sommerrezepte aus der Toskana zaubern aus einfachsten Zutaten, wie frischen Borlotti-Bohnen, Mangold oder Stockfisch, feine Gerichte. Es gibt kaum besseres Steakfleisch als das vom toskanischen Chianina-Rind, das durch einfaches Grillen saftig und zart wird. Die Küche Norditaliens ist kräftig und sättigend: Frische Kräuter, Pilze, Äpfel und Birnen sowie fangfrischer Fisch aus den Bergflüssen sind hier beliebte Zutaten.

Sommerküche

Die Rezepte in diesem Buch sind nach Anlässen geordnet. Je nachdem, wie und wo man zu einem sommerlichen Essen einladen will, kann man sich bei der Zusammenstellung der Speisen von den einzelnen Kapiteln inspirieren lassen.

Das Kapitel „Picknick“ enthält kalte Gerichte, die sich gut im Voraus zubereiten lassen und einfach transportiert werden können, wie zum Beispiel Brote und Salate, Quiches, Frittatas oder Desserts. Im Kapitel „Salate“ findet man Rezepte für Blatt- und Gemüsesalate, die sich als Beilage zu einer Hauptspeise oder einem Grillgericht aus einem der anderen Kapitel des Buches anbieten. Das Kapitel „Grillen“ beinhaltet Gemüse-, Fisch- und Fleischgerichte, die sich bestens auf dem Grill zubereiten lassen; viele davon können aber auch unter dem Backofengrill zubereitet werden.

In „Leichte Mittag- und Abendessen“ wurden einfache Gerichte zusammengestellt, die schnell zubereitet sind, darunter sättigende Salate ebenso wie Pizzas oder leichte Gemüse- und Fischgerichte. „Sommerfeste“ bietet von Häppchen und Antipasti über Vorspeisen bis hin zu Hauptgerichten etwas aufwendigere Speisen, die sich hervorragend auch für eine größere Gästezahl eignen. Die verführerischen Rezeptideen in den Kapiteln „Desserts“ sowie „Eiscreme und Getränke“ reichen von den großen Klassikern bis hin zu weniger bekannten Kreationen mit frischen Früchten.

Rezepte für einen italienischen Sommer ist all jenen frischen Zutaten gewidmet, die von Mai bis September auf italienischen Märkten erhältlich sind. Der Band umfasst eine Sammlung authentischer saisonaler Rezepte, die vom Team des meistverkauften Kochbuchs Italiens, „Der Silberlöffel“, zusammengestellt wurde. Mit besten Zutaten lässt sich mit diesen köstlichen Rezepten auch aus dem einfachsten Gericht ein feines italienisches Essen zaubern. So kann man, egal wo man gerade ist, den Geschmack des italienischen Sommers genießen.

Kulinarische Feste in Italien

In Italiens Städten und Dörfern finden das ganze Jahr über kulinarische Feste und Veranstaltungen statt, die häufig in Verbindung mit religiösen Feierlichkeiten stehen. An unzähligen Ständen bekommt man Kostproben, und häufig wird das Programm mit Musik oder sogar einem nächtlichen Feuerwerk umrahmt.
Die folgende Liste umfasst eine Auswahl der schönsten Feste.

Mai

1. Woche: Sessame, Piemont
Sagra del risotto (Risottofest)

1 bis 3. Woche: Mezzago, Lombardei
Sagra degli asparagi (Spargelfest)

2. Woche: Terricciola, Toskana
Sagra della fragola (Erdbeerfest)

3. Woche: Zoppola, Friaul-Julisch Venetien
Sagra degli asparagi (Spargelfest)

4. Woche: Poggioreale, Sizilien
Sagra del formaggio (Käsefest)

4. Woche: Vignola, Emilia-Romagna
Sagra della ciliegia (Kirschfest)

3. bis 4. Maiwoche, 1. bis 2. Juniwoche: Incisa in Valdarno, Toskana
Sagra del fungo porcino (Steinpilzfest)

Juni

4. Mai- bis 1. Juniwoche: Sesto al Reghena, Friaul-Julisch Venetien
Sagra della trota (Forellenfest)

1. Woche: Rovolon, Venetien
Festa del pane (Brotfest)

1. Woche: Genzano, Latium
Sagra della fragola (Erdbeerfest)

1. bis 2. Woche: Palaia, Toskana
Sagra della ciliegia (Kirschfest)

1. bis 2. Woche: San Casciano Val di Pesa, Toskana
Sagra del pinolo (Pinienkernfest)

2. bis 3. Woche: Buti, Toskana
Sagra del crostino (Crostini-Fest)

2. bis 4. Woche: Vicopisano, Toskana
Sagra dell'anguilla (Aalfest)

3. Woche: Rossiglione, Ligurien
Sagra della fragola (Erdbeerfest)

4. Juni- bis 1. Juliwoche: Collesalvetti, Toskana
Sagra del pane e pomodoro (Brot- und Tomatenfest)

Juli

2. bis 4. Woche: Collebeato, Lombardei

Sagra delle pesche (Pfirsichfest)

3. Woche: Melpignano, Apulien

Sagra del cocomero (Wassermelonenfest)

3. Woche: Bagnara Calabra, Kalabrien

Sagra del pesce spada (Schwertfischfest)

3. Woche: San Mango sul Calore, Kampanien

Sagra dei fichi (Feigenfest)

4. Woche: Piombino, Toskana

Sagra del pesce (Fischfest)

4. Woche: Neapel, Kampanien

Sagra della melanzana (Auberginenfest)

4. Woche: Tropea, Kalabrien

Sagra di cipolla rossa (Rote-Zwiebel-Fest)

4. Woche: Scarperia, Toskana

Sagra del fungo porcino (Steinpilzfest)

4. Juli- bis 1. Augustwoche: Magliano Vetere, Kampanien

Sagra del cavatello (Cavatelli-Pasta-Fest)

4. Juli- bis 1. Augustwoche: Campello sul Clitunno, Umbrien

Sagra del tartufo (Trüffelfest)

August

3. Woche: Castel di Lucio, Sizilien

Sagra del caciocavallo (Caciocavallo-Käse-Fest)

3. Woche: Prato Carnico, Friaul-Julisch Venetien

Fiesta da polenta (Polentafest)

3. Woche: Gildone, Molise

Sagra dei peperoni (Paprikafest)

4. Woche: Alife, Kampanien

Festa della cipolla (Zwiebelfest)

September

2. Woche: Striano, Kampanien

Sagra del pomodoro (Tomatenfest)

2. Woche: Vezzano Ligure, Ligurien

Sagra dell'uva e del vino (Trauben- und Weinfest)

2. Woche: Greve in Chianti, Toskana

Rassegna del Chianti Classico (Chianti-Classico-Festival)

3. Woche: Monterosso al Mare, Ligurien

Sagra dell'acciuga salata (Salzsardellenfest)

4. September- bis 1. Oktoberwoche: Zagarolo, Latium

Sagra dell'uva (Traubenfest)

Saisonaler Lebensmittelkalender

Obst und Gemüse schmecken am besten, wenn sie während ihrer natürlichen Reifezeit geerntet werden, wobei die Erntezeit nicht nur von Region zu Region, sondern auch von Jahr zu Jahr variiert.

Sommer

- Aprikosen
- Artischocken
- Blattsalat
- Brokkoli
- Brunnenkresse
- Dicke Bohnen
- Erbsen
- Erdbeeren
- Feldsalat
- Fenchel
- Gurken
- Karotten
- Kartoffeln
- Knoblauch
- Mangold
- Paprika
- Pfirsiche
- Radieschen
- Rucola
- Sauerampfer
- Schwarze Johannisbeeren
- Spinat
- Stachelbeeren
- Tomaten
- Weißkohl
- Zucchini
- Zwiebeln

Frühsommer

- Frühkartoffeln
- Kirschen
- Kiwi
- Melonen
- Orangen
- Spargel
- Wassermelonen
- Zitronen

Hochsommer

- Auberginen
- Blaubeeren
- Feigen
- Grüne Bohnen
- Himbeeren
- Kirschen
- Mais
- Melonen
- Nektarinen
- Rote Bete
- Rote Johannisbeeren
- Sauerkirschen
- Stachelbeeren
- Wassermelonen

Spätsommer

- Äpfel
- Auberginen
- Birnen
- Blaubeeren
- Borlotti-Bohnen
- Brombeeren
- Endivien
- Feigen
- Grüne Bohnen
- Himbeeren
- Mais
- Nektarinen
- Pilze
- Porree
- Renekloden
- Rote Johannisbeeren
- Sellerie
- Trauben
- Zwetschgen

Picknick

Pic-nic

In Italien ist das klassische Datum für ein Picknick der Feiertag Ferragosto, der am 15. August – häufig im Freundes- und Familienkreis – begangen wird. Gerne zieht man sich dann aufs Land in kühlere Regionen zurück, in die Berge oder ans Meer, und genießt die Festtagsgerichte an der frischen Luft. Oft wird richtig groß gefeiert mit vielen Gängen aus meist kalten Gerichten. Ein Picknick kann aber auch bescheidener ausfallen: Dann gibt es belegte Brot bei einer Wanderung oder ein kleines Familienessen unter einem Olivenbaum.

Die große Auswahl an Antipasti, Vorspeisen und Salaten, die die italienische Sommerküche bietet, ist eine wunderbare Inspirationsquelle für den Picknickkorb. Gerichte wie Frittatas, kalte Risottos, würzige Torten und Pasteten können leicht transportiert werden und brauchen den Vergleich zu traditionelleren Picknickgerichten wie Panini, Käse, kaltem Fleisch oder Salat absolut nicht zu scheuen. Als Dessert bieten sich reife, frische Früchte an, ein einfacher Rührkuchen oder Obstsalat rundet ein Essen ebenfalls perfekt ab. Alle Picknickrezepte gelingen leicht, lassen sich gut im Voraus zubereiten und schmecken auch kalt ausgezeichnet.

Mayonnaise (Grundrezept)

Maionese (ricetta base)

Zubereiten: 5 Min.

Für 4 Personen

2 Eigelb oder 1 Eigelb und 1 Ei (je nach Methode)
etwa 200 ml Sonnenblumenöl
2 EL Zitronensaft oder Weißweinessig
Salz und Pfeffer

Mayonnaise ist wohl eine der beliebtesten Saucen der Welt. Es gibt sie oft fertig in guter Qualität zu kaufen, aber es schadet nicht, zu wissen, wie man Mayonnaise von Hand oder im Mixer selbst zubereitet. Beide Techniken sind hier beschrieben.

Öl und Eier sollten unbedingt Zimmertemperatur haben, sonst verbinden sich die Zutaten nicht. Öl, Zitronensaft oder Essig immer nur tropfenweise zugeben. Falls die Masse nicht bindet, 1 Eigelb in einer anderen Schüssel verquirlen und ganz langsam in die ungebundene Mischung einrühren.

Für die Handrührmethode 2 Eigelb in einer kleinen Schüssel verquirlen, salzen und pfeffern. Das Öl tropfenweise zugießen, dabei ständig mit einem Schneebesen oder Holzlöffel rühren. Sobald die Masse beginnt einzudicken, 1 Tropfen Zitronensaft oder Essig zufügen. Öl sowie Zitronensaft oder Essig unter ständigem Rühren weiter einarbeiten, bis alle Zutaten verbraucht sind.

Für die Mixermethode 1 Eigelb und 1 ganzes Ei in den Mixerbehälter geben, salzen und pfeffern. Zwei Esslöffel Öl und 1 Tropfen Zitronensaft oder Essig zufügen. Kurz bei höchster Geschwindigkeit mixen. Sobald alle Zutaten gut vermischt sind, restliches Öl und übrigen Zitronensaft oder Essig zugießen. Die Sauce 1 Minute mixen.

Bei beiden Methoden abschmecken und bei Bedarf nachwürzen. Die Mayonnaise in eine Sauciere füllen und im Kühlschrank aufbewahren. Zu gekochtem oder gebratenem Fleisch, Rohkost oder gekochtem Gemüse oder als Garnierung reichen.

Kräutermayonnaise

Maionese alle erbe

Vorbereiten: 10 Min.
Garzeit: 5 Min.
Für 4 Personen

200 g Spinat
1 Stängel frischer Estragon
½ Bund Brunnenkresse
1 Portion Mayonnaise (siehe Seite 16)
Salz

Den Spinat 5 Minuten in etwas kochendem Salzwasser garen, dann abtropfen lassen, ausdrücken und vollständig auskühlen lassen. Kalten Spinat zusammen mit Estragon und Brunnenkresse im Mixer pürieren. Das Püree in die Mayonnaise rühren, bis sie eine einheitlich grüne Farbe hat. Mit Salz abschmecken. Zu kaltem pochiertem Fisch oder hart gekochten Eiern reichen.

Tapenade

Tapenade

Zubereiten: 15 Min.
Für 4 Personen

100 g in Salz eingelegte Sardellenfilets, 10 Minuten in kaltes Wasser gelegt
200 g entsteinte schwarze Oliven
150 g Kapern, abgespült und abgetropft
100 g Thunfisch in Öl, abgetropft
1 TL Dijon-Senf
Olivenöl, zum Beträufeln
50 ml Weinbrand
2 EL Zitronensaft
1 Prise frischer Thymian
½ Knoblauchzehe, zerdrückt
Pfeffer
1 Portion Mayonnaise (siehe Seite 16), nach Belieben

Die Sardellen abtropfen lassen, trocken tupfen und mit Oliven, Kapern und Thunfisch fein hacken. In eine Schüssel geben und mit dem Senf verrühren.

Etwas Olivenöl in dünnem Strahl unter Rühren zugießen. Weinbrand, Zitronensaft, Thymian und Knoblauch einrühren. Mit etwas Pfeffer würzen. Für ein weniger pikantes Aroma dieser provenzalischen Sauce den Pfeffer weglassen.

Eine beliebte und genauso feine Variante ist es, sämtliche Zutaten mit Mayonnaise (siehe Seite 16) zu verrühren. Die Sauce im Kühlschrank aufbewahren. Zu gekochtem Fleisch, hart gekochten Eiern oder Fisch reichen.

Gorgonzolasauce

Salsa al gorgonzola

Zubereiten: 5 Min.

Für 4 Personen

300 g milder Gorgonzola, zerkrümelt
2 EL Sahne oder 100 ml Milch
1 EL geriebener Meerrettich
Salz und Pfeffer

Den Gorgonzola in einer Schüssel cremig rühren. Nach und nach die Sahne oder Milch unterrühren. Wenn die Masse weich und cremig ist, salzen und pfeffern und den Meerrettich sorgfältig unterrühren. Zu Canapés oder Rohkost reichen.

Grüne Sauce

Salsa verde

Vorbereiten: 15 Min.

Garzeit: 15 Min.

Für 4 Personen

1 kleine Kartoffel
2 Eier, hart gekocht
2 in Salz eingelegte Sardellenfilets, 10 Minuten in kaltes Wasser gelegt und abgetropft
Blätter von 1 Bund frischer glatter Petersilie
½ Knoblauchzehe
1 Essiggurke, abgetropft
200 ml Olivenöl
2 EL Weißweinessig
Salz und Pfeffer

Die Kartoffel in leicht gesalzenem Wasser in 15 Minuten gar kochen. Abtropfen lassen, noch heiß schälen und in einer Schüssel mit einer Gabel zerdrücken.

Die Eier schälen und halbieren. Das Eigelb herauslösen und mit der zerdrückten Kartoffel mischen. Die Sardellen trocken tupfen und ebenso wie Petersilie, Knoblauch und Essiggurke fein hacken. Mit der Kartoffel vermengen.

Das Olivenöl tropfenweise unterrühren. Mit Salz und Pfeffer abschmecken, dann den Essig langsam unterrühren. Zu gekochtem Fleisch oder zu kaltem pochiertem Fisch reichen.

Focaccia

Focaccia

Vorbereiten: 3 Std.
(inkl. Ruhezeit)
Garzeit: 20–30 Min.
Für 6 Personen

500 g Weizenmehl Type 550, und etwas Mehl zum Bestäuben
½ TL Salz
1 Päckchen Trockenbackhefe
1½ EL Olivenöl, und etwas Olivenöl zum Bestreichen
300 g Stracchino oder anderer Weichkäse aus Kuhmilch, gewürfelt
12 Basilikumblätter, gehackt
grobes Meersalz, zum Bestreuen

Mehl und Salz in eine Schüssel sieben und die Hefe untermischen. Eine Mulde in die Mitte drücken. Das Olivenöl und 125–150 ml lauwarmes Wasser in die Mulde gießen. Nach und nach das Mehl vom Rand einarbeiten, bis ein weicher Teig entsteht, gegebenenfalls noch etwas Wasser zufügen. Auf der leicht bemehlten Arbeitsfläche den Teig kräftig durchkneten, bis er glatt und elastisch ist. Zu einer Kugel geformt in eine Schüssel geben und mit einem sauberen Tuch abgedeckt 1½–2 Stunden gehen lassen, bis sich das Teigvolumen verdoppelt hat.

Den Backofen auf 220 °C vorheizen. Eine rechteckige Auflaufform mit Öl einfetten. Den Teig nochmals durchkneten und halbieren. Eine Hälfte auf der leicht bemehlten Arbeitsfläche etwas größer als die Form ausrollen. Den Teig in die Form geben und einen kleinen Rand bilden. Käse und Basilikum darauf verteilen. Mit etwas Salz bestreuen. Den restlichen Teig ebenfalls ausrollen und auf die Füllung legen. Die Teigplatten am Rand zusammendrücken.

Die Foccacia mehrmals mit einer Gabel einstechen und dünn mit Wasser und Öl bestreichen. 20–30 Minuten backen, dann auf einem Kuchengitter auskühlen lassen.

Abbildung S. 26

Frisedda

Frisedda

Vorbereiten: 5 Min.

Garzeit: 10 Min.

Für 4 Personen

2 ringförmige Weißbrote
1 große Tomate, halbiert
40 g kleine Kapern, abgespült und abgetropft
1 frische rote Chili, entkernt und fein gehackt
Olivenöl, zum Beträufeln

Den Backofen auf 180 °C vorheizen. Die Weißbrote längs durchschneiden und 10 Minuten leicht im Ofen rösten.

Die Brote aus dem Ofen nehmen und die Schnittflächen kräftig mit den halbierten Tomaten einreiben, bis sie rot gefärbt sind. Mit Kapern und Chili bestreuen und großzügig mit Olivenöl beträufeln.

Hinweis: Für ein Picknick das Brot im Voraus rösten und die restlichen Zutaten separat einpacken. Die Brote erst vor Ort mit Tomate einreiben, dann mit Kapern und Chili bestreuen.

Abbildung S. 27

Casatiello

Casatiello

Vorbereiten: 3¾ Std. (inkl. Ruhezeit)

Garzeit: 1 Std.

Für 6–8 Personen

500 g Weizenmehl Type 550, und etwas Mehl zum Bestäuben
1 Päckchen Trockenbackhefe
100 g Schmalz
100 g weiche Butter
25 g Pecorino, frisch gerieben
25 g Parmesan, frisch gerieben
50 g Salami, gewürfelt
Salz und Pfeffer

Das Mehl mit 1 Prise Salz in eine Schüssel sieben. Hefe und so viel Wasser einarbeiten, bis ein weicher Teig entsteht. Den Teig zu einer Kugel formen, in eine Schüssel geben und mit einem sauberen Tuch abgedeckt 1 Stunde gehen lassen.

Den Teig auf der leicht bemehlten Arbeitsfläche kurz durchkneten. Dann Schmalz, Butter, Käsesorten und 1 Prise Pfeffer einarbeiten und weitere 5 Minuten kneten. Zuletzt die Salami einarbeiten. Den Teig zu einer Kugel geformt und abgedeckt 2 Stunden gehen lassen.

Den Backofen auf 180 °C vorheizen. Den Teig zu einem Ring formen, auf ein Backblech setzen und 1 Stunde backen. (Das Brot sollte sich hohl anhören, wenn man daraufklopft.) Auf einem Kuchengitter abkühlen lassen.

Frischkäse-Oliven-Panini

Panini di formaggio e olive

Zubereiten: 10 Min.

Für 6 Personen

600 g Frischkäse
24 entsteinte grüne Oliven, fein gehackt
½–1 TL Olivenöl
12 Baguettebrötchen
100 g Feldsalat
Salz und frisch gemahlener weißer Pfeffer

Frischkäse und Oliven in einer Schüssel verrühren. Salzen und pfeffern. Etwas Olivenöl einarbeiten, sodass eine weiche Creme entsteht. Die Brötchen halbieren und mit der Frischkäsecreme bestreichen. Die unteren Brötchenhälften mit etwas Feldsalat belegen und die oberen Hälften daraufsetzen.

Bohnentorte

Torta di fagiolini

Vorbereiten: 30 Min.

Garzeit: 1 Std.

Für 6 Personen

1 kg Prinzessbohnen, geputzt
50 g Butter, und etwas Butter zum Einfetten
1 Knoblauchzehe
500 g Blätterteig (Tiefkühlware, aufgetaut)
Mehl, zum Bestäuben
4 Eier
400 ml Sahne
200 ml Milch
60 g Parmesan, frisch gerieben
Salz und Pfeffer

Die Bohnen in einem Topf mit kochendem Salzwasser 5–8 Minuten blanchieren. Abtropfen lassen und in kurze Stücke schneiden. Die Butter in einer Pfanne zerlassen. Den Knoblauch darin einige Minuten unter häufigem Rühren goldgelb braten. Aus der Pfanne nehmen und wegwerfen. Die Bohnen in die Knoblauchbutter geben und 5 Minuten unter gelegentlichem Rühren garen. Die Pfanne vom Herd nehmen und die Bohnen etwas abkühlen lassen.

Den Backofen auf 180 °C vorheizen. Eine Quicheform mit Butter einfetten. Den Blätterteig auf der leicht bemehlten Arbeitsfläche 3 mm dick ausrollen und die vorbereitete Form damit auskleiden.

Eier, Sahne und Milch verrühren. Salzen und pfeffern. Die Bohnen auf dem Teigboden verteilen und die Eiermasse darübergießen. Mit dem Parmesan bestreuen. Die Form auf ein Backblech setzen und die Torte in etwa 45 Minuten goldbraun backen. Die Torte warm oder kalt servieren.

Focaccia (S. 21)

Frisedda (S. 24)

Piadina

Piadina

Vorbereiten: 45 Min.
(inkl. Ruhezeit)
Garzeit: 15 Min.
Für 12 Personen

- 600 g Mehl, und etwas Mehl zum Bestäuben
- 2 TL Backpulver (nach Belieben)
- 40 g Schmalz
- Olivenöl, zum Bestreichen
- 12 Scheiben Prosciutto
- Salz

Mehl, Backpulver, falls verwendet, und 2 Prisen Salz in eine große Schüssel sieben. Schmalz und so viel warmes Wasser einarbeiten, dass ein elastischer Teig entsteht. Mit einem sauberen Tuch abgedeckt 30 Minuten ruhen lassen.

Den Teig in 12 Portionen teilen und auf der leicht bemehlten Arbeitsfläche zu dünnen Fladen ausrollen. Eine Pfanne mit Olivenöl bestreichen und die Fladen nacheinander einige Minuten von beiden Seiten backen, bis sie leicht gebräunt sind. Die Fladen mit je 1 Schinkenscheibe belegen und zum Servieren zusammenklappen.

Abbildung S. 30

Baguette mit Ratatouille

Baguette alla ratatouille

Vorbereiten: 50 Min.
Garzeit: 1 Std. 20 Min.
Für 16 Personen

- 400 g Auberginen, gewürfelt
- 400 g rote Paprika
- 120 ml Olivenöl
- 1 kg Zucchini, gewürfelt
- 600 g Zwiebeln, gewürfelt
- 4 Knoblauchzehen, leicht zerdrückt
- 1 kg Tomaten, geschält, entkernt und gewürfelt
- 2 Lorbeerblätter
- 3 Zweige Thymian
- 1 TL Zucker
- 4 Eier, leicht verquirlt
- 3 Baguettes, etwa 50 cm lang und 10 cm dick
- Salz und Pfeffer

Für die Ratatouille die Auberginen in ein Sieb geben, mit Salz bestreuen und ziehen lassen.

Die Paprika halbieren und unter dem vorgeheizten Backofengrill mit der Haut nach oben schwarz rösten. In einem verschlossenen Gefrierbeutel abkühlen lassen, dann die Haut abziehen und das Paprikafleisch würfeln. Alternativ die Paprika an einer langstieligen Gabel über einer offenen Flamme drehen, bis die Haut schwarz wird.

Einen Esslöffel Olivenöl in einer beschichteten Pfanne erhitzen. Die Paprika darin bei schwacher Hitze 10 Minuten unter gelegentlichem Rühren garen. In ein zweites Sieb geben und abtropfen lassen. Die Pfanne mit Küchenpapier auswischen und 1 Esslöffel Öl darin erhitzen.

→

Die Zucchini darin bei schwacher Hitze 10 Minuten unter gelegentlichem Rühren garen. Dann zu den Paprika in das Sieb geben. Die Pfanne erneut auswischen und 1 Esslöffel Öl darin erhitzen. Die Zwiebeln auf dieselbe Weise garen und in das Sieb geben. Wieder die Pfanne auswischen und 1 Esslöffel Öl darin erhitzen. Nun die Auberginen garen und ebenfalls zum Gemüse in das Sieb geben.

Das restliche Öl in der Pfanne erhitzen. Den Knoblauch darin unter Rühren braun anbraten. Mit einem Schaumlöffel herausnehmen und wegwerfen. Tomaten, Lorbeer und Thymian in das Knoblauchöl geben und zum Schmoren bringen. Salzen, pfeffern und den Zucker unterrühren. Sämtliches Gemüse zugeben und mit Deckel bei mittlerer Hitze 30 Minuten unter gelegentlichem Rühren garen.

Die Eier zugießen und einige Sekunden kräftig rühren. Die Pfanne vom Herd nehmen und die Ratatouille abschmecken. In eine Schüssel füllen und abkühlen lassen. Dann abgedeckt in den Kühlschrank stellen.

Vor dem Servieren die Baguettes in je 5 gleich große Stücke teilen und aushöhlen. Mit der Ratatouille füllen, anschließend in dünnere Scheiben schneiden.

Abbildung S. 31

Piadina (S. 28)

Baguette mit Ratatouille (S. 28)

Gemüsepastete Lunigiana

Torta di verdure della lunigiana

Vorbereiten: 30 Min.
Garzeit: 40 Min.
Für 6–8 Personen

- 500 g Spinat
- 500 g Mangold
- 500 g Wildkräuter, z. B. Borretsch, Rucola und Löwenzahn
- 2 Zucchini, in Scheiben geschnitten
- 2 Porreestangen, in Ringe geschnitten
- 2 Eier
- 50 g Pecorino, frisch gerieben
- 150 ml Olivenöl
- 300 g Mehl, und etwas Mehl zum Bestäuben
- Salz und Pfeffer

Spinat, Mangold, Wildkräuter, Zucchini und Porree in kochendem Salzwasser 5–10 Minuten garen. Abgießen, gründlich ausdrücken und grob hacken. Die Eier in einer Schüssel mit dem Pecorino verrühren, das gesamte Gemüse und 6 Esslöffel Olivenöl zugeben. Salzen und pfeffern. Gut vermengen und beiseitestellen.

Den Backofen auf 200 °C vorheizen. Eine rechteckige Auflauf mit Backpapier auslegen. Das Mehl mit 1 Prise Salz auf die Arbeitsfläche sieben. Eine Mulde in die Mitte drücken, das restliche Öl und 275 ml warmes Wasser hineingießen, dann das Mehl nach und nach einarbeiten. Kräftig kneten, bis ein weicher Teig entsteht. Den Teig auf der bemehlten Arbeitsfläche zu zwei Rechtecken ausrollen, von denen eines etwas größer ist als das andere.

Die vorbereitete Form mit dem größeren Teigstück auskleiden und das Gemüse darauf verteilen. Das kleinere Teigstück darüberlegen, die Ränder zuschneiden und gut festdrücken. Ein Loch in die Mitte des Teigdeckels schneiden. 30 Minuten backen. Warm oder kalt servieren.

Spinattorte

Torta di spinaci

Vorbereiten: 35 Min.
Garzeit: 50 Min.
Für 6 Personen

- 1 kg Spinat, dicke Stiele entfernt
- 50 g Butter, und etwas Butter zum Einfetten
- 1 Knoblauchzehe
- 250 g Ricotta
- 2 Eier
- 100 ml Sahne
- 500 g Blätterteig (Tiefkühlware,aufgetaut)
- Mehl, zum Bestäuben
- 1 Eigelb, leicht verquirlt
- Salz und Pfeffer

Den Spinat waschen und tropfnass in einen Topf geben. Bei schwacher Hitze 5 Minuten unter gelegentlichem Rühren dünsten. Den Spinat abtropfen lassen und so gut wie möglich ausdrücken. Die Butter in einer Pfanne zerlassen. Den Knoblauch darin einige Minuten unter häufigem Rühren goldbraun braten, dann den Knoblauch entfernen und wegwerfen. Den Spinat hineingeben und 5 Minuten unter häufigem Rühren garen. Vom Herd nehmen und etwas abkühlen lassen.

Den Backofen auf 180 °C vorheizen. Eine Quicheform mit Butter einfetten. Den Spinat fein hacken und in eine Schüssel geben. Ricotta, Eier und Sahne sorgfältig unterrühren, salzen und pfeffern.

Zwei Drittel des Blätterteigs auf der leicht bemehlten Arbeitsfläche ausrollen und die Form damit auskleiden. Die Spinatmischung einfüllen. Den restlichen Teig zu einem Deckel ausrollen. Den Teigrand mit Eigelb bestreichen, den Teigdeckel auflegen und am Rand gut andrücken. Mit Eigelb bestreichen und mehrmals mit einer Gabel einstechen. Die Form auf ein Backblech setzen und in etwa 40 Minuten goldbraun backen. Die Spinattorte warm oder kalt servieren.

Fenchelpastete

Torta di finocchi

Vorbereiten: 30 Min.

Garzeit: 50 Min.

Für 6 Personen

100 g Butter, und etwas Butter zum Einfetten
6 Fenchelknollen, gehackt
500 g Blätterteig (Tiefkühlware, aufgetaut)
200 g Taleggio-Käse, in Scheiben geschnitten
Mehl, zum Bestäuben
3 Eier
175 ml Milch
1 Eigelb, leicht verquirlt
Salz und Pfeffer

Den Backofen auf 180 °C vorheizen und eine große Quicheform mit Butter einfetten. Die Butter in einem großen Topf zerlassen und den Fenchel darin bei schwacher Hitze in 8–10 Minuten unter gelegentlichem Rühren weich dünsten.

Zwei Drittel des Blätterteigs auf der leicht bemehlten Arbeitsfläche ausrollen und die Form damit auskleiden. Den Rand begradigen und mit Wasser bestreichen. Den Fenchel einfüllen und mit den Käsescheiben belegen.

Eier und Milch in einer Schüssel verquirlen, salzen und pfeffern und über den Fenchel gießen. Den restlichen Teig zu einem Deckel ausrollen. Auf die Füllung legen und am Rand gut andrücken. Die Pastete mit Eigelb bestreichen und in etwa 40 Minuten goldbraun backen.

Abbildung S. 40

Pastete mit Blattgemüse und Artischocken

Torta di erbette e carciofi

Vorbereiten: 50 Min.
(inkl. Ruhezeit)
Garzeit: 55 Min.
Für 6 Personen

- 500 g Mehl, und etwas Mehl zum Bestäuben
- 6 EL Olivenöl
- 2 Scheiben Weißbrot, ohne Rinde und in Stücke gezupft
- 125 ml Milch
- 500 g grünes Blattgemüse, wie z. B. Mangold,
- Spinat und Cima di rapa (Stängelkohl)
- Saft von 1 Zitrone
- 12 große Artischocken
- Butter, zum Einfetten
- 1 Zwiebel, in feine Ringe geschnitten
- 100 g Pecorino, frisch gerieben
- 50 g Parmesan, frisch gerieben
- 1 EL frisch gehackter Majoran
- Salz und Pfeffer

Mehl und 1 Prise Salz auf die Arbeitsfläche sieben. Vier Esslöffel Olivenöl und so viel Wasser zugeben, dass sich alles zu einem weichen Teig kneten lässt. Den Teig 30 Minuten im Kühlschrank ruhen lassen.

Die Brotstücke in einer Schüssel mit der Milch übergießen und einweichen. Das Blattgemüse in kochendem Salzwasser in 5–10 Minuten weich kochen. Abgießen, ausdrücken und fein hacken. Eine Schüssel zur Hälfte mit Wasser füllen und den Zitronensaft zugießen. Die Stiele der Artischocken abbrechen, die äußeren Blätter entfernen, die übrigen Blattspitzen um 5 cm kürzen und das Heu entfernen. Ins Zitronenwasser geben und 10 Minuten beiseitestellen.

Den Backofen auf 200 °C vorheizen und eine Quicheform einfetten. Die Artischocken abtropfen lassen und hacken. Mit der Zwiebel und dem übrigen Öl bei schwacher Hitze 10 Minuten dünsten. Das Brot ausdrücken und mit dem Blattgemüse zu den beiden Käsesorten zugeben. Alles gut vermengen und mit Salz, Pfeffer und Majoran abschmecken.

Den Teig auf der bemehlten Arbeitsfläche zu zwei Kreisen ausrollen, von denen einer etwas größer ist als der andere. Mit dem größeren die Form auskleiden und das Gemüse hineinfüllen. Das zweite Teigstück darauflegen und die Ränder gut andrücken. Mit einer Gabel spiralförmig einstechen. Die Pastete etwa 40 Minuten backen. Heiß, warm oder kalt servieren.

INTERNI
Nasce Apollo: non vogliamo il partito-caserma
ma l'Ulivo non c'è
SCONTO
€ 7,00
in farmacia

IL FATTO
GIUSTIZIA E POLITICA

Zucchini-Frittata mit Ziegenkäse und schwarzen Oliven

Frittata di zucchini al caprino e olive nere

Vorbereiten: 40–50 Min.
(inkl. Kühlzeit)
Garzeit: 20 Min.
Für 6 Personen

3 EL Olivenöl
600 g Zucchini, in feine Scheiben geschnitten
1 Zweig frischer Thymian
8 Eier
1 Prise Currypulver
200 g Caprino (Frischkäse aus Kuh- und Ziegenmilch), zerkrümelt
100 g Parmesan, frisch gerieben
3 EL gehackte glatte Petersilie
1 EL Schnittlauchröllchen
1 EL gehackter Kerbel
80 g entsteinte schwarze Oliven, halbiert
Milch, zum Verdünnen
Salz und Pfeffer

Das Olivenöl in einer großen Pfanne erhitzen. Die Zucchini mit dem Thymian bei mittlerer Hitze unter gelegentlichem Wenden braten, bis sie weich sind und die Flüssigkeit verdampft ist. Salzen und pfeffern. Den Thymian entfernen.

Inzwischen die Eier mit 1 kleinen Prise Currypulver sowie etwas Salz und Pfeffer in einer Schüssel verquirlen. Frischkäse, Parmesan, Kräuter und Oliven unterrühren. Wenn die Mischung zu dick ist, noch etwas Milch einarbeiten. Über die Zucchini gießen und bei mittlerer Hitze in etwa 5 Minuten stocken lassen.

Die Pfanne vom Herd nehmen. Die Frittata mit einem Palettenmesser vom Pfannenrand lösen und auf einen großen Servierteller gleiten lassen. Auf Zimmertemperatur abkühlen lassen, dann in Scheiben schneiden und servieren.

Frittata-Torte

Torta di frittate

Vorbereiten: 30 Min.
Garzeit: 30 Min.
Für 6 Personen

200 g Auberginen, in Scheiben geschnitten
200 g rote oder gelbe Paprika
6 Eier
1 Stängel glatte Petersilie, frisch gehackt
1 EL frisch geriebener Parmesan
25 g Butter
Olivenöl
100 g Fontina-Käse, in Scheiben geschnitten
Salz und Pfeffer

Den Backofengrill auf 200 °C vorheizen. Die Auberginen grillen, bis sie weich und goldbraun sind. Die Paprika halbieren und unter dem Grill im Backofen mit der Haut nach oben schwarz rösten. In einem verschlossenen Gefrierbeutel abkühlen lassen, dann die Haut abziehen, entkernen und das Fruchtfleisch in Streifen schneiden.

Je 2 Eier in getrennten Schüsseln mit der Petersilie verquirlen, beide salzen und pfeffern. Die restlichen Eier in einer dritten Schüssel verquirlen, salzen, pfeffern und den Parmesan unterrühren. Die Butter und etwas Olivenöl in einer Pfanne erhitzen. Eine Portion Ei mit Petersilie hineingießen und von einer Seite bräunen, die andere Seite eher weich lassen.

Die Frittata aus der Pfanne gleiten lassen, die beiden anderen Eiportionen – eine mit Petersilie, eine mit Parmesan – ebenso braten.

Den Backofen auf 240 °C vorheizen. Eine Springform mit Backpapier auslegen. Eine Petersilien-Frittata mit der weichen Seite nach oben hineinlegen. Die Auberginen und die Hälfte des Fontina darauflegen. Die Parmesan-Frittata mit der weichen Seite nach oben darauflegen, Paprikastreifen und den restlichen Fontina darauflegen. Die zweite Petersilien-Frittata mit der weichen Seite nach unten darauflegen. 10 Minuten backen. Heiß oder kalt servieren.

Abbildung S. 41

Fenchelpastete (S. 34)

Frittata-Torte (S. 39)

Mariniertes Gemüse

Scapece misto

Vorbereiten: 12 Std.
(inkl. Marinierzeit)
Garzeit: 25 Min.
Für 6 Personen

1 kg kleiner gelber Sommerkürbis, geschält, in Scheiben geschnitten
3 Auberginen, in Scheiben geschnitten
175 ml Olivenöl
800 g Zucchini, in Scheiben geschnitten
1 Knoblauchzehe, in feine Scheiben geschnitten
2 Stängel Minze, Blätter abgezupft
milder Weißweinessig, zum Abschmecken
Salz

Die Kürbis- und Auberginenscheiben getrennt in zwei Siebe schichten, mit Salz bestreuen und 30 Minuten ziehen lassen.

Kürbis- und Auberginenscheiben abspülen und mit Küchenpapier trocken tupfen. Sechs Esslöffel Olivenöl in einer großen Pfanne erhitzen. Kürbis, Auberginen und Zucchini bei schwacher bis mittlerer Hitze in etwa 25 Minuten unter häufigem Rühren goldbraun braten. Mit einem Schaumlöffel herausnehmen und auf Küchenpapier abtropfen lassen.

Das Gemüse in eine Schüssel geben, Knoblauchscheiben und die Hälfte der Minzeblätter darüberstreuen. Das restliche Olivenöl in einem kleinen Topf erhitzen. Essig zufügen und rühren, bis die Mischung emulgiert. Über das Gemüse gießen und mit Frischhaltefolie abgedeckt über Nacht im Kühlschrank ziehen lassen. Vor dem Servieren Knoblauch und Minze wieder entfernen. Das Gemüse in eine Servierform füllen und mit der übrigen Minze garnieren.

Pikante Ditalini

Ditalini freddi aromatici

Vorbereiten: 2¼ Std.
(inkl. Marinierzeit)
Garzeit: 8–10 Min.
Für 4 Personen

- 500 g Tomaten, geschält, entkernt und gewürfelt
- 1 Bund gemischte Kräuter, gehackt
- 1 Knoblauchzehe, gehackt
- 4 EL Olivenöl
- 300 g Ditalini oder andere kleine Pasta
- 1 EL Worcestersauce
- 150 g Thunfisch in Öl, abgetropft und zerteilt
- Salz und Pfeffer

Tomaten, Kräuter, Knoblauch und Olivenöl in einer Schüssel mischen, salzen und pfeffern. Mit Frischhaltefolie abgedeckt 2 Stunden an einem kühlen Ort ziehen lassen.

Die Pasta in einem großen Topf mit Salzwasser in 8–10 Minuten al dente kochen. Das Wasser abgießen. Die Pasta unter fließendem kaltem Wasser abschrecken. Gut abtropfen lassen und in eine Schüssel geben.

Tomatenmischung, Worcestersauce und Thunfisch untermischen. Mit Salz und Pfeffer abschmecken. Bis zum Servieren kalt stellen.

Bohnensalat

Insalata di fagioli

Vorbereiten: 20 Min.
Garzeit: 1 Std.
Für 4 Personen

- 600 g frische Bohnen, gepalt, z.B. Borlotti
- 5 EL Olivenöl
- 3 Salbeiblätter
- 1 Knoblauchzehe
- Salz und Pfeffer

Bohnen, Öl, Salbei und Knoblauch mit 1¼ Liter Wasser in einen Topf geben und zum Kochen bringen. Die Hitze reduzieren und alles bei halb aufgesetztem Deckel 1 Stunde köcheln lassen, bis das Wasser vollständig verdampft ist und die Bohnen weich sind. Gegebenenfalls noch etwas heißes Wasser zugeben.

Den Topf vom Herd nehmen, Knoblauch und Salbei entfernen. Die Bohnen in eine große Schüssel füllen und mit Salz und Pfeffer abschmecken.

Fusillisalat

Fusilli in insalata

Vorbereiten: 20 Min.
Garzeit: 8–10 Min.
Für 4 Personen

- 4 Tomaten, geschält, entkernt und gewürfelt
- 16 Basilikumblätter
- 1 ganze Knoblauchzehe, geschält
- Olivenöl, zum Beträufeln
- 350 g Fusilli
- 80 g Thunfisch in Öl, abgetropft und zerkleinert
- 12 entsteinte schwarze Oliven, halbiert
- 120 g Mozzarella, gewürfelt
- Salz

Tomaten, Basilikum und Knoblauch in eine Salatschüssel geben, mit Olivenöl beträufeln und mit Salz abschmecken.

Die Nudeln in einem großen Topf mit Salzwasser in 8–10 Minuten al dente kochen, dann abgießen und zu den Tomaten in die Schüssel geben. Erst abkühlen lassen, dann Thunfisch, Oliven und Mozzarella zufügen und gut mischen. Vor dem Servieren den Knoblauch entfernen.

Grüner Reissalat

Insalata di riso al verde

Vorbereiten: 25 Min.
Garzeit: 15–18 Min.
Für 6 Personen

- 300 g Langkornreis
- 6 EL Olivenöl
- 2 EL Weißweinessig
- 100 g Basilikum
- 100 g Petersilie
- 4 feste Tomaten, geschält, entkernt und gewürfelt
- 200 g Fontina-Käse, gewürfelt
- Salz und Pfeffer

Den Reis in einem Topf mit kochendem Salzwasser in 15–18 Minuten gar kochen. Das Wasser abgießen. Den Reis unter kaltem Wasser abschrecken, dann abtropfen lassen und auf einem sauberen Tuch ausbreiten.

Olivenöl und Essig in einer Schale verrühren. Salzen und pfeffern. Mit den Kräutern in den Mixer geben und alles fein pürieren. Den Reis in eine Salatschüssel füllen. Kräutersauce, Tomaten und Käse untermischen. Sofort servieren.

Farfalle alla Giuliana

Farfalle alla giuliana

Vorbereiten: 12 Std.
(inkl. Marinierzeit)
Garzeit: 25 Min.
Für 6 Personen

- 1 große Aubergine, gewürfelt
- 2 rote Paprika
- 200 ml Olivenöl
- 1 Frühlingszwiebel, fein gehackt
- 80 g Pinienkerne
- Saft von 2 Zitronen
- 600 g Farfalle
- 1 Prise getrockneter Oregano
- 1 Stängel Basilikum, gehackt
- Salz und Pfeffer

Die Auberginenwürfel in ein Sieb geben, mit Salz bestreuen und ziehen lassen.

Inzwischen die Paprika halbieren und unter dem Backofengrill mit der Haut nach oben schwarz rösten. In einem verschlossenen Gefrierbeutel abkühlen lassen, dann die Haut abziehen, entkernen und das Fruchtfleisch in Stücke schneiden.

Alternativ die Paprika an einer langstieligen Gabel über einer offenen Flamme drehen, bis die Haut schwarz wird.

Die Aubergine abspülen und mit Küchenpapier trocken tupfen. Die Hälfte des Olivenöls in einer großen Pfanne erhitzen. Die Auberginenwürfel darin bei mittlerer Hitze in 10–15 Minuten unter häufigem Rühren goldbraun braten. Mit einem Schaumlöffel herausnehmen und auf Küchenpapier abtropfen lassen. Paprika, Frühlingszwiebel, Aubergine und Pinienkerne in einer Schüssel vermengen. Das restliche Öl mit drei Vierteln des Zitronensafts in einer Schale verrühren, salzen und pfeffern. Über das Gemüse gießen und alles sorgfältig vermengen.

Eine Kelle voll Gemüse im Mixer oder mit dem Stabmixer fein pürieren. Die Pasta in reichlich kochendem Salzwasser in 8–10 Minuten al dente kochen. Abtropfen lassen und in eine große Salatschüssel füllen. Erst das Gemüsepüree, dann Gemüse und Kräuter untermischen. Falls nötig, noch etwas Öl und/oder Zitronensaft zufügen. Mit Salz abschmecken. Mit Frischhaltefolie abgedeckt über Nacht im Kühlschrank ziehen lassen.

Hinweis: Diese überaus schmackhafte kalte Vorspeise eignet sich hervorragend für ein Picknick. Das Geheimnis liegt in der Mischung der Sauce aus Öl, Zitronensaft und Kräutern. Seien Sie also nicht zu sparsam damit.

ADS -
Litri 0.750

Maccheroncini-Salat

Maccheroncini in insalata

Vorbereiten: 45 Min.
(inkl. Kühlzeit)
Garzeit: 35 Min.
Für 4 Personen

300 g Maccheroncini oder andere kurze Pasta
2 gelbe Paprika
100 g Erbsen
200 g Tomaten, geschält, entkernt und gehackt
1 Bund Cicorino (siehe S. 73), zerteilt
1 Frühlingszwiebel, gehackt
1 Stängel Basilikum, gehackt
2 EL Mayonnaise
1 EL Sardellenpaste
120 ml Weißwein
Salz

Den Backofen auf 230 °C vorheizen. Die Pasta in einem großen Topf mit Salzwasser in 8–10 Minuten al dente kochen. Das Wasser abgießen. Die Pasta unter fließendem kaltem Wasser abschrecken und abtropfen lassen.

Die Paprika halbieren und unter dem Backofengrill mit der Haut nach oben schwarz rösten. In einem verschlossenen Gefrierbeutel abkühlen lassen, dann die Haut abziehen, das Kerngehäuse entfernen und das Paprikafleisch in Stücke schneiden.

Die Erbsen in einem Topf mit Salzwasser 10 Minuten kochen. Abtropfen und abkühlen lassen. Paprika, Erbsen, Tomaten, Cicorino, Frühlingszwiebel und Basilikum in einer Salatschüssel mit der Pasta mischen. Mayonnaise, Sardellenpaste und Wein in einer Schale verrühren. Die Sauce unter den Pastasalat ziehen und sofort servieren.

Bohnensalat mit Baby-Oktopus

Insalata di moscardini e fagiolini

Vorbereiten: 2¼ Std.
(inkl. Kühlzeit)
Garzeit: 15 Min.
Für 6 Personen

1 kg grüne Bohnen, geputzt
Saft von 1 Zitrone
400 g Mini-Oktopoden, küchenfertig, gehäutet (siehe S. 51)
175 ml Rotweinessig
2 EL frisch gehacktes Basilikum
2 EL frisch gehackter Majoran
1 EL frisch gehackte glatte Petersilie
1 Knoblauchzehe, gehackt
1 frische Chili
150 g Thunfisch in Öl, abgetropft
Olivenöl, zum Beträufeln
Salz und Pfeffer

Die grünen Bohnen in leicht gesalzenem, kochendem Wasser bissfest garen, abgießen und in eine Salatschüssel geben. Wasser in einem Topf zum Kochen bringen und den Zitronensaft zufügen. Die Oktopoden darin 1 Minute kochen, dann abgießen. Anschließend den größten Oktopus halbieren.

Den Essig in einen kleinen Topf gießen. Basilikum, Majoran, Petersilie, Knoblauch und Chili zugeben und alles einige Minuten einkochen. Den Topf vom Herd nehmen und die Flüssigkeit durch ein Sieb in eine Schüssel abgießen.

Den Thunfisch mit der Gabel zerkleinern und über die Bohnen streuen. Die Oktopoden dazugeben. Den Salat mit dem Olivenöl beträufeln, den Kräuteressig darübergeben, mit Salz und Pfeffer abschmecken. Vor dem Servieren 2 Stunden kalt stellen.

Kalte Pennette mit Gemüse

Pennette fredde alle verdure

Vorbereiten: 2¾ Std.
(inkl. Kühl- und Marinierzeit)
Garzeit: 25 Min.
Für 4 Personen

300 g Pennette oder andere Röhrenpasta
2 gelbe Paprika
1 große Aubergine, in Scheiben geschnitten
3 Zucchini, in Scheiben geschnitten
1 Zweig Basilikum, gehackt
½ TL frisch geriebener Ingwer
4 EL Olivenöl, und etwas Olivenöl zum Beträufeln
Salz und Pfeffer

Den Backofen auf 230 °C vorheizen. Die Pasta in einem großen Topf mit Salzwasser in 8–10 Minuten al dente kochen. Das Wasser abgießen. Die Pasta unter fließendem kaltem Wasser abschrecken und abtropfen lassen. Auf einem sauberen Tuch ausbreiten und trocknen lassen.

Die Paprika auf ein Backblech legen und im Ofen etwa 15 Minuten unter gelegentlichem Wenden garen, bis die Haut schwarz wird und Blasen wirft. Auberginen- und Zucchinischeiben auf einem zweiten Blech verteilen. Mit Olivenöl beträufeln und 10 Minuten im Ofen garen. Dann abkühlen lassen.

Die Paprika in einem verschlossenen Gefrierbeutel etwas abkühlen lassen. Dann häuten, entkernen und das Fruchtfleisch in kleine Stücke schneiden. Pasta, Paprika, Auberginen, Zucchini, Basilikum und Ingwer in eine Salatschüssel geben. Mit Salz und Pfeffer abschmecken und das Olivenöl zugeben. Alles sorgfältig vermengen und vor dem Servieren 2 Stunden ziehen lassen.

Kalter Oktopus-Auberginen-Salat

Insalata di polpo freddo e melanzane

Vorbereiten: 3 Std.
(inkl. Marinier- und Kühlzeit)
Garzeit: 40 Min.
Für 4 Personen

- 2 Auberginen, in feine Längsscheiben geschnitten
- 2 EL Olivenöl, und etwas Olivenöl zum Beträufeln
- 1 Knoblauchzehe, zerdrückt
- 1 frische rote Chili, entkernt und gehackt
- 1 EL gehackte glatte Petersilie
- 175 ml Weißweinessig
- 1 kg Oktopus
- 2 EL in Salz eingelegte Kapern, abgespült, abgetropft und gehackt
- 12 entsteinte schwarze Oliven, in Scheiben geschnitten
- 4 Tomaten, in Spalten geschnitten
- 4–5 Basilikumblätter

Eine beschichtete Pfanne heiß werden lassen. Die Auberginenscheiben einige Minuten unter einmaligem Wenden anbraten. Dann in eine Salatschüssel geben. Das Olivenöl mit Knoblauch und Chili in einer zweiten Pfanne erhitzen. Petersilie und Essig zufügen und alles zum Kochen bringen. Sofort über die Auberginenscheiben gießen und die Auberginen 2 Stunden marinieren.

Inzwischen, falls noch nicht geschehen, den Oktopus küchenfertig vorbereiten: Den Oktopuskörper mit den Fangarmen von dem sackartigen Rumpf abtrennen. Das Kauwerkzeug aus der Mitte des Körpers herausdrücken und entfernen. Den Oktopus unter fließendem kaltem Wasser sorgfältig abspülen, abtropfen lassen und mit einem Fleischklopfer weich klopfen. In einem großen Topf mit Salzwasser bei geschlossenem Deckel 30 Minuten köcheln lassen.

Den Topf vom Herd nehmen und den Oktopus im Wasser abkühlen lassen. Die Häute abziehen und die Fangarme in feine Scheiben schneiden. Zusammen mit Kapern und Oliven zu den Auberginen geben. Salzen und pfeffern. Mit Olivenöl beträufeln, mit Tomaten und Basilikum garnieren und sofort servieren.

Panzanella

Panzanella

Zubereiten: 10 Min.

Für 4 Personen

8 Scheiben Weißbrot, z.B. Ciabatta, ohne Rinde
8 Basilikumblätter, zerteilt
natives Olivenöl extra, zum Beträufeln
4 feste Tomaten, geschält und gewürfelt
Salz und Pfeffer

Das Brot in Stücke reißen und einige Minuten in kaltem Wasser einweichen. Gut ausdrücken und in eine Salatschüssel geben. Salzen und pfeffern. Mit dem Basilikum mischen. Großzügig mit Olivenöl beträufeln. Mit zwei Gabeln wenden, bis das Brot in kleinere Stücke zerfällt. Die Tomaten untermischen und sofort servieren.

Abbildung S. 56

Rigatoni-Salat mit Thunfisch und Bohnen

Insalata di mezzi rigatoni al tonno e fagiolini

Vorbereiten: 20 Min.

Garzeit: 20 Min.

Für 4 Personen

150 g grüne Bohnen
280 g mittelgroße Rigatoni oder andere mittelgroße Pasta
150 g Kirschtomaten, halbiert und entkernt
5 Baby-Artischocken in Öl, abgetropft und in Spalten geschnitten
80 g entsteinte gemischte grüne und schwarze Oliven, in Scheiben geschnitten
250 g Thunfisch in Öl, abgetropft und zerteilt
Olivenöl, zum Beträufeln
Salz und Pfeffer

Die Bohnen in einem kleinen Topf mit Salzwasser in 5–10 Minuten gar kochen. Abgießen, abtropfen lassen, unter fließendem kaltem Wasser abschrecken und nochmals abtropfen lassen. Die Bohnen halbieren.

Die Pasta in einem großen Topf mit Salzwasser in 8–10 Minuten al dente kochen. Das Wasser abgießen. Die Pasta unter fließendem kaltem Wasser abschrecken und abtropfen lassen. In eine Salatschüssel geben und mit Olivenöl beträufeln.

Tomaten, Artischocken, Oliven, Bohnen und Thunfisch unterheben. Mit Pfeffer würzen, mit Olivenöl beträufeln und sofort servieren.

Pikanter Reissalat

Insalata di riso piccante

Vorbereiten: 15 Min.
Garzeit: 15–18 Min.
Für 4 Personen

- 250 g Langkornreis
- 50 g Erbsen
- 1 rote Paprika, entkernt, in Streifen geschnitten
- 80 g Sardellenfilets in Öl, abgetropft und gehackt
- 100 g Oliven, entsteint
- 1 EL Kapern, abgespült und abgetropft
- 6 EL Olivenöl
- 2 EL Zitronensaft
- Salz und Pfeffer

Den Reis in einem großen Topf mit Salzwasser in 15–18 Minuten gar kochen. Inzwischen die Erbsen in einem kleinen Topf mit Salzwasser in etwa 10 Minuten gar kochen. Jeweils das Wasser abgießen und getrennt unter fließendem kaltem Wasser abschrecken und abtropfen lassen.

Reis und Erbsen in eine Schüssel geben und mit Paprika, Sardellen, Oliven und Kapern mischen. Olivenöl und Zitronensaft zusammen mit Salz und Pfeffer anrühren. Die Sauce über den Salat gießen und alles vermengen.

Abbildung S. 57

Conchiglie-Salat mit Robiola und Pinienkernen

Insalata di conchiglie alla robiola e pinoli

Vorbereiten: 10 Min.
Garzeit: 25 Min.
Für 4 Personen

- 100 g Robiola-Käse, gewürfelt
- 2 EL Sahne
- 2 EL gehacktes Basilikum
- 130 g Pinienkerne, grob gehackt
- 300 g Conchiglie
- Salz und Pfeffer
- frisch geriebener Pecorino, zum Servieren (nach Belieben

Robiola mit Sahne in einem kleinen Topf bei sehr schwacher Hitze unter häufigem Rühren schmelzen. Den Topf vom Herd nehmen. Das Basilikum unterrühren und mit Pfeffer würzen, dann die Pinienkerne unterrühren. Die Mischung in eine Salatschüssel füllen und kühl stellen (nicht im Kühlschrank).

Die Pasta in einem großen Topf mit Salzwasser in 8–10 Minuten al dente kochen. Das Wasser abgießen. Die Pasta unter fließendem kaltem Wasser abschrecken und abtropfen lassen. In die Salatschüssel geben und sorgfältig mit der Käsecreme vermischen. Vor dem Servieren mit dem Pecorino, falls verwendet, bestreuen.

Hinweis: Conchiglie sind aufgrund ihrer Form ideal für Pastasalate und leichte Saucen.

Panzanella (S. 54)

Pikanter Reissalat (S. 55)

Farfalle-Salat mit Räucherforelle

Insalata di farfalle alla trota affumicata

Vorbereiten: 20 Min.
Garzeit: 35 Min.
Für 4 Personen

150 g Kartoffeln
150 g grüne Bohnen, geputzt
250 g Farfalle
Olivenöl, zum Beträufeln
300 g Räucherforelle, gehäutet, in feine Streifen geschnitten
2 Stängel Dill, gehackt
Salz und Pfeffer

Die Kartoffeln in einem Topf mit Salzwasser in 20–25 Minuten gar kochen. Abtropfen lassen, in Stücke schneiden und abkühlen lassen. Inzwischen die Bohnen in einem zweiten Topf mit Salzwasser in 5–10 Minuten gar kochen. Das Wasser abgießen. Die Bohnen unter fließendem kaltem Wasser abschrecken und abtropfen lassen. In kurze Stücke schneiden. Die Pasta in einem großen Topf mit Salzwasser in 8–10 Minuten al dente kochen. Das Wasser abgießen. Die Pasta unter fließendem kaltem Wasser abschrecken und abtropfen lassen. In eine Salatschüssel geben und mit Olivenöl beträufeln.

Kartoffeln, Bohnen und den Fisch vorsichtig unterheben. Mit Dill bestreuen und mit Olivenöl beträufeln. Salzen und pfeffern. Mit Frischhaltefolie abgedeckt bis zum Servieren kalt stellen.

Krebsfleisch mit Senf

Polpa di granchio alla senape

Zubereiten: 20 Min.
Für 4 Personen

2 Eier, hart gekocht
2 EL mittelscharfer Senf
200 ml Sonnenblumenöl
2 EL Zitronensaft
120 g Krebsfleisch, abgetropft
1 großes Salatblatt
Salz und Pfeffer
dünne Toastscheiben, zum Servieren

Die Eier halbieren. Das Eigelb herauslösen und in eine Schale krümeln. Mit dem Senf glatt rühren. Nach und nach Öl und Zitronensaft einarbeiten, bis eine glatte, cremige Sauce entsteht. Mit Salz und Pfeffer abschmecken.

Das Krebsfleisch verlesen, um letzte Schalen und Knorpelstückchen zu entfernen, dann mit der Sauce mischen und auf dem Salatblatt anrichten. Auf einen Servierteller setzen. Mit Toast servieren.

Mortadella-Röllchen

Involtini di mortadella

Zubereiten: 15 Min.
Für 4 Personen

- 100 g halbfester Frischkäse
- 8 Walnusskerne, gehackt
- 20 geschälte Pistazienkerne, gehackt
- 2 Scheiben Mortadella
- ungesalzene Cracker oder dunkles Brot, zum Servieren
- Salz und Pfeffer

Den Frischkäse in einer Schale glatt und cremig rühren. Walnüsse und Pistazien untermischen. Salzen und pfeffern.

Die Mortadella-Scheiben mit der Frischkäsecreme bestreichen und aufrollen. Fest in Frischhaltefolie wickeln und die Enden zudrehen. Bis zum Servieren kalt stellen.

Die Mortadella-Röllchen auswickeln und in 2 mm dicke Scheiben schneiden. Leicht überlappend auf einem Servierteller anrichten und mit Crackern oder dunklem Brot servieren.

Schinken-Mousse mit Kiwi

Mousse di prosciutto e kiwi

Vorbereiten: 3½ Std.
(inkl. Kühlzeit)
Für 6–8 Personen

- 400 g Kochschinken, gewürfelt
- 120 g Robiola-Käse, gewürfelt
- 50 g weiche Butter
- Salz und Pfeffer
- 3 Kiwis, geschält und in Scheiben geschnitten, zum Garnieren

Schinken, Käse und Butter in die Küchenmaschine geben. Salzen und pfeffern und zu einer glatten Creme verarbeiten. Eine kleine Form mit Frischhaltefolie auslegen. Die Schinken-Mousse hineingeben und glatt streichen. Mit Frischhaltefolie abdecken und 3 Stunden kühlen.

Die Mousse auf einen Servierteller stürzen und mit den Kiwischeiben garnieren.

Hähnchensalami

Salame di pollo

Vorbereiten: 4–5 Std.
(inkl. Kühlzeit)
Garzeit: 1 Std.
Für 6 Personen

Olivenöl, zum Bestreichen
500 g Hähnchenbrustfilet, in Stücke geschnitten
4 Frühlingszwiebeln, gehackt
1 Knoblauchzehe, gehackt
3 EL gehackter Estragon
25 g Pistazienkerne, grob gehackt
50 g Semmelbrösel
80 g gekochter Schinken, gewürfelt
1 Prise frisch geriebene Muskatnuss
700 ml Sahne
1 Eiweiß
Salz und Pfeffer
Salatblätter, zum Garnieren

Den Backofen auf 180 °C vorheizen. Ein großes Stück Alufolie mit Olivenöl bestreichen. Das Hähnchenfleisch im Mixer glatt pürieren. In eine Schüssel füllen und mit Frühlingszwiebeln, Knoblauch, Estragon, Pistazien, Semmelbröseln, Schinken und Muskatnuss vermengen. Die Masse salzen und pfeffern.

Die Sahne halb steif schlagen und unter die Hähnchenmasse ziehen. Das Eiweiß steif schlagen und ebenfalls unterziehen. Die Masse zu einer Rolle formen. Auf die Alufolie setzen und darin einschlagen. Die Enden fest verschließen. Die Rolle auf ein Backblech setzen und 1 Stunde garen.

Die Hähnchenrolle aus dem Ofen nehmen und abkühlen lassen, dann im Kühlschrank erkalten lassen. Die Alufolie entfernen, die Hähnchensalami in Scheiben schneiden und mit Salatblättern garniert servieren.

Hähnchensalami

Gebackene Feigen

Fichi al forno

Vorbereiten: 10 Min.
Garzeit: 10 Min.
Für 4 Personen

- Butter, zum Einfetten
- 24 feste reife Feigen
- 175 g feiner Zucker
- 120 ml Rum
- abgeriebene Schale von 1 unbehandelten Zitrone
- Feigen- oder Walnuss-Eiscreme, zum Servieren (nach Belieben)

Den Backofen auf 180 °C vorheizen. Eine große Auflaufform mit Butter einfetten. Die Feigen waschen und noch feucht im Zucker wenden, sodass er an den Schalen haften bleibt. Die Feigen dicht nebeneinander in die vorbereitete Form setzen. Den Rum und langsam 200 ml Wasser angießen. Mit der Zitronenschale bestreuen und im Ofen 10 Minuten backen. Die Feigen warm oder kalt servieren. Wenn die Feigen kalt serviert werden sollen, vorher 1 Stunde im Kühlschrank kühlen. Dazu schmeckt Feigen- oder Walnuss-Eiscreme.

Melonen in Portwein

Melone al porto

Zubereiten: 35 Min.
(inkl. Einweichzeit)
Für 4 Personen

- 2 kleine, feste vollreife Melonen
- 6 EL Portwein
- 4 Minzeblätter

Die Melonen kühl lagern. 30 Minuten vor dem Servieren halbieren, entkernen und etwas aushöhlen. Den Portwein hineingeben und mit Minzeblättern garnieren. Für ein Picknick die Melonen vorbereiten und in einem verschließbaren Behälter mitnehmen. Den Portwein vor Ort in die Melonenhälften gießen.

Apfelstrudel

Strudel di mele

Vorbereiten: 1½ Std.
(inkl. Ruhezeit)
Garzeit: 45 Min.
Für 8 Personen

250 g Mehl, und etwas Mehl zum Bestäuben
Salz
1 Ei, getrennt
Sonnenblumenöl, zum Bestreichen
5–6 feste Äpfel
4 TL Rum
20 g Pinienkerne
1 Prise Zimt
60 g feiner Zucker
25 g Rosinen
25 g Butter, und etwas Butter zum Bestreichen
60 g Semmelbrösel

Das Mehl mit 1 Prise Salz in eine Schüssel sieben. Mit dem Eiweiß und 100 ml Wasser zu einem glatten Teig kneten und zu einer Kugel formen. Die Teigkugel mit dem Öl bestreichen und in Frischhaltefolie verpackt 30 Minuten ruhen lassen.

Inzwischen die Äpfel schälen, entkernen und in feine Spalten schneiden. Mit Rum, Pinienkernen, Zimt, Zucker und Rosinen in einer Schüssel mischen und ziehen lassen. Die Butter in einem kleinen Topf zerlassen und eine kleine Portion zum Bestreichen abzweigen. Die Semmelbrösel zur Butter in den Topf geben und bei schwacher Hitze in einigen Minuten unter häufigem Rühren goldbraun braten. Den Topf vom Herd nehmen.

Den Backofen auf 180 °C vorheizen. Den Teig auswickeln und auf einem leicht bemehlten großen Tuch ausrollen. Dann die Hände unter den Teig schieben und den Teig mit den Handrücken so dünn wie möglich ausziehen. Das Muster des Tuchs sollte durch den Teig zu erkennen sein.

Die Teigränder begradigen. Den Teig gleichmäßig mit den Semmelbröseln bestreuen. Dann die Apfelmischung darauf verteilen. Dabei rundum einen 5 cm breiten Rand lassen. Den Rand mit Butter bestreichen. Den Strudel mithilfe des Tuchs von einer Längsseite her aufrollen. Die Teigränder gut andrücken. Das Eigelb leicht verquirlen und den Strudel damit bestreichen. Den Strudel vorsichtig auf ein Backblech heben und 40 Minuten backen. Warm servieren.

Hinweis: Dieses Dessert eignet sich hervorragend für ein Picknick. Der Apfelstrudel wird dann am Vortag gebacken und kalt serviert.

Salate

Insalate

Salat ist gesund, natürlich und schmackhaft. Ob Blattsalat oder Gemüse, so gut wie alles, was im Garten Saison hat, kann zu einem köstlichen Salat verarbeitet werden. Unzählige feine und auch ungewöhnliche Variationen sind denkbar, wie beispielsweise Rucola mit Melone oder Brunnenkresse mit Aubergine. Beim Kombinieren der Zutaten für einen Salat sollte jeder seinem persönlichen Geschmack vertrauen und seiner Kreativität freien Lauf lassen - oder sich von den Rezepten in diesem Kapitel inspirieren lassen.

Ein Salat kann eine Beilage sein oder, wenn er mit nahrhafteren Zutaten wie Fleisch oder Gemüse, Pasta oder Kartoffeln zubereitet wird, sogar eine ganze Mahlzeit. In Italien werden solche Salate „mista“, also „gemischt“, genannt. Man reicht sie als leichtes Mittag- oder Abendessen. Die Salate in diesem Kapitel basieren auf Blattsalaten oder Gemüse und passen besonders gut zu gegrilltem Fleisch oder Fisch.

Salate gelingen mit wenigen Regeln schnell und einfach: Stets bestes, kalt gepresstes Olivenöl und hochwertigen Essig mit Salz und Pfeffer anrühren. Das Dressing erst unmittelbar vor dem Servieren über den Saat geben, damit er knackig bleibt. Ein Salat sollte nie in Sauce schwimmen, da sonst seine feinen Aromen überlagert werden.

Salat aus Ananas, Feldsalat und Pinienkernen

Insalata di ananas, songino e pinoli

Zubereiten: 10 Min.

Für 4 Personen

1 EL Balsamico-Essig
1 EL Sojasauce
3 EL Olivenöl
100 g Feldsalat
1 kleine Ananas, geschält und gewürfelt
40 g Pinienkerne
3 Stängel Koriander, grob gehackt
Salz und Pfeffer

Essig, Sojasauce und Olivenöl in einer Salatschüssel verrühren. Salzen und pfeffern. Den Feldsalat putzen. Mit Ananas und Pinienkernen in die Schüssel geben und im Dressing wenden. Mit dem Koriander bestreuen und sofort servieren.

Orangen-Fenchel-Salat mit Walnüssen

Insalata d'arance, noci e finocchi

Zubereiten: 10 Min.

Für 4 Personen

4 Fenchelknollen, in feine Scheiben geschnitten
Olivenöl, zum Beträufeln
2 Orangen
6 Walnusskerne, gehackt
Salz und Pfeffer

Den Fenchel in eine Salatschüssel geben. Mit Olivenöl beträufeln. Salzen und pfeffern. Die Orangen großzügig schälen, sodass auch die bittere weiße Innenschale entfernt wird. Dann filetieren oder in Scheiben schneiden und unter den Fenchel mischen. Den Salat mit den Walnüssen bestreuen und bis zum Servieren kühl stellen.

Spargelsalat

Asparagi in insalata

Vorbereitung: 15 Min.

Garzeit: 20–25 Min.

Für 4 Personen

1 kg grüner Spargel, geputzt
4 Eier, hart gekocht
Olivenöl, zum Beträufeln
Saft von ½ Zitrone
1 EL gehackte glatte Petersilie
Salz und Pfeffer

Die Spargelstangen zusammenbinden und in einem Topf mit Salzwasser bei geschlossenem Deckel in 5–10 Minuten bissfest garen. Den Spargel abtropfen lassen und auf einer Servierplatte anrichten. Die Eier halbieren, das Eigelb herauslösen und über dem Spargel zerkrümeln. Mit Olivenöl und Zitronensaft beträufeln und mit Petersilie bestreuen. Salzen und pfeffern. Sofort servieren.

Abbildung S. 68

Rote-Bete-Salat

Insalata mista di barbabietole

Vorbereitung: 25 Min.
Garzeit: 15–20 Min.
Für 4 Personen

300 g Kartoffeln
150 g Prinzessbohnen
2 gekochte Rote Beten, in Scheiben geschnitten
1 Tomate, in Spalten geschnitten
3 Eier, hart gekocht
100 g Gruyère-Käse, gewürfelt
20 g Kapern, abgespült und abgetropft
3 Essiggurken, abgetropft und grob gehackt
1 EL gehackte glatte Petersilie
1 EL Weißweinessig
150–200 ml Olivenöl
Salz und Pfeffer

Die Kartoffeln in einem Topf mit Salzwasser in 15–20 Minuten gar kochen. Die Bohnen in einem zweiten Topf mit Salzwasser in 5–10 Minuten bissfest garen. Das Wasser abgießen. Die Bohnen unter fließendem kaltem Wasser abschrecken und abtropfen lassen. Die Kartoffeln ebenfalls abtropfen lassen und in Scheiben schneiden.

Kartoffeln, Rote Beten und Tomaten in die Mitte einer großen Salatschüssel geben. Die Eier schälen, 2 Eier in Spalten schneiden und zusammen mit dem Käse in die Schüssel geben. Die Bohnen ringsum anrichten.

Das dritte Ei grob hacken und mit Kapern, Essiggurken, Petersilie, Essig, 150 ml Olivenöl, etwas Salz und Pfeffer in einen Mixer geben und zu einer dicken, glatten Sauce verarbeiten. Gegebenenfalls noch etwas Öl zufügen. Die Sauce separat zum Salat reichen.

Avocadosalat

Insalata di avocado

Zubereiten: 25 Min.
Für 4 Personen

2 Avocados, geschält, halbiert und entkernt
Saft von 1 Zitrone
2 Mandarinen, geschält
1 Romanasalat
2 Tomaten, in Scheiben geschnitten
1 Frühlingszwiebel, in Ringe geschnitten
2 Stängel glatte Petersilie, frisch gehackt
2 TL Dijon-Senf
6 EL Olivenöl
Salz und Pfeffer

Die Avocados in Scheiben schneiden und mit Zitronensaft beträufeln. Die Mandarinen in Scheiben schneiden.

Vier Teller mit Salatblättern auslegen. Darauf die Tomatenscheiben und Frühlingszwiebel anrichten, darüber einen Ring Avocadoscheiben geben und mit Mandarinenscheiben bedecken. Mit der Petersilie bestreuen.

Aus Senf, Olivenöl, Salz und Pfeffer ein Dressing zubereiten und den Salat damit übergießen.

Abbildung S. 69

Spargelsalat (S. 66)

Avocadosalat (S. 67)

Salat mit Kapern

Insalatina ai capperi

Zubereiten: 20 Min.

Für 6 Personen

3 Karotten, in feine Streifen geschnitten
1 Bund Löwenzahnblätter, in feine Streifen geschnitten
2 Fenchelknollen, in feine Streifen geschnitten
1 Kraussalat, in feine Streifen geschnitten
6 EL Olivenöl
2 EL Weißweinessig
3 EL in Salz eingelegte Kapern, abgespült und abgetropft
1 Stängel Basilikum, Blätter zerteilt
Salz

Karotten, Löwenzahn, Fenchel und Kraussalat in einer Salatschüssel mischen. Olivenöl und Essig in einer Schale verquirlen und mit Salz abschmecken. Kapern und Basilikum zufügen. Das Dressing über den Salat gießen. Gut vermengen und sofort servieren.

Hinweis: Wild wachsender junger Löwenzahn mit seinem leicht bitteren Aroma wird in Italien sehr gerne für Salate verwendet.

Avocado-Sardellen-Salat

Insalata di avocado e acciughe

Zubereiten: 20 Min.

Für 4 Personen

2 Avocados
6 entsteinte Oliven, in Ringe geschnitten
4 Sardellenfilets in Öl, abgetropft und gehackt
1 EL Kapern, abgespült und abgetropft
6 EL Olivenöl
Saft von 1 Zitrone
Salz

Die Avocados halbieren und entkernen. Das Fruchtfleisch aus der Schale lösen und würfeln. Avocadowürfel, Oliven, Sardellen und Kapern in eine Salatschüssel geben.

Olivenöl und Zitronensaft in einer Schale verrühren und salzen. Das Dressing über den Salat träufeln. Bis zum Servieren kühlen.

Karottensalat mit Sellerie und Äpfeln

Insalata di carote, sedano e mele

Zubereiten: 15 Min.

Für 4 Personen

- 4 Karotten, in Scheiben geschnitten
- 3 Selleriestangen, in feine Streifen geschnitten
- 2 Äpfel, geschält, entkernt und gewürfelt

Für das Dressing

- 150 g Vollmilch-Naturjoghurt
- 2 EL Sahne
- 1 EL gehackte gemischte Kräuter
- 1 EL gehackte glatte Petersilie
- Salz und Pfeffer

Zuerst die Karotten, dann den Sellerie und zuletzt die Äpfel in eine Salatschüssel schichten. Für das Dressing Joghurt und Sahne in einer Schale glatt rühren. Die Kräuter untermischen, salzen und pfeffern. Das Dressing über den Salat gießen und mit der Petersilie bestreuen.

Hinweis: Karotten gehören zu den vielseitigsten Gemüsearten. Sie können roh, wie zum Beispiel auf einer Rohkostplatte mit Dip, oder gegart in herzhaften Kuchen, Soufflés und Smoothies genossen werden. Geriebene junge Karotten lassen sich mit Öl, Zitronensaft, Salz und Pfeffer gewürzt zu einem schmackhaften Salat verarbeiten.

Gurken in Joghurt

Cetrioli allo yogurt

Zubereiten: 20 Min.

Für 4 Personen

- 4 Frühstücksgurken, in feine Scheiben geschnitten
- 1 Eisbergsalat, in Streifen geschnitten
- 2 Eier, hart gekocht und in Spalten geschnitten
- 150 g fettarmer Naturjoghurt
- 1–2 EL Zitronensaft
- Salz und Pfeffer

Gurken, Salat und Eier in eine Salatschüssel geben. Joghurt und Zitronensaft glatt rühren. Salzen und pfeffern. Über den Salat gießen und alles leicht vermengen. Sofort servieren.

Gurkensalat mit Meerrettich

Cetrioli in insalata con cren

Zubereiten: 20 Min.

Für 4 Personen

1 Salatgurke
120 g frische Meerrettichwurzel
1 Knoblauchzehe
150 g Naturjoghurt
3 EL Weißweinessig
1 Prise gemahlener Ingwer
1 Prise Cayennepfeffer
½ Bund Brunnenkresse

Gurke und Meerrettich schälen und in feine Streifen schneiden. Die Knoblauchzehe halbieren und mit den Schnittseiten die Innenwand einer Salatschüssel einreiben. Joghurt, Essig, Ingwer und Cayennepfeffer hineingeben und glatt rühren. Gurken- und Meerrettichstreifen zufügen und unterheben. Mit der Brunnenkresse garnieren.

Gurken mit Oliven

Cetrioli alle olive

Zubereiten: 45 Min.

(inkl. Abtropfzeit)

Für 4 Personen

2 Salatgurken, geschält
1 EL frisch gehackter Dill
1 EL Zitronensaft
1 EL Olivenöl
20 entsteinte schwarze Oliven, geviertelt
Salz

Die Gurken in feine Scheiben schneiden. In ein Sieb legen, mit Salz bestreuen und 30 Minuten abtropfen lassen. Abspülen, trocken tupfen und in eine Salatschüssel geben. Mit Dill bestreuen, anschließend mit Zitronensaft und Olivenöl beträufeln. Die Oliven zufügen und mit Salz abschmecken. Einige Minuten ruhen lassen, dann servieren.

Feiner Salat

Lattuga delicata

Zubereiten: 15 Min.

Für 4 Personen

150g milder Fontina-Käse
Olivenöl, zum Beträufeln
4 Tomaten, geschält und gewürfelt
1 Kopfsalat
12–16 Basilikumblätter
Salz und weißer Pfeffer

Den Käse würfeln und in eine Schüssel geben. Mit Olivenöl beträufeln und mit 1 Prise weißem Pfeffer würzen. Die Tomaten in eine zweite Schüssel geben. Salzen und pfeffern und mit Öl beträufeln. Den Salat putzen und waschen. Vier Servierteller mit zarten Salatblättern belegen. Käsewürfel, Tomaten und Basilikum darauf verteilen und sofort servieren.

Cicorino-Salat mit Gorgonzola

Insalata di cicorino al gorgonzola

Zubereiten: 15 Min.
Für 4 Personen

- 2 Scheiben kräftiges Bauernbrot, ohne Rinde
- 1 Knoblauchzehe, halbiert
- 3 Bund Cicorino, in feine Streifen geschnitten
- 100 g Gruyère-Käse, in feine Streifen geschnitten
- 50 g kräftiger Gorgonzola
- 1 EL Dijon-Senf
- 6 EL Olivenöl
- 2 EL Weißweinessig
- 1 TL Weinbrand
- Salz und Pfeffer

Die Brotscheiben mit dem Knoblauch einreiben, dann in Würfel schneiden. Cicorino, Gruyère und Brotwürfel in einer Salatschüssel vermengen.

Für das Dressing den Gorgonzola in eine Schale krümeln. Senf, Olivenöl, Essig und Weinbrand zufügen. Salzen und pfeffern. Die Zutaten glatt und cremig rühren. Das Dressing erst unmittelbar vor dem Servieren über den Salat geben.

Hinweis: Cicorino gehört wie Chicorée, Radicchio, Endivien- und Friséesalat zu den Zichoriengewächsen, die sich alle durch ihren bitteren Geschmack auszeichnen und jedem Salat eine interessante Note geben. Cicorino ähnelt Radicchio und kann rot oder grün sein.

Salat mit Ei und Gruyère

Insalata di lattuga, groviera e uova

Zubereiten: 15 Min.
Für 4 Personen

- 3 Eier, hart gekocht
- 1 TL Currypulver
- 2 EL Weißweinessig
- 4 EL Olivenöl
- 200 g Kopfsalat, zerteilt
- 150 g Gruyère-Käse, gerieben
- Salz und Pfeffer

Die Eier halbieren und das Eigelb herauslösen. Das Eiweiß klein würfeln, das Eigelb in eine Schüssel krümeln und mit Currypulver, Essig und Olivenöl verrühren. Salzen und pfeffern. Den Salat in eine Salatschüssel geben und mit der Sauce überziehen. Mit Gruyère und Eiweißwürfeln bestreuen, leicht vermengen und servieren.

Brunnenkressesalat mit Auberginen

Insalata di crescione e melanzane

Vorbereiten: 15 Min.
Garzeit: 8–10 Min.
Für 6 Personen

- 4 Auberginen
- 6 EL Olivenöl und etwas Olivenöl zum Bestreichen
- 200 g Brunnenkresse
- 1 rote Paprika, entkernt und in Streifen geschnitten
- 1 Knoblauchzehe
- 2 EL Weißweinessig
- 1 Stängel glatte Petersilie, gehackt
- 3–4 Minzeblätter
- Salz

Den Backofengrill vorheizen. Die Auberginen schälen, in Scheiben schneiden und mit Olivenöl bestreichen. Unter einmaligem Wenden 8–10 Minuten grillen, dann auskühlen lassen.

Die Auberginenscheiben klein schneiden und mit Brunnenkresse, Paprika und der ganzen Knoblauchzehe in einer Salatschüssel vermengen.

Essig, Olivenöl, Petersilie und Minze in einer Schale verrühren und salzen. Das Dressing über den Salat gießen und alles leicht vermengen. Den Knoblauch vor dem Servieren entfernen.

Abbildung S. 78

Ligurischer Bohnensalat

Insalata di fagiolini alla ligure

Vorbereiten: 15 Min.
Garzeit: 5–10 Min.
Für 4 Personen

- 500 g grüne Bohnen
- 100 g Pinienkerne
- 2 EL Sardellenpaste
- 2 EL Weißweinessig
- 6 EL Olivenöl
- 4–5 Minzeblätter
- Salz

Einen Topf mit Salzwasser zum Kochen bringen und die Bohnen darin in 5–10 Minuten bissfest kochen. Die Bohnen abtropfen lassen und in einer Salatschüssel mit den Pinienkernen vermengen.

Sardellenpaste und Essig in einer Schüssel verrühren, dann das Olivenöl einarbeiten. Das Dressing über den Salat gießen und alles leicht vermengen. Mit den Minzeblättern bestreuen und sofort servieren.

Bohnensalat

Fagiolini in insalata

Vorbereiten: 45 Min.
(inkl. Ruhezeit)
Garzeit: 5–10 Min.
Für 4 Personen

600 g grüne Bohnen und Wachsbohnen
1 Zwiebel, in dünne Ringe geschnitten
1 Knoblauchzehe, in dünne Scheiben geschnitten
1 TL Senfkörner
Saft von ½ Zitrone
1 Stängel glatte Petersilie, frisch gehackt
Olivenöl, zum Beträufeln
Salz und Pfeffer

Die Bohnen in 5–10 Minuten in Salzwasser bissfest kochen, dann abgießen und in eine Salatschüssel geben. Zwiebel, Knoblauch, Senfkörner, Zitronensaft und Petersilie zufügen. Mit Olivenöl beträufeln, salzen und pfeffern. Vor dem Servieren alles leicht vermengen und 30 Minuten an einem kühlen Platz ziehen lassen, damit sich die Aromen entfalten können.

Feigensalat

Fichi in insalata

Zubereiten: 15 Min.
Für 4 Personen

4 violette Feigen
4 grüne Feigen
100 g Pecorino
100 g Rucola, zerkleinert
1 Kopfsalat, zerteilt
5 EL Olivenöl
Salz und Pfeffer

Die Feigen schälen und in Spalten schneiden. Den Käse würfeln und mit Rucola, Blattsalat und Feigen in eine Salatschüssel geben. Salzen und leicht vermengen. Olivenöl mit je 1 Prise Salz und Pfeffer in einer Schale verrühren. Das Dressing über den Salat gießen und alles leicht vermengen. Sofort servieren.

Fenchelsalat mit Sellerie und Äpfeln

Insalata di finocchio, sedano e mele

Zubereiten: 15 Min.
Für 4 Personen

2 Fenchelknollen
2 grüne Äpfel, entkernt
2 Sellerieherzen
150 g Naturjoghurt
2 EL Schnittlauchröllchen
Salz und Pfeffer

Fenchel und Äpfel in feine Scheiben schneiden, die Sellerieherzen in Ringe schneiden. Alles in einer Salatschüssel mischen. Joghurt und Schnittlauch in einer Schale verrühren. Salzen und pfeffern. Den Salat damit überziehen und alles leicht vermengen. Sofort servieren.

Abbildung S. 79

Brunnenkressesalat mit Auberginen (S. 76)

Fenchelsalat mit Sellerie und Äpfeln (S. 77)

Pilzcarpaccio auf Weißkohl

Carpaccio di funghi su letto di insalata cappuccio

Zubereiten: 15 Min.

Für 4 Personen

500 g sehr frische Steinpilze
3 EL Olivenöl
½ EL Balsamico-Essig
1 EL Sherryessig
1 Weißkohl, gehobelt
2 Selleriestangen, in kurzen Stücken
1 EL Schnittlauchröllchen
50 g Parmesan, gehobelt
Salz und Pfeffer

Die Stiele von den Pilzen entfernen und die Kappen in sehr feine Scheiben schneiden. Olivenöl mit den beiden Essigsorten in einer Schale verrühren. Salzen und pfeffern.

Kohl und Sellerie in einer Schüssel mit der Hälfte des Dressings vermengen. Die Mischung auf vier Servierteller verteilen und mit den Pilzscheiben belegen. Mit dem Schnittlauch bestreuen und dem restlichen Dressing beträufeln. Den Parmesan darauf verteilen. Sofort servieren.

Erdbeersalat

Insalata di fragole

Zubereiten: 20 Min.

Für 4 Personen

150 g Erdbeeren, geputzt, in Scheiben geschnitten
1 Kraussalat, zerteilt
150 g gemischter Pflücksalat
5 EL Olivenöl
2 EL Balsamico-Essig
Salz und Pfeffer

Erdbeeren, Kraus- und Pflücksalat in einer Salatschüssel vorsichtig vermengen. Olivenöl und Essig in einer Schale verrühren. Salzen und pfeffern. Das Dressing über den Salat gießen und alles vorsichtig vermengen. Sofort servieren.

Abbildung S. 82

Pfirsichsalat

Insalata di pesche

Zubereiten: 20 Min.

Für 4 Personen

- 1 Lollo rosso, in Streifen geschnitten
- 1 Friséesalat, klein geschnitten
- 3 gelbe Pfirsiche, geschält, entsteint, in je 8 Spalten geschnitten
- 150 g fettarmer Naturjoghurt
- 100 g Walnusskerne, gehackt
- Salz und Pfeffer

Die beiden Salate in einer Salatschüssel mischen. Die Pfirsichspalten zufügen. Den Joghurt mit Salz und Pfeffer abschmecken und über den Salat gießen. Alles leicht vermengen. Mit den Walnusskernen bestreuen und sofort servieren.

Nelkensalat

Insalata con garofani

Zubereiten: 25 Min. (inkl. Einweichzeit)

Für 4 Personen

- 25 g unbehandelte rosa Nelkenblütenblätter
- 100 g Radicchio
- 100 g kleinblättriger Blattsalat, z. B. Salatherzen
- 5–6 Radieschen, geputzt
- 1 kleiner geräucherter Scamorza-Käse
- 1 grüner Apfel
- 6 EL Olivenöl
- 2 EL Weißweinessig
- Salz und Pfeffer

Die Blütenblätter in eine Schüssel mit kaltem Wasser geben und etwa 10 Minuten einweichen. Inzwischen Radicchio und Blattsalat in Streifen schneiden. Die Radieschen in feine Scheiben schneiden. Den Käse würfeln. Den Apfel in feine Spalten schneiden. Alles in einer Salatschüssel mischen.

Öl und Essig in einer Schale verrühren. Salzen und pfeffern. Das Dressing über den Salat gießen und alles leicht vermengen. Die Blütenblätter abtropfen lassen und auf dem Salat verteilen. Sofort servieren.

Abbildung S. 83

Erdbeersalat (S. 80)

Nelkensalat (S. 81)

Radieschensalat mit Oliven

Insalata di ravanelli con olive

Zubereiten: 20 Min.
(inkl. Ruhezeit)
Für 4 Personen

6 Radieschen, geputzt
Saft von 1 Zitrone
100 g Feldsalat
10 entsteinte schwarze Oliven
Olivenöl, zum Beträufeln
Salz

Die Radieschen in sehr feine Scheiben schneiden und in einer Salatschüssel mit dem Zitronensaft übergießen. Feldsalat und Oliven zugeben.
Mit Olivenöl beträufeln und mit Salz abschmecken. Leicht vermengen und vor dem Servieren 10 Minuten ziehen lassen.

Salatherzen mit Kräutern

Cuori di lattuga alle erbe

Zubereiten: 20 Min.
(inkl. Ruhezeit)
Für 4 Personen

4 Salatherzen
1 EL Dijon-Senf
2 EL Balsamico-Essig
5–6 EL Olivenöl
1 Zweig Estragon, frisch gehackt
4 Schnittlauchhalme, frisch gehackt
1 Stängel Kerbel, frisch gehackt
Salz und Pfeffer

Die Salatherzen vierteln und in eine Salatschüssel geben. Senf und Essig in einer Schale verrühren und mit Salz und Pfeffer abschmecken. Langsam das Olivenöl einrühren. Den Salat mit den Kräutern bestreuen und mit dem Dressing übergießen. Alles gut vermengen und 10 Minuten ziehen lassen, dann servieren.

Salat mit Orangen und Oliven

Insalata di lattuga all'arancia e olive

Zubereiten: 10 Min.
Für 4 Personen

1 Romanasalat, in breite Streifen geschnitten
120 ml Olivenöl
Saft von 1 Zitrone
1 Orange, geschält, in feine Scheiben geschnitten
12 entsteinte schwarze Oliven, gehackt
Salz und Pfeffer

Den Romanasalat in eine Salatschüssel geben. Olivenöl und Zitronensaft in einer Schale verrühren. Salzen und pfeffern. Das Dressing über den Salat gießen und alles vermengen. Orangenscheiben und Oliven darauf verteilen. Sofort servieren.

Grüner Salat mit Bohnen und Roter Bete

Insalata di lattuga, fagiolini e barbietole

Vorbereiten: 20 Min.

Garzeit: 10 Min.

Für 6 Personen

4 EL Olivenöl
Saft von ½ Zitrone
1 EL Dijon-Senf
1 Knoblauchzehe, in sehr feine Scheiben geschnitten
1 Stängel glatte Petersilie, gehackt
120 g grüne Bohnen
2 große Rote Beten, gekocht, geschält und in 5 cm lange Stifte geschnitten
1 Gurke, geschält, längs halbiert, in feine Scheiben geschnitten
1 Kopfsalat, zerteilt
3 Schalotten, gehackt
½ grüne Paprika, entkernt, in feine Streifen geschnitten
200 g Emmentaler, gewürfelt
Salz und Pfeffer

Olivenöl, Zitronensaft, Senf und Knoblauch in einer Schale verrühren. Salzen und pfeffern. Die Petersilie unterheben. Einen Topf mit Salzwasser zum Kochen bringen. Die Bohnen darin in 10 Minuten bissfest kochen. Das Wasser abgießen. Die Bohnen unter fließendem kaltem Wasser abschrecken und abtropfen lassen. Mit Küchenpapier trocken tupfen und halbieren.

Bohnen, Rote Bete, Gurke, Blattsalat, Schalotten, Paprika und Käsewürfel in einer Salatschüssel mit einigen Esslöffeln Dressing vermengen. Sofort servieren. Das restliche Dressing separat dazureichen.

Sonnenblumensalat

Insalata di petali di girasole

Zubereiten: 15 Min.

Für 4 Personen

1 unbehandelte Sonnenblume
200 g gemischter Pflücksalat
200 g kleine weiße Champignons, in feine Scheiben geschnitten
Olivenöl, zum Abschmecken
Weißweinessig, zum Abschmecken
Salz

Die Blütenblätter von der Sonnenblume abzupfen, abspülen und mit Küchenpapier trocken tupfen. Blütenblätter, Salatblätter und Pilze in eine Salatschüssel geben. Öl und Essig in einer Schale verrühren und mit Salz abschmecken. Das Dressing über den Salat gießen und alles leicht vermengen. Sofort servieren.

Abbildung S. 88

Pilzsalat mit Speck und Cicorino

Insalata di funghi allo speck e cicorino

Vorbereiten: 10 Min.

Garzeit: 15 Min.

Für 4 Personen

- 5 EL Olivenöl
- 1 Knoblauchzehe
- 400 g kleine Champignons, in Scheiben geschnitten
- 50 g Speck, in Streifen geschnitten
- 1 TL Balsamico-Essig
- 100 g Cicorino (siehe Hinweis S. 73)
- Salz und Pfeffer

Zwei Esslöffel Olivenöl in einer Pfanne erhitzen. Die Knoblauchzehe darin anbräunen. Pilze und Speck zufügen und bei mittlerer bis starker Hitze 10 Minuten unter gelegentlichem Rühren garen. Den Knoblauch entfernen. Die Pilze salzen und pfeffern, dann auskühlen lassen.

Restliches Öl und Essig in einer Schale verrühren und mit Salz und Pfeffer abschmecken. Cicorino und Pilzmischung in einer Salatschüssel vermengen. Das Dressing darübergießen. Sofort servieren.

Sonnenscheinsalat

Insalata solare

Zubereiten: 45 Min. (inkl. Ruhezeit)

Für 4 Personen

- 1 Aubergine
- 6 EL Olivenöl und etwas Olivenöl zum Beträufeln
- 1 grüne Paprika, entkernt und in Scheiben geschnitten
- 1 rote Paprika, entkernt und in Scheiben geschnitten
- 1 Tomate, in feine Scheiben geschnitten
- 100 g grüne Oliven, entsteint
- 25 g Kapern, abgespült und abgetropft
- 1 frische rote Chili, entkernt und gehackt
- Salz und Pfeffer

Die Aubergine schälen und würfeln. In ein Sieb geben, mit Salz bestreuen und 30 Minuten ziehen lassen. Abspülen und mit Küchenpapier trocken tupfen. In eine Salatschüssel geben und mit Olivenöl beträufeln. Die Paprikastreifen darauf verteilen. Die Tomatenscheiben mit Küchenpapier trocken tupfen und auf die Paprikastreifen geben.

Oliven, Kapern und Chili darauf verteilen. Das Olivenöl in einer Schale salzen und pfeffern, dann über den Salat gießen. Erst unmittelbar vor dem Servieren vermengen. Dieser Salat kann bis zu 30 Minuten im Voraus angerichtet werden.

Abbildung S. 89

Mais-Mozzarella-Salat

Insalata di mais e mozzarella

Zubereiten: 10 Min.

Für 6 Personen

- 250 g Maiskörner (aus der Dose), abgetropft
- 3 Tomaten, geschält und gewürfelt
- 1 Kugel Mozzarella, gewürfelt
- 2 Sellerieherzen, gehackt
- 1 grüne Pepperoni in Olivenöl, abgetropft und in Streifen geschnitten
- 4 EL Olivenöl
- Weißweinessig, zum Beträufeln
- Salz und Pfeffer

Mais, Tomaten, Mozzarella, Sellerie und Pepperoni in eine Salatschüssel geben. Mit dem Olivenöl beträufeln und mit Salz und Pfeffer abschmecken. Mit dem Essig beträufeln. Sorgfältig vermengen und sofort servieren.

Hinweis: Mozzarella sollte möglichst frisch verzehrt werden, solange er noch schön weich ist. In seiner Lake hält er sich 2–3 Tage im Kühlschrank.

Salat mit buntem Ofengemüse

Insalata di lattuga con verdure arrosto

Vorbereiten: 1¼ Std.
(inkl. Abkühlzeit)

Garzeit: 1 Std.

Für 4 Personen

- 7 kleine Kartoffeln
- 1 große mehligkochende Kartoffel, in Scheiben geschnitten
- 1 Karotte, in Scheiben geschnitten
- 1 Pastinake, in Scheiben geschnitten
- 1 rote Paprika, gewürfelt
- 8 sehr kleine Zwiebeln
- 2 Zweige frischer Rosmarin
- 1 Knoblauchzehe
- Olivenöl, zum Beträufeln
- 3 Zucchini, in Scheiben geschnitten
- 4 Minzeblätter, gehackt
- 1 EL Balsamico-Essig
- 1 Kopfsalat, zerteilt
- Salz und Pfeffer

Den Backofen auf 200 °C vorheizen. Kartoffeln, Karotte, Pastinake, Paprika, Zwiebeln, Rosmarin und Knoblauch auf einem Backblech verteilen und mit Olivenöl beträufeln. Salzen und pfeffern. Im Ofen 30 Minuten garen. Das Gemüse mit einem Pfannenwender wenden, die Zucchini untermischen und weitere 30 Minuten garen.

Das Gemüse aus dem Ofen nehmen und mit der Minze bestreuen. Mit dem Essig beträufeln und abkühlen lassen. Den Blattsalat auf einer Servierplatte verteilen und das Ofengemüse darauf anrichten. Sofort servieren.

Sonnenblumensalat (S. 85)

Sonnenscheinsalat (S. 86)

Auberginensalat mit Minze

Insalata di melanzane alla menta

Vorbereiten: 45 Min.
(inkl. Ruhezeit)
Garzeit: 10 Min.
Für 4 Personen

- 2 Auberginen, längs in dicke Scheiben geschnitten
- 100 ml Olivenöl, und etwas zum Bestreichen
- 3 Tomaten, in Spalten geschnitten
- 2 Frühlingszwiebeln, in Scheiben geschnitten
- 1 EL Sardellenpaste
- 1 EL Weißweinessig
- 1 Stängel glatte Petersilie, gehackt
- 4–5 Basilikumblätter
- 1 Stängel Oregano, gehackt
- 1 Stängel Minze, gehackt
- Salz und Pfeffer
- 10 schwarze Oliven, zum Garnieren
- Minzeblätter, zum Garnieren

Die Auberginenscheiben in ein Sieb schichten. Mit Salz bestreuen und abgedeckt 30 Minuten ziehen lassen. Dann abspülen und mit Küchenpapier trocken tupfen. Inzwischen den Backofengrill vorheizen. Die Auberginen auf einem Backblech verteilen, mit Olivenöl bestreichen und 5 Minuten grillen. Wenden, mit Olivenöl bestreichen und weitere 5 Minuten grillen. Abkühlen lassen und in Streifen schneiden.

Auberginen, Tomaten und Frühlingszwiebeln in eine Salatschüssel geben. Sardellenpaste und Essig in einer Schale glatt rühren. Olivenöl, Petersilie, Basilikum, Oregano und Minze einarbeiten, salzen und pfeffern. Das Dressing über den Salat gießen, alles leicht vermengen. Mit Oliven und Minzeblättern garnieren und sofort servieren.

Tomatentatar mit Basilikum

Tartare di pomodori al basilico

Zubereiten: 45 Min.
(inkl. Ruhezeit)
Für 4 Personen

- 16 Kirschtomaten, entkernt und gewürfelt
- 300 g Primo sale (siehe Hinweis), gewürfelt
- 16 schwarze Oliven, entsteint
- 1 Bund Basilikum, gehackt
- Olivenöl, zum Beträufeln
- Salz

Die Tomaten in ein Sieb geben. Mit Salz bestreuen und 30 Minuten ziehen lassen. Abtropfen lassen und in eine Salatschüssel geben. Primo sale, Oliven und Basilikum zugeben. Großzügig mit Olivenöl beträufeln und mit Salz abschmecken. Vorsichtig vermengen und bis zum Servieren kühl stellen.

Hinweis: Damit dieses Tatar gut gelingt, sollten Tomaten und Käse noch relativ fest sein und recht klein gewürfelt werden. *Primo sale* ist ein weicher Frischkäse und kann durch Büffelmozzarella ersetzt werden.

Abbildung S. 94

Porreesalat

Insalata di porri

Zubereiten: 45 Min.
(inkl. Ruhezeit)
Für 4 Personen

4 zarte Porreestangen, nur das weiße Stück
Parmesan (Menge siehe Zubereitung)
Olivenöl, zum Beträufeln
Salz und Pfeffer

Den Porree in sehr feine Ringe schneiden, wiegen und in eine Schüssel geben. Ein ebenso schweres Stück Parmesan abwiegen und mit einem Gemüseschäler über den Porree hobeln. Porree und Parmesan vermengen. Mit Olivenöl beträufeln. Salzen und pfeffern. Vor dem Servieren 30 Minuten ziehen lassen, damit sich die Aromen entfalten können.

Melonenbällchen mit Rucola

Palline di melone con rucola

Zubereiten: 10 Min.
Für 4 Personen

1 kleine Melone
100 g Rucola, zerkleinert
4 EL Olivenöl
2 EL Weißweinessig
Salz und frisch gemahlener weißer Pfeffer

Die Melone halbieren und entkernen. Mit einem Kugelausstecher so viele Melonenbällchen wie möglich aus dem Fruchtfleisch herauslösen. Mit dem Rucola in eine große Schüssel geben.

Olivenöl und Essig in einer Schale verrühren und mit Salz und Pfeffer abschmecken. Das Dressing über den Salat gießen und alles vorsichtig vermengen. Sofort servieren.

Melonensalat

Insalata di melone

Zubereiten: 15 Min.
Für 4 Personen

1 Melone
4 Tomaten, in Scheiben geschnitten
1 Kopfsalat, in Streifen geschnitten
200 g Maiskörner (aus der Dose), abgetropft
150 g Naturjoghurt
Saft von ½ Zitrone
2 EL Olivenöl
Salz

Die Melone halbieren und entkernen. Mit einem Kugelausstecher Melonenbällchen aus dem Fruchtfleisch herauslösen und in eine Salatschüssel geben. Tomaten, Blattsalat und Mais zufügen. Joghurt, Zitronensaft, Olivenöl mit 1 Prise Salz in einer Schale glatt rühren. Über den Salat gießen und kurz vermengen. Sofort servieren.

Johannisbeer-Blaubeer-Salat

Insalata di ribes e mirtilli

Zubereiten: 15 Min.

Für 4 Personen

- 2 Eier, hart gekocht und in Scheiben geschnitten
- 250 g Pflücksalat
- 4 Karotten, in Stifte geschnitten
- 4 kleine runde Ziegenkäse, gewürfelt
- 250 g Rote Johannisbeeren
- 250 g Blaubeeren
- 5 EL Olivenöl
- 3 EL Balsamico-Essig
- Salz und Pfeffer

Eier, Pflücksalat, Karotten, Käsewürfel und die Beeren in eine Salatschüssel geben. Olivenöl und Essig in einer Schale verrühren. Salzen und pfeffern. Das Dressing über den Salat gießen und alles kurz vermengen. Sofort servieren.

Sizilianischer Zitrussalat

Insalata siciliana d'agrumi

Zubereiten: 40 Min. (inkl. Marinierzeit)

Für 6 Personen

- 4 Orangen
- 2 Fenchelknollen, in feine Scheiben geschnitten
- 4 noch leicht grüne, unbehandelte Zitronen, in feine Scheiben geschnitten
- 100–150 g entsteinte schwarze Oliven, gehackt
- Olivenöl, zum Beträufeln
- Salz und frisch gemahlener weißer Pfeffer

Die Orangen großzügig schälen, sodass auch die bittere weiße Innenschale entfernt wird, und filetieren. Die Orangenfilets in eine Salatschüssel geben. Fenchel, Zitronen und Oliven zufügen. Mit Olivenöl beträufeln und mit Salz und Pfeffer abschmecken. Vorsichtig vermengen, dann abgedeckt 20 Minuten im Kühlschrank ziehen lassen. Sofort servieren.

Zucchinisalat

Insalata di zucchine novelle

Zubereiten: 45 Min.
(inkl. Ruhezeit)
Für 4 Personen

- 6 Baby-Zucchini, in dünne Scheiben geschnitten
- 50 g Parmesan, frisch gerieben
- 1 Prise getrockneter Oregano
- 3 EL Olivenöl
- 2 Tomaten, geschält und in Scheiben geschnitten
- Salz und Pfeffer

Die Zucchinischeiben in eine Salatschüssel geben. Parmesan, Oregano und Olivenöl zugeben und mit Salz und Pfeffer würzen. Gründlich mischen und mindestens 30 Minuten an einen kühlen Ort stellen, damit sich die Aromen entfalten können. Die Tomaten erst unmittelbar vor dem Servieren zufügen.

Abbildung S. 95

Zucchinisalat mit Basilikum

Zucchine in insalata con basilico

Zubereiten: 10 Min.
Für 4 Personen

- 600 g kleine Zucchini, in feine Scheiben geschnitten
- 6 Stängel Basilikum, gehackt
- Saft von 1 Zitrone
- 6 EL Olivenöl
- Salz und Pfeffer

Die Zucchinischeiben mit dem Basilikum in eine Salatschüssel geben. Zitronensaft und Olivenöl in einer Schale verrühren und mit Salz und Pfeffer abschmecken. Das Dressing über den Salat gießen und alles kurz vermengen.

Gemischter Zucchinisalat

Insalata mista di zucchine

Zubereiten: 15 Min.
Für 4 Personen

- 1 Fenchelknolle
- 4 kleine Zucchini, in feine Scheiben geschnitten
- 2 Selleriestangen, gehackt
- 1 Frühlingszwiebel, in Scheiben geschnitten
- 1 Bund Rucola, fein gehackt
- Saft von ½ Zitrone
- 6 EL Olivenöl
- Salz und Pfeffer

Den Fenchel vierteln, dann in feine Streifen schneiden. Mit Zucchini, Sellerie, Frühlingszwiebel und Rucola in eine Salatschüssel geben. Zitronensaft und Öl in einer Schale verrühren, mit Salz und Pfeffer abschmecken. Das Dressing über den Salat gießen und alles kurz vermengen. Sofort servieren.

Tomatentatar mit Basilikum (S. 90)

Zucchinisalat (S. 93)

Panzanella mit Gemüse

Panzanella di verdure

Zubereiten: 1½ Std.
(inkl. Kühlzeit)
Garzeit: 5 Min.
Für 4 Personen

2 kleine Zucchini
150 g kräftiges Bauernbrot, ohne Rinde, gewürfelt
Olivenöl, zum Beträufeln
2 Eiertomaten, geschält, entkernt, gewürfelt
1 Frühlingszwiebel, in feine Scheiben geschnitten
8 entsteinte schwarze Oliven, gehackt
Balsamico-Essig, zum Beträufeln
4–5 Basilikumblätter, zerteilt, und einige Blätter zum Garnieren
Salz und Pfeffer

Den Backofen auf 180 °C vorheizen. Die ganzen Zucchini in einem Topf mit kochendem Wasser 3 Minuten blanchieren. Gut abtropfen und abkühlen lassen. Die Brotwürfel auf einem Backblech verteilen. Mit Öl beträufeln. Salzen und pfeffern und 5 Minuten rösten.

Die Zucchini in Scheiben schneiden und mit Tomaten, Croûtons, Frühlingszwiebel und Oliven in eine Salatschüssel geben. Mit Olivenöl und Essig beträufeln. Salzen und pfeffern und vorsichtig die Basilikumblätter unterheben.

Die Mischung in Förmchen füllen und leicht andrücken. Etwa 1 Stunde im Kühlschrank ziehen lassen. Auf Servierteller stürzen und mit Basilikum garniert servieren.

Couscous mit Zwiebeln

Insalata di cus-cus alle cipolle

Zubereiten: 2¾ Std.
(inkl. Einweich- und Kühlzeit)
Für 4 Personen

200 g Couscous
5 EL Olivenöl
Saft von 2 Zitronen
200 g Zwiebeln, gehackt
500 g Tomaten, gewürfelt
1 Stängel glatte Petersilie, gehackt
1 Stängel Koriander, gehackt
1 Stängel Minze, gehackt
1 Stängel Basilikum, gehackt
Salz und Pfeffer

Den Couscous in eine Schüssel geben und mit kochendem Wasser bedecken. Mit einer Gabel umrühren und 30 Minuten quellen lassen, bis er das Wasser vollständig aufgenommen hat. Den Couscous mit einer Gabel auflockern. Olivenöl und Zitronensaft in einer Schale verrühren und mit Salz und Pfeffer abschmecken. Das Dressing über den Couscous gießen. Zwiebeln, Tomaten und Kräuter zufügen und alles vermengen. Vor dem Servieren abgedeckt 2 Stunden im Kühlschrank ziehen lassen.

Artischockensalat mit Pilzen und Fenchel

Insalata di carciofi, funghi e finocchi

Zubereiten: 25 Min.

Für 4 Personen

Saft von 1 Zitrone
3 sehr zarte Babyartischocken, geputzt, äußere Blätter entfernt
150 g kleine Champignons
6 EL Olivenöl
1 Fenchelknolle
1 großer Stängel glatte Petersilie, fein gehackt
Salz und Pfeffer

Eine Schüssel halb mit Wasser füllen und 1 Esslöffel Zitronensaft unterrühren. Die Artischockenherzen in das Zitronenwasser geben. Die Pilze in Scheiben schneiden und in eine weitere Schüssel geben. Restlichen Zitronensaft mit 4 Esslöffeln Olivenöl verrühren, mit Salz und Pfeffer abschmecken und über die Pilze gießen.

Den Fenchel putzen, in Streifen schneiden und in eine Salatschüssel geben. Die Artischocken abtropfen lassen und die abgezupften Blätter rund um den Fenchel anrichten. Die Pilze in die Mitte geben. Petersilie und restliches Öl in einer Schale verrühren. Salzen und pfeffern. Das Dressing über den Salat gießen und erst unmittelbar vor dem Servieren vermengen.

Gemischter Gemüsesalat

Insalata mista

Vorbereiten: 30 Min.

Garzeit: 20–30 Min.

Für 4 Personen

3 Kartoffeln
2 Karotten, geputzt
100 g Erbsen
Saft von 1 Zitrone
3 sehr zarte Babyartischocken
100 g Edamer, gewürfelt
6 EL Olivenöl
16 grüne und schwarze Oliven, entsteint
2 Eier, hart gekocht und in Spalten geschnitten
Salz und Pfeffer

Die Kartoffeln in einem Topf mit Salzwasser in 20–30 Minuten gar kochen. Gleichzeitig die Karotten in einem zweiten Topf mit Salzwasser in 20–25 Minuten und die Erbsen in einem dritten Topf mit Salzwasser in 15–25 Minuten gar kochen.

Inzwischen eine Schüssel halb mit Wasser füllen und 1 Esslöffel Zitronensaft unterrühren. Die Artischocken putzen, in Spalten schneiden und ins Zitronenwasser geben. Alle Gemüsesorten gut abtropfen lassen. Kartoffeln schälen und würfeln, Karotten würfeln.

Kartoffeln, Karotten, Erbsen, Artischocken und Käse in eine Salatschüssel geben. Olivenöl und restlichen Zitronensaft in einer Schale verrühren und mit Salz und Pfeffer abschmecken. Das Dressing über den Salat gießen und alles kurz vermengen. Mit Oliven und hart gekochten Eiern garnieren und sofort servieren.

Gourmetsalat

Insalata del gourmet

Vorbereiten: 25 Min.
Garzeit: 25–30 Min.
Für 4 Personen

- 2 rote Paprika
- 4 kleine Zwiebeln, geviertelt
- 1 Stängel glatte Petersilie, gehackt
- 1 Stängel Basilikum, gehackt
- 4 neue Kartoffeln, gekocht, abgetropft und gewürfelt
- 2 Karotten, gekocht, abgetropft und in Scheiben geschnitten
- 100 g magerer Kochschinken, in Streifen geschnitten
- 150 ml Sahne
- 1 EL Worcestersauce
- 6 EL Olivenöl
- Saft von 2 Zitronen
- Salz

Den Backofen auf 220 °C vorheizen. Die Paprika halbieren und auf ein Backblech legen. Im Ofen unter gelegentlichem Wenden garen, bis die Haut schwarz ist und Blasen wirft. In einem verschlossenen Plastikbeutel etwas abkühlen lassen. Die Haut abziehen, entkernen und das Fruchtfleisch in Streifen schneiden.

Paprika, Zwiebeln, Petersilie, Basilikum, Kartoffeln, Karotten und Schinken in eine Salatschüssel geben. Die Sahne in einer Schüssel aufschlagen. Worcestersauce, Olivenöl und Zitronensaft in einer zweiten Schüssel verrühren. Mit Salz würzen und die Sahne unterheben. Das Dressing über den Salat gießen und alles kurz vermengen.

Tomatensalat mit Wachteleiern

Insalata di pomodori e uova di quaglia

Vorbereiten: 15 Min.
Garzeit: 8 Min.
Für 4 Personen

- 12 Wachteleier
- 4–6 Salatblätter
- 200 g Kochschinken, in Streifen geschnitten
- 4 grüne Tomaten, entkernt und in Scheiben geschnitten
- Olivenöl und Weißweinessig, zum Beträufeln
- Salz

Die Wachteleier in einem Topf mit kochendem Wasser in 2–3 Minuten hart kochen. Unter fließendem kaltem Wasser abschrecken, schälen und halbieren. Einen großen Servierteller mit den Salatblättern auslegen. Schinken, Tomaten und Eier darauf anrichten. Leicht salzen und mit Olivenöl und etwas Essig beträufeln. Erst am Tisch vorsichtig vermengen.

Spinatsalat

Insalata di spinaci

Zubereiten: 10 Min.

Für 4 Personen

350 g junge Spinatblätter, dicke Stiele entfernt
Weißweinessig, zum Beträufeln
Olivenöl, zum Beträufeln
Salz
Parmesanspäne, zum Garnieren

Den Spinat in breite Streifen schneiden und in eine Salatschüssel geben. Salzen und mit Essig und Öl beträufeln. Mit Parmesan garnieren und sofort servieren.

Selleriesalat mit Roquefort

Insalata di sedano al roquefort

Zubereiten: 15 Min.

Für 4 Personen

1 Apfel
250 g kleine Champignons
Saft von ½ Zitrone
5 Selleriestangen, in 3 cm lange Stücke geschnitten
150 g Kochschinken, gewürfelt
100 g Roquefort-Käse, gewürfelt
10 Walnusskerne, halbiert
1 EL gehackte glatte Petersilie

Für das Dressing

4 EL Mayonnaise
4 EL Senf
150 g Vollmilch-Naturjoghurt
Salz und Pfeffer

Den Apfel schälen, entkernen und würfeln. Die Pilze in Scheiben schneiden und mit dem Zitronensaft beträufeln. Apfel, Pilze, Sellerie, Schinken und Käse in eine Salatschüssel geben.

Für das Dressing Mayonnaise, Senf und Joghurt in einer Schale verrühren mit Salz und Pfeffer abschmecken. Das Dressing über den Salat gießen. Mit den Walnüssen bestreuen und mit der Petersilie garnieren. Vor dem Servieren einige Minuten ziehen lassen.

Grillen

Grigliata

In den warmen Sommermonaten gibt es nichts Schöneres, als im Freien zu grillen und zu essen. Schon allein der Duft von brutzelnden Steaks und das Knistern des Feuers machen Lust auf einen geselligen Abend, bei dem niemand in der Küche stehen muss. Ein gutes Barbecue kann ganz simpel gehalten werden: Fleisch, von bester Qualität, über heißer Glut gegrillt, leicht gesalzen und gepfeffert und mit etwas kalt gepresstem Olivenöl beträufelt, ist ein wahrer Hochgenuss.

In Italien liebt man beispielsweise die Steaks der alten toskanischen Rinderrasse Chianina, die auch sehr hochpreisig sind. Es gibt sogar strenge Regeln, wie dieses Fleisch gegrillt werden soll. So darf man es etwa nie mit einer Gabel einstechen, damit der wertvolle Fleischsaft nicht herausläuft (siehe Florentiner T-Bone-Steak, S. 124). Es gibt aber auch viele Fisch- und Gemüsearten, die sich hervorragend zum Grillen eignen, wie Kaisergranate oder Sardinen, Radicchio oder Auberginen. Häufig grillt man sie mit frischen Kräutern und beträufelt sie zum Servieren mit Zitronensaft und feinem Olivenöl.

Alle Rezepte in diesem Kapitel können selbstverständlich auch drinnen auf einem Tischgrill zubereitet werden. Als Beilagen passen frische Salate und gutes Brot ganz wunderbar.

Aromatische Marinade

Marinata aromatica

Zubereiten: 5 Min.,
plus Marinierzeit

1 Zwiebel, in Ringe geschnitten
3 EL frisch gehackte glatte Petersilie
1 EL frisch gehackter Thymian
2 Lorbeerblätter, zerpflückt
2 Knoblauchzehen, in feine Scheiben geschnitten
5 EL Olivenöl
2 TL Zitronensaft
Salz und Pfeffer

Diese Marinade passt zu Rindfleisch, Lamm oder Hähnchenbrustfilets. Das Fleisch salzen und pfeffern und in einer Schüssel mit Zwiebel, Petersilie, Thymian, Lorbeer und Knoblauch bedecken. Olivenöl und Zitronensaft verrühren und über das Fleisch gießen, dann etwa 2 Stunden im Kühlschrank marinieren.

Schnelle Zitronenmarinade

Marinata veloce al limone

Zubereiten: 10 Min.,
plus Marinierzeit

400 ml Olivenöl
Saft von 1 Zitrone
Blätter von 2 Stängeln glatter Petersilie
1 kleine Schalotte, fein gehackt
Blätter von 1 Zweig frischem Thymian
1 Lorbeerblatt
Salz und Pfeffer

Diese Marinade passt zu Fisch oder Steaks. Olivenöl, Zitronensaft, Petersilie, Schalotte, Thymian und Lorbeerblatt in einer Schüssel verrühren und mit Salz und Pfeffer abschmecken. Fleisch oder Fisch 30 Minuten an einem kühlen Ort marinieren.

Joghurtmarinade

Marinata allo yogurt

Zubereiten: 10 Min.,
plus Marinierzeit

1 Zwiebel, in Ringe geschnitten
500 g fettarmer Naturjoghurt
Salz und Pfeffer

Diese Marinade passt zu Lamm oder Zicklein. Die Zwiebel in einem Mixer pürieren und durch ein feines Sieb in eine Schüssel streichen. Mit dem Joghurt verrühren und mit Salz und Pfeffer abschmecken. Das Fleisch 3–4 Stunden marinieren.

Essigmarinade

Marinata all'aceto

Zubereiten: 5 Min.,
plus Marinierzeit

200 ml Weißweinessig
200 ml Olivenöl
Saft von 1 Zitrone
2 TL fein gehackter frischer Rosmarin
1 EL frisch gehackte glatte Petersilie
1 Prise getrockneter Oregano
Salz und Pfeffer

Diese Marinade passt zu Fisch. Essig, Olivenöl und Zitronensaft in einer großen Schüssel verrühren. Die Kräuter hinzufügen und die Marinade mit Salz und Pfeffer abschmecken. Den Fisch darin einige Stunden marinieren.

Weißweinmarinade

Marinata al vino bianco

Zubereiten: 5 Min.,
plus Marinierzeit

1 Zwiebel, in Ringe geschnitten
1 l trockener Weißwein
250 ml Olivenöl
Saft von 1 Zitrone
Salz und Pfeffer

Diese Marinade passt zu Fisch. Zwiebel, Weißwein, Olivenöl und Zitronensaft in einer Schüssel verrühren. Mit Salz und Pfeffer würzen. Den Fisch darin 2 Stunden marinieren.

Sardellenbutter

Burro all'acciuga

Zubereiten: 5 Min.

100 g weiche Butter
50 g in Salz eingelegte Sardellenfilets, fein gehackt
1 TL Sardellenpaste

Die Butter in einer Schüssel cremig rühren. Zunächst die Sardellen einarbeiten, danach die Sardellenpaste. Passt gut zu dunklem, gegrilltem Fleisch.

Basilikumbutter

Burro al basilico

Vorbereiten: 5 Min.
Garzeit: 5 Min.

- 100 g Butter, gewürfelt
- 1 großes Bund frisches Basilikum, Blätter zerpflückt
- 2–3 EL Zitronensaft
- Salz und Pfeffer

Die Butter im Wasserbad über siedendem Wasser zerlassen. Den Topf vom Herd nehmen, Basilikum und Zitronensaft unterrühren. Mit Salz und Pfeffer abschmecken. Passt zu Fisch oder Krustentieren.

Fenchelbutter

Burro al finocchio

Vorbereiten: 10 Min.

- 1 Knoblauchzehe, ungeschält
- 100 g weiche Butter
- 2 TL Fenchelsamen
- Saft von ½ Zitrone
- weißer Pfeffer

Die Knoblauchzehe in kochendem Wasser etwa 1 Minute blanchieren. Abtropfen lassen, abziehen und mit einer Gabel zerdrücken. Die Butter in einer Schüssel cremig rühren und den Knoblauch einarbeiten. Die Fenchelsamen im Mörser oder in einer Gewürzmühle mahlen und in die Butter rühren. Mit Zitronensaft und 1 Prise Pfeffer mischen. Passt zu Fleisch oder gegrilltem Fisch.

Gorgonzolabutter

Burro al gorgonzola

Zubereiten: 5 Min.

- 100 g weiche Butter
- 70 g Gorgonzola, zerkrümelt
- 1 Stängel glatte Petersilie, frisch gehackt

Butter und Gorgonzola in einer Schüssel glatt rühren. Danach die Petersilie einarbeiten. Passt zu gegrilltem Fleisch.

Salbeibutter

Burro alla salvia

Vorbereiten: 1 Min.
Garzeit: 5 Min.

100 g Butter
15 frische Salbeiblätter
Salz

Die Butter in einem Topf bei schwacher Hitze zerlassen. Wenn sie zu bräunen beginnt, den Salbei in die Butter geben, etwas Salz zufügen und den Salbei kross braten. Die Butter sofort servieren. Passt zu gekochtem Reis, gegrilltem Fleisch oder Ravioli.

Gegrillter Radicchio

Radicchio de Treviso alla griglia

Vorbereiten: 10 Min.
Garzeit: 5 Min.
Für 4 Personen

600 g Radicchio trevisiano
4 EL Olivenöl
Saft von 1 Zitrone
Salz und Pfeffer

Den Grill anheizen. Die äußeren Blätter vom Radicchio entfernen. Die Strünke auf 3 cm kürzen, dann den Salat waschen. Mit dem Olivenöl beträufeln und auf dem heißen Grill etwa 5 Minuten unter gelegentlichem Wenden grillen.

Auf einen Servierteller geben, salzen und pfeffern, mit dem Zitronensaft beträufeln und sofort servieren.

Gegrillte Auberginen

Melanzane arrosto

Vorbereiten: 1¾ Std. (inkl. Abtropf- und Kühlzeit)
Garzeit: 10–15 Min.
Für 6 Personen

3 Auberginen, in dicke Scheiben geschnitten
3 Knoblauchzehen, in dünne Scheiben geschnitten
18 frische Basilikumblätter
Olivenöl, zum Beträufeln
Salz und Pfeffer
1 rote und 1 gelbe Paprika (nach Belieben)

Auberginenscheiben in ein Sieb legen, mit Salz bestreuen, 30 Minuten abtropfen lassen. Den Grill anheizen. Die Auberginenscheiben abspülen und mit Küchenpapier trocken tupfen. Von beiden Seiten einige Minuten grillen, dann abkühlen lassen.

Die Auberginen in eine Servierschüssel schichten. Jede Schicht mit Knoblauch, Basilikum, Salz und Pfeffer bestreuen und mit reichlich Olivenöl beträufeln. An einem kühlen Platz mindestens 1 Stunde ziehen lassen, damit sich die Aromen entfalten. Die beiden Paprika, falls verwendet, von allen Seiten grillen, dann den Strunk entfernen, entkernen und in Streifen schneiden. Zu den Auberginenscheiben geben, dann erst marinieren.

Abbildung S. 114

Folienkartoffeln

Patate d'argento

Vorbereiten: 10 Min.

Garzeit: 40 Min.

Für 6 Personen

18 möglichst gleich große hellfleischige, mehligkochende Kartoffeln
Salz

Die Kartoffeln waschen und abtrocknen. Salzen und einzeln in Alufolie einwickeln. Mehrmals mit einem Cocktailspieß einstechen. Die Kartoffeln in der heißen Glut etwa 40 Minuten garen. Inzwischen für die Füllung nach Belieben die unten aufgeführten Varianten zubereiten. Die Kartoffeln mit der Grillzange aus der Glut nehmen, auswickeln und auf Servierteller geben.

Zu den Folienkartoffeln passen ganz nach Geschmack folgende Füllungen:

Brie cremig gerührt mit gehackten gemischten Kräutern, z. B. Majoran, Thymian und Kerbel.

Räucherlachs und Butter mit gehacktem wildem Fenchel, Olivenöl und schwarzer Tapenade (Olivenpaste).

Gegarte Garnelen, Butter und Paprikapulver.

Schwarze Oliven, Kapern, Thunfisch (Dose), Sardellen, Zitronensaft und Olivenöl.

Mascarpone, zwei fein gehackte Schalotten, Currypulver und frischer Tomatensaft.

Mascarpone, Gorgonzola, gehackte Pistazien und Weinbrand.

Mascarpone, Naturjoghurt, gehacktes Basilikum, Salz und Pfeffer.

Abbildung S. 115

Gefüllter Kalmar vom Grill

Calamari ripieni alla griglia

Vorbereiten: 20 Min.
Garzeit: 10–15 Min.
Für 4 Personen

- 4 Kalmare, küchenfertig
- 1 Stängel frische glatte Petersilie und etwas Petersilie zum Garnieren
- ½ Knoblauchzehe
- 50 g Semmelbrösel
- Olivenöl, zum Beträufeln und Bestreichen
- Salz und Pfeffer
- Zitronenspalten, zum Garnieren

Den Grill anheizen. Die Tentakel zusammen mit Petersilie und Knoblauch klein hacken und in eine Schale geben. Semmelbrösel, Olivenöl, Salz und Pfeffer unterrühren. Kalmare mit dieser Mischung füllen und mit Cocktailspießen verschließen.

Olivenöl mit Salz und Pfeffer anrühren, die Kalmare damit bestreichen und auf dem Grill goldbraun grillen, bis sie zart sind. Heiß mit Zitronenspalten und Petersilie servieren.

Gegrillte Meerbrasse

Orata ai ferri

Vorbereiten: 3 Std.
(inkl. Marinierzeit)
Garzeit: 15 Min.
Für 4 Personen

- 4 EL Olivenöl
- Saft von 1 Zitrone
- 1 Stängel glatte Petersilie, frisch gehackt
- 4 Goldbrassen (à 200–300 g), geschuppt und ausgenommen
- 200 g feine Semmelbrösel
- Salz und Pfeffer

Olivenöl, Zitronensaft, Petersilie, Salz und Pfeffer auf einem Teller verrühren. Fisch darin wenden und 3 Stunden im Kühlschrank marinieren.

Den Grill anheizen. Den Fisch abtropfen lassen, die Marinade beiseitestellen. Die Semmelbrösel auf den Fisch streuen und fest andrücken. Den Fisch 15 Minuten auf den Grill legen, bis sich das Fleisch leicht zerpflücken lässt, dabei zwei- bis dreimal wenden und mit der Marinade bestreichen.

Gegrillte Auberginen (S. 109)

Folienkartoffeln (S. 112)

Gegrillte Scampi

Scampi grigliati

Vorbereiten: 50 Min.
(inkl. Marinierzeit)
Garzeit: 12 Min.
Für 4 Personen

- 20 Scampi, ausgelöst
- 1 Stängel glatte Petersilie, fein gehackt
- 1 Stängel frischer Kerbel, fein gehackt
- 1 Zweig frischer Majoran, fein gehackt
- Saft von 1 Zitrone
- 4 EL Olivenöl, und etwas Olivenöl zum Einfetten
- Salz und Pfeffer

Die Scampi in eine große Schüssel legen. Kräuter, Zitronensaft, Olivenöl, Salz und Pfeffer zugeben. 45 Minuten marinieren.

Den Grill anheizen. Die Scampi abtropfen lassen und die Marinade beiseitestellen. Die Scampi etwa 12 Minuten grillen, dabei zweimal wenden und von Zeit zu Zeit mit etwas Marinade bestreichen.

Abbildung S. 117

Scampi mit Salbei

Scampi alla salvia

Vorbereiten: 1¼ Std.
(inkl. Marinierzeit)
Garzeit: 10–12 Min.
Für 4 Personen

- 20 Scampi, ausgelöst
- Saft von 2 Zitronen
- 20 Scheiben geräucherte Pancetta
- 20 frische kleine Salbeiblätter
- Olivenöl, zum Bestreichen
- Salz und Pfeffer

Die Scampi zusammen mit Salz, Pfeffer und Zitronensaft in eine große Schüssel geben und 1 Stunde marinieren. Den Grill anheizen. Die Scampi abtropfen lassen und die Marinade beiseitestellen. Je 1 Scampo mit 1 Scheibe Pancetta und 1 Salbeiblatt umwickeln und mit einem Cocktailspieß feststecken.

Die Scampiröllchen mit Olivenöl bestreichen, auf den Grill legen und 10–12 Minuten grillen, dabei zweimal wenden und gelegentlich mit der Marinade beträufeln.

Gegrillte Scampi

Gegrillte Sardinen

Sardine alla griglia

Vorbereiten: 50 Min.
(inkl. Ruhezeit)
Garzeit: 4 Min.
Für 4 Personen

Abrieb von ½ Orange
1 Knoblauchzehe, gehackt
2 TL fein gehackter frischer Rosmarin
1 kg Sardinen, küchenfertig
Olivenöl, zum Beträufeln
Salz und Pfeffer

Orangenschale, Knoblauch und etwas Rosmarin in einer Schüssel vermengen. Die Sardinen damit füllen und auf einen Teller legen.

Die Sardinen mit Salz und Pfeffer würzen und mit Olivenöl beträufeln. 30 Minuten ruhen lassen, damit sich die Aromen entfalten können.

Den Grill anheizen. Die Sardinen auf den Grill legen und von jeder Seite 2 Minuten grillen. Sofort servieren.

Abbildung S. 119

Gefüllte Sardinen

Sardine farcite

Vorbereiten: 25 Min.
Garzeit: 6–8 Min.
Für 6 Personen

80 g gekochter feiner Couscous
5 TL Harissa
1 EL gemahlener Kreuzkümmel
1 EL Paprikapulver
1 EL gemahlene Kurkuma
3 Knoblauchzehen, gehackt
1 Bund Koriander, gehackt
150 ml Olivenöl
24 kleine Sardinen, küchenfertig
Salz

Den Grill anheizen. Couscous, Harissa, Kreuzkümmel, Paprika, Kurkuma, Knoblauch und Koriander in einer Schüssel mischen. Einen Esslöffel Olivenöl unterrühren. Die Sardinen mit der Couscousmischung füllen und mit Olivenöl bestreichen.

Die Sardinen auf dem heißen Grill in 3–4 Minuten von jeder Seite goldbraun grillen. Auf Küchenpapier abtropfen lassen. Leicht salzen und sofort servieren.

Gegrillte Sardinen

Gemischte Fischspieße

Spiedini misti di pesce

Vorbereiten: 1 Std.
(inkl. Marinierzeit)
Garzeit: 10 Min.
Für 4 Personen

1 kg gemischte Fischfilets und Meeresfrüchte (wie Thunfisch, Seeteufel und Scampi)
5 EL Olivenöl
1 Koblauchzehe, fein gehackt
2 EL frisch gehackte, glatte Petersilie
8 entsteint schwarze Oliven
8 kleine Champignons
8 Kirschtomaten
Salz und Pfeffer

Die Fischfilets in große Würfel schneiden, die Scampi gegebenenfalls schälen. Olivenöl, Knoblauch und Petersilie vermengen. Fischwürfel und Meeresfrüchte darin 30 Minuten marnieren. Inzwischen den Grill anheizen.

Fisch und Meeresfrüchte abtropfen lassen, die Marinade beiseitestellen. Fischwürfel und Meeresfrüchte abwechselnd mit Oliven, Pilzen und Tomaten auf lange Spieße stecken. Salzen und pfeffern. Mit der Marinade bestreichen und auf den mäßig heißen Grill legen. Etwa 10 Minuten unter häufigem Wenden grillen. Sofort servieren.

Abbildung S. 122

Lammkoteletts mit Minze

Costolette alla menta

Vorbereiten: 1–2¼ Std.
(inkl. Marinierzeit)
Garzeit: 4–8 Min.
Für 4 Personen

Saft von 1 Zitrone
reichlich Olivenöl, zum Bestreichen
1 Zweig frisch gehackte Minze
8 Lammkoteletts
Salz und Pfeffer
Erbsen oder Zucchini in Butter geschwenkt, zum Servieren (nach Belieben)

Zitronensaft, 3 Esslöffel Olivenöl und Minze in einer Schüssel verrühren. Die Lammkoteletts zugeben und 1–2 Stunden marinieren, dabei gelegentlich wenden.

Den Grill anheizen. Die Lammkoteletts abtropfen lassen und auf den Grill legen. Von jeder Seite 2–4 Minuten grillen, bei Bedarf mit Olivenöl beträufeln. Salzen und pfeffern und, falls verwendet, mit Erbsen oder Zucchini servieren.

Abbildung S. 123

Marinierte Hammelspieße

Spiedini marinati

Vorbereiten: 1¼ Std.
(inkl. Marinierzeit)
Garzeit: 3–5 Min.
Für 4 Personen

5 EL Olivenöl
1 Knoblauchzehe
1 Zweig frischer Thymian
6 schwarze Pfefferkörner
500 g Hammelkeule, entbeint und in Würfel geschnitten
Salz

Öl, Knoblauch, Thymian, Salz und Pfefferkörner in einer Schüssel verrühren und das Fleisch darin 1 Stunde marinieren. Inzwischen den Grill anheizen. Das Fleisch abtropfen lassen und in gleich großen Portionen auf vier Metallspieße stecken. Die Spieße 3 Minuten grillen, häufig wenden, bis sie außen knusprig und innen zart sind.

Lammkoteletts mit Sardellenbutter

Costolette al burro d'acciuga

Vorbereiten: 5 Min.
Garzeit: 8 Min.
Für 4 Personen

8 Lammkoteletts
Olivenöl, zum Bestreichen
1 Portion Sardellenbutter (siehe Seite 105)
Salz

Den Grill anheizen. Die Koteletts auf beiden Seiten mit Öl bestreichen und von jeder Seite je nach gewünschtem Gargrad 4–6 Minuten grillen. Salzen, auf eine vorgewärmte Servierplatte legen und mit Sardellenbutter betupfen.

Gemischte Fischspieße (S. 120)

Lammkoteletts mit Minze (S. 120)

Hack in Zitronenblättern

Polpette in foglie di limone

Vorbereiten: 30 Min.
Garzeit: 15 Min.
Für 6 Personen

- 150 g weißes Toastbrot, ohne Rinde
- 6 EL Milch
- 300 g Rinderhackfleisch
- 300 g Kalbshackfleisch
- 100 g Parmesan, frisch gerieben
- 2 Eier
- 2 EL fein gehackte glatte Petersilie
- Olivenöl, zum Bestreichen
- 36 Zitronenblätter
- Salz und Pfeffer

Das Brot in kleine Stücke reißen. Mit der Milch in eine Schüssel geben und 10 Minuten einweichen. Das Brot ausdrücken und mit Rinder- und Kalbshackfleisch, Parmesan, Eiern und Petersilie in eine Schüssel geben. Salzen und pfeffern. Sorgfältig vermengen. Falls die Masse zu fest ist, noch etwas Milch einarbeiten.

Den Grill anheizen. Die Hackfleischmasse zu etwa walnussgroßen Kugeln formen. Mit Olivenöl bestreichen und jedes Bällchen in 2 Zitronenblätter einwickeln. Mit einem Cocktailspieß feststecken. Von jeder Seite etwa 15 Minuten garen. Sofort servieren.

Florentiner T-Bone-Steak

Costata alla fiorentina

Vorbereiten: 15 Min.
Garzeit: 10 Min.
Für 4 Personen

- 2 T-Bone-Steaks (à 600–800 g)
- Olivenöl, zum Beträufeln
- Salz und Pfeffer

Den Grill anheizen, vorzugsweise mit Eichenholzkohle. Das Steak nicht würzen. Wenn die Kohlen heiß sind, den Rost 20 cm über der Glut positionieren. Die Steaks etwa 5 Minuten von jeder Seite grillen, nur einmal wenden. Dann die Steaks vom Grill nehmen und salzen und pfeffern. Zum Servieren einen warmen Servierteller leicht mit Olivenöl bestreichen und die Steaks darauflegen.

Hinweis: Die Florentiner Steak-Akademie, die 1991 durch Vertreter der Florentiner Schlachtervereinigung gegründet wurde, hat Regeln für die Zubereitung dieses Steaks aufgesetzt. Seit 200 Jahren verwendet man für dieses Gericht ein T-Bone-Steak vom Chianina-Kalb, das 5–6 Tage abgehangen wurde. Das Steak muss aus der Lende geschnitten sein und besteht aus dem flachen Roastbeef mit dem Filet und dem T-Knochen in der Mitte. Es muss eine Dicke von 2–3 cm aufweisen, mindestens 600 und höchstens 800 g wiegen.

Abbildung S. 126

Kräutersteaks

Bistecche alle erbe

Vorbereiten: 5 Min.
Garzeit: 8–10 Min.
Für 4 Personen

4 Rump- oder Filetsteaks (à 200 g)
4 Salbeiblätter
1 EL Rosmarinnadeln
4 EL Olivenöl
1 TL schwarze Pfefferkörner, zerstoßen
Salz
4 Sesambrötchen, zum Servieren

Den Grill anheizen. Die Steaks rundum mit Salbeiblättern und Rosmarin einreiben. Das Olivenöl in eine flache Form füllen. Die Pfefferkörner zugeben und die Steaks darin wenden. Abtropfen lassen und auf dem heißen Grill etwa 4 Minuten von jeder Seite grillen. Salzen und sofort im aufgeschnittenen Brötchen servieren.

Abbildung S. 127

Gemischter Grillteller

Grigliata mista

Vorbereiten: 10 Min.
Garzeit: 8–10 Min.
Für 6 Personen

2 Rumpsteaks
2 Schweinenackensteaks
2 EL Olivenöl
2 TL getrockneter Salbei
2 TL getrockneter Rosmarin
6 Lammkoteletts
3 italienische Bratwürste
6 Scheiben Kalbsleber
Salz und Pfeffer
Brötchen oder Baguette, zum Servieren

Die Steaks parieren. Zwischen zwei Stücken Frischhaltefolie mit einem Fleischklopfer flach klopfen, bis sie gleichmäßig dick sind. Mit Olivenöl, Salbei und Rosmarin einreiben. Mit Pfeffer würzen und in eine Schüssel geben. Lammkoteletts, Würste und Lebern in eine zweite Schüssel geben.

Den Grill anheizen. Direkt vor dem Grillen die Würste mit einem Spieß mehrmals einstechen. Die Lebern mit Olivenöl bestreichen. Rump- und Nackensteaks auf dem heißen Grill 1 Minute von jeder Seite garen. Die Lammkoteletts dazugeben und 2 Minuten grillen. Zuletzt Würste und Lebern auf den Grill legen und weitere 4–6 Minuten grillen. Dabei alles noch einmal wenden. Salzen und pfeffern und zwischen Brötchenscheiben servieren.

Florentiner T-Bone-Steak (S. 124)

Kräutersteaks (S. 125)

Bunte Fleischspieße

Spiedini colorati

Vorbereiten: 20 Min.

Garzeit: 8–10 Min.

Für 4 Personen

400 g Rinderfilet
200 g magerer Frühstücksspeck am Stück
4 kleine Tomaten, halbiert
2 Zwiebeln, in dicke Ringe geschnitten
8 entsteinte grüne Oliven
Olivenöl, zum Bestreichen
Salz und Pfeffer

Rinderfilet und Speck in je 8 Würfel schneiden. Die Schnittseite der Tomaten mit Salz bestreuen und mit der Schnittseite nach unten ziehen lassen. Den Grill anheizen. Nacheinander 1 Tomatenhälfte, 1 Speckwürfel, 1 Zwiebelscheibe, 1 Filetwürfel, 1 Olive, 1 Speckwürfel, 1 Zwiebelscheibe, 1 Filetwürfel, 1 Olive und 1 Tomatenhälfte auf vier Metallspieße stecken.

Die Spieße mit Olivenöl bestreichen. Auf den heißen Grill legen und 8–10 Minuten unter einmaligem Wenden grillen, bis das Fleisch durchgegart ist. Salzen und pfeffern und sofort servieren.

Grillhähnchen

Pollo allo spiedo

Vorbereiten: 15 Min.

Garzeit: 35–50 Min.

Für 4 Personen

1 Hähnchen
3 EL Olivenöl
Salz und Pfeffer
grüner Salat und/oder neue Kartoffeln mit Rosmarin gebacken, zum Servieren

Den Grill anheizen. Die Hähnchenflügel auf den Rücken klappen, das Huhn innen und außen salzen und pfeffern und mit Olivenöl bestreichen.

Das Hähnchen auf einen Drehspieß stecken und unter ständigem Drehen etwa 45–50 Minuten grillen, bis es gut durchgegart ist.

Um zu prüfen, ob das Hähnchen gar ist, einen Spieß an der dicksten Stelle der Keule einstechen. Wenn klarer Saft austritt, ist es gar. Das Hähnchen vom Spieß nehmen und nochmals salzen und pfeffern. Heiß servieren. Grünen Salat oder neue Kartoffeln mit Rosmarin dazu reichen.

Hinweis: Das Hähnchen kann auch im Backofen unter regelmäßigem Wenden gegart werden.

Putenspieße

Spiedini di tacchino

Vorbereiten: 50 Min.
(inkl. Ruhezeit)
Garzeit: 20–25 Min.
Für 4 Personen

- 300 g Putenbrust, in feine Streifen geschnitten
- 3 Auberginen, längs in Scheiben geschnitten
- 5 Zucchini, längs in Scheiben geschnitten
- 12 sehr kleine Zwiebeln
- 2 EL Olivenöl, und Olivenöl zum Bestreichen
- 1 Prise getrockneter Oregano
- 2 rote Paprika, in Streifen geschnitten
- 1 Stängel Basilikum, gehackt
- Salz und Pfeffer

Den Grill anheizen. Die Putenbruststreifen erst in Auberginenscheiben, anschließend in Zucchinischeiben einwickeln. Einige Auberginen- und Zucchinischeiben sollten übrig bleiben.

Die Röllchen abwechselnd mit den Zwiebeln auf vier Spieße stecken. Mit Öl bestreichen und mit Oregano bestreuen. In eine Form legen und 30 Minuten ziehen lassen, damit sich die Aromen entwickeln.

Die restlichen Auberginen- und Zucchinischeiben sowie die Paprikastreifen auf den heißen Grill legen und unter einmaligem Wenden etwa 10 Minuten garen. Das Grillgemüse in eine Salatschüssel geben. Salzen und pfeffern. Mit Basilikum bestreuen und dem Olivenöl beträufeln.

Die Spieße auf den heißen Grill legen und 10–15 Minuten unter gelegentlichem Wenden grillen. Salzen und pfeffern. Sofort mit dem Grillgemüse servieren.

Leichte Mittag- und Abendessen

Pranzi e cene leggeri

Italienische Sommer können sehr heiß sein. Daher bevorzugen viele Italiener ein einfaches, kaltes Essen. Oft besteht es aus nur einem einzigen Gang, damit niemand viel Zeit in der Küche verbringt. Doch natürlich muss es köstlich schmecken, sättigend und erfrischend sein. Genau so schmeckt die italienische Sommerküche, und sie ist darüber hinaus sehr abwechslungsreich und vielseitig. Viele Gerichte können als Appetitanreger, Vorspeise, Beilage oder Salat serviert werden, aber auch genauso gut als eigenständige Mahlzeit.

Die Rezepte in diesem Kapitel sind einfach, unkompliziert und schnell in der Zubereitung. Deshalb funktionieren sie wunderbar als leichte Mittag- oder Abendessen. Alles, was man noch dazu braucht, ist ein gutes Brot. Die Rezeptauswahl umfasst Salate und Carpaccios mit Fisch, Fleisch oder Käse, Pizzas und Pasta mit saisonalem frischem Gemüse sowie leichte Gemüse- und Fischgerichte.

Entenbrustsalat mit Bohnen und Rucola

Insalata di anatra affumicata alle fave e rucola

Vorbereiten: 15 Min.

Garzeit: 8 Min.

Für 4 Personen

2 geräucherte Entenbrüste, in dünne Scheiben geschnitten
4 EL Basilikumöl
600 g dicke Bohnen, gepalt
250 g Rucola, zerkleinert
1 EL gehackter Kerbel
Salz und Pfeffer

Die Entenbrust in eine Form geben. Mit 1 Esslöffel Basilikumöl beträufeln und darin wenden. Die Bohnen in einem Topf mit Salzwasser in 8 Minuten gar kochen. Das Wasser abgießen. Die Bohnen unter fließendem kaltem Wasser abschrecken, abtropfen lassen und zwischen Daumen und Zeigefinger aus den Häuten drücken. Die Bohnen in eine Schüssel geben und mit dem restlichen Öl kurz vermengen. Entenbrust und Rucola unterheben. Salzen und pfeffern. Mit dem Kerbel garnieren, sofort servieren.

Hinweis: Frische dicke Bohnen schmecken auch roh mit Brot und einem Stück Salami oder Pecorino.

Insalata Allegria

Insalata allegria

Zubereiten: 25 Min.

Für 4 Personen

1 Bund gemischte Kräuter, fein gehackt
25 g in Salz eingelegte Kapern, abgespült und abgetropft
1 Knoblauchzehe, zerdrückt
100 ml Sahne
3 EL Mayonnaise
3 EL gehackte Walnusskerne
dünn abgelöste Schale von 1 Orange, gehackt
4 Scheiben kräftiges Bauernbrot
100 g gemischter Pflücksalat, zerteilt
100 g Fontina-Käse, gewürfelt
200 g Kirschtomaten, halbiert
2 Eier, hart gekocht
Olivenöl, zum Beträufeln
Salz und Pfeffer

Kräuter, Kapern und Knoblauch in einer großen Schüssel mischen. Die Sahne halb steif schlagen und zusammen mit Mayonnaise, Walnüssen und der Hälfte der Orangenschale zu den Kräutern geben und gut verrühren. Salzen und pfeffern.

Die Brotscheiben mit der Mayonnaisemischung bestreichen und auf einen großen Servierteller legen. Salatblätter, Käse und Tomaten darauf verteilen. Die Eier halbieren. Das Eigelb herauslösen und in eine Schale krümeln. Die Brote mit Eigelb und restlichen Orangenschalen bestreuen. Mit Olivenöl beträufeln und sofort servieren.

Hinweis: Kräuter sind eine beliebte Zugabe für Salate, ob zum Aromatisieren oder Garnieren. Die beliebtesten Salatkräuter sind Schnittlauch, Minze, Koriander, glatte Petersilie, Estragon und Basilikum. Sie können nach Belieben fein oder grob gehackt werden.

Avocadosalat mit Garnelen

Insalata di avocado e gamberetti

Zubereiten: 15 Min.

Für 4 Personen

50 g Pistazienkerne, geschält und gehackt
2 Avocados
Saft von 1 Zitrone
200 g gegarte Garnelen, ausgelöst
Olivenöl, zum Beträufeln
Salz und frisch gemahlener weißer Pfeffer

Die Pistazien mit 1 Prise Pfeffer in einer Schale mischen. Die Avocados schälen, halbieren und entkernen. Das Fruchtfleisch in feine Scheiben schneiden und mit Zitronensaft beträufeln. Die Avocadoscheiben auf einer Servierplatte anrichten und die Garnelen darauf verteilen. Mit den Pistazien bestreuen. Leicht salzen und mit Olivenöl beträufeln. Sofort servieren.

Bauernsalat

Insalata del contadino

Zubereiten: 10 Min.

Für 4 Personen

500 g Kartoffeln, gekocht und gewürfelt
200 g Prinzessbohnen, gekocht
200 g Borlotti-Bohnen, frisch gekocht oder aus der Dose, abgespült und abgetropft
1 kleine Zwiebel, in feine Ringe geschnitten
2 EL Weißweinessig
6 EL Olivenöl
4–6 Basilikumblätter, zerkleinert
Salz

Kartoffeln, grüne und Borlotti-Bohnen in einer Salatschüssel mischen. Die Zwiebelringe darauf verteilen. Eine großzügige Prise Salz unter Rühren im Essig auflösen. Das Olivenöl sorgfältig unterrühren. Das Dressing über den Salat gießen. Das Basilikum zugeben und alles kurz vermengen. Sofort servieren.

Abbildung S. 136

Oktopussalat

Insalata di polpo

Vorbereiten: 1 Std.
(inkl. Kühlzeit)
Garzeit: 1 Std.
Für 4 Personen

1 kg Oktopus
1 Lorbeerblatt
2 Stängel glatte Petersilie
1 Knoblauchzehe, grob gehackt
1 scharfe frische rote Chili, entkernt und grob gehackt
5 EL Olivenöl
Saft von 1 Zitrone
Salz

Falls noch nicht geschehen, den Oktopus küchenfertig vorbereiten: Den Körper mit den Fangarmen von dem sackartigen Rumpf abtrennen. Das Kauwerkzeug aus der Mitte des Körpers herausdrücken und entfernen. Den Oktopus unter fließendem kaltem Wasser sorgfältig abspülen, abtropfen lassen und mit einem Fleischklopfer weich klopfen. Salzwasser in einem großen Topf zum Kochen bringen. Den Oktopus darin mit dem Lorbeerblatt in etwa 1 Stunde weich kochen. Er ist gar, wenn man eine Gabel mühelos einstechen kann. Den Topf vom Herd nehmen, das Lorbeerblatt entfernen und den Oktopus im Wasser abkühlen lassen.

Den Oktopus häuten. Das Fleisch in Stücke schneiden und in eine Servierschüssel geben. Petersilie, Knoblauch und Chili mit Olivenöl, Zitronensaft und 1 Prise Salz im Mixer fein zerkleinern. Das Dressing über den Oktopus gießen und den Salat sofort servieren.

Hinweis: Oktopus eignet sich sehr gut für Salate. Er kann einfach mit etwas Olivenöl oder mit Essig, Zitronensaft, Gewürzen, Salz und Pfeffer angemacht werden.

Abbildung S. 137

Forellensalat mit Zwiebeln und Sauerampfer

Insalata di cipolla, trota e acetosella

Vorbereiten: 30 Min.
(inkl. Abkühl- und Ruhezeit)
Garzeit: 1½ Min.
Für 4 Personen

12 Wachteleier
4 Zwiebeln, in feine Scheiben geschnitten
200 g geräucherte Forellenfilets, gehäutet und grob zerteilt
200 g Sauerampfer

Für das Dressing

1 Orange
50 ml Sahne
2 TL Dijon-Senf
Salz und Pfeffer

Die Wachteleier in einem Topf mit Wasser bedecken. Zum Kochen bringen und die Eier 1½ Minuten kochen. Das Wasser abgießen. Die Eier in einer Schüssel mit kaltem Wasser abschrecken und abkühlen lassen.

Für das Dressing die Orange großzügig schälen, sodass auch die bittere weiße Innenschale entfernt wird, dann halbieren. Den Saft von einer Hälfte in eine Schüssel auspressen. Sahne und Senf unterrühren. Salzen und pfeffern.

Die zweite Orangenhälfte filetieren. Die Wachteleier schälen und mit Orangenfilets, Zwiebeln, Fischstücken und Sauerampfer in eine Salatschüssel geben. Das Dressing darübergießen und den Salat vor dem Servieren 5 Minuten an einem kühlen Ort ziehen lassen.

Farro-Salat mit Garnelen

Insalata di farro e gamberetti

Zubereiten: 30 Min.
Für 4 Personen

1 Gurke, geschält und in Scheiben geschnitten
1 EL Apfelessig
3 EL Olivenöl
Saft von 1 Zitrone
1 Stängel glatte Petersilie, gehackt
1 Stängel Estragon, gehackt
200 g gegarter Dinkelweizen (Farro) oder Dinkel
300 g gegarte Garnelen, ausgelöst
1 Karotte, gerieben
150 g Rucola
Salz und Pfeffer

Die Gurkenscheiben in eine Salatschüssel geben und mit Essig beträufeln. Olivenöl, Zitronensaft, Petersilie und Estragon in einer Schale verrühren. Salzen und pfeffern. Farro, Garnelen, Karotte und Rucola in die Salatschüssel geben. Das Dressing darübergießen und alles kurz vermengen. Sofort servieren.

Bauernsalat (S. 133)

Oktopussalat (S. 134)

Schweinefilet mit Melone und Erdbeeren

Insalata di lonza di maiale al melone e fragole

Vorbereiten: 1 Std.
(inkl. Kühlzeit)
Garzeit: 20 Min.
Für 4 Personen

5 EL Olivenöl
500 g Schweinefilet, gewürfelt
3 EL Sherry
1 EL Weißweinessig
½ Honigmelone, entkernt, geschält und gewürfelt
12 Erdbeeren, geputzt und geviertelt
350 g *insalatine* (siehe Hinweis) oder gemischter Pflücksalat
Salz und Pfeffer

Zwei Esslöffel Olivenöl in einer Pfanne erhitzen. Das Fleisch darin bei mittlerer bis starker Hitze 5–10 Minuten unter häufigem Wenden anbraten. Die Hitze reduzieren. Salzen und pfeffern und weitere 10 Minuten unter gelegentlichem Wenden braten. Das Fleisch aus der Pfanne nehmen und abkühlen lassen.

Sherry, Essig und restliches Öl mit 1 Prise Salz im Mixer oder mit dem Stabmixer glatt rühren. Das Dressing in eine Schale füllen und mit Pfeffer würzen. Schweinefleisch, Melone, Erdbeeren und Pflücksalat in eine Salatschüssel geben. Das Dressing darübergießen und alles kurz vermengen. Sofort servieren.

Hinweis: Mit *insalatine* werden im Italienischen kleine Salatblätter mit entweder süßlichem Aroma, wie Feldsalat, oder leicht bitterem Geschmack, wie Radicchio oder Rucola, bezeichnet. Sie passen hervorragend zu kaltem Fleisch oder Fisch.

Mozzarella mit Cicorino

Ciliegine di mozzarella al cicorino

Zubereiten: 10 Min.

Für 4 Personen

2 Bund Cicorino, zerkleinert (siehe S. 73)
1 Kraussalat, zerteilt
300 g Kirschtomaten, halbiert
1 gelbe Paprika, entkernt und in feine Streifen geschnitten
200 g Thunfisch in Lake oder Natur, abgetropft und zerteilt
200 g Mozzarellabällchen
4–5 Basilikumblätter, zerkleinert
6 EL Olivenöl
2 EL Weißweinessig
1 EL Dijon-Senf
Salz und Pfeffer

Cicorino und Kraussalat in eine Salatschüssel geben. Tomaten, Paprika, Thunfisch und Mozzarella zufügen. Das Basilikum darauf verteilen.

Olivenöl, Essig und Senf mit je 1 Prise Salz und Pfeffer in einer Schale verrühren. Das Dressing über den Salat gießen und alles kurz vermengen. Sofort servieren.

Salat mit Rochen und Walnüssen

Insalata di lattuga con razza e noci

Vorbereiten: 15 Min.

Garzeit: 15 Min.

Für 6 Personen

1 kg Rochenflügel
1,5 l Fischfond
1 EL Sherryessig
2 EL körniger Senf
2 EL Olivenöl
1 Kopfsalat, zerteilt
12 Walnusskerne, halbiert
Salz und Pfeffer

Die Rochenflügel mit dem Fischfond in einen breiten Topf geben und zum Kochen bringen. Die Hitze bis knapp unter den Siedepunkt reduzieren und den Fisch 15 Minuten pochieren. Inzwischen Essig, Senf und Olivenöl in einer Schale verrühren. Salzen und pfeffern. Den Rochen aus dem Fond nehmen, häuten und in feine Scheiben schneiden.

Den Blattsalat mit dem Dressing anmachen und auf einem großen Servierteller anrichten. Die Rochenscheiben darauf verteilen. Mit den Walnüssen bestreuen. Servieren, solange der Fisch noch warm ist.

Omelett mit Salat

Omelette alla lattuga

Vorbereiten: 10 Min.
Garzeit: 15 Min.
Für 4 Personen

40 g Butter
1 Kopfsalat, in Streifen geschnitten
5 Eier
Salz und frisch gemahlener weißer Pfeffer

Die Hälfte der Butter in einem Topf zerlassen. Die Salatstreifen darin bei schwacher Hitze 10 Minuten unter gelegentlichem Rühren andünsten. Den Topf vom Herd nehmen und den Salat salzen und pfeffern. Die Eier mit 1 Prise Salz in einer Schüssel verquirlen. Den Salat unterziehen. Die restliche Butter in einer Pfanne zerlassen. Die Eiermischung hineingeben und bei schwacher Hitze garen, bis die Unterseite des Omeletts stockt, die Oberseite aber noch weich ist. Auf einen Servierteller gleiten lassen und sofort servieren.

Zuckerschotensalat mit Radicchio und Pute

Insalata di radicchio, tacchino e taccole

Vorbereiten: 20 Min.
Garzeit: 3–4 Min.
Für 4 Personen

200 g Zuckerschoten, geputzt
200 g gekochte Putenbrust, gewürfelt
150 g Radicchio, in Streifen geschnitten
Olivenöl, zum Beträufeln
2 Eier, hart gekocht und in Scheiben geschnitten
Salz und weißer Pfeffer

Für die Thunfischsauce

120 g Thunfisch aus der Dose, abgetropft und zerteilt
200 g Mayonnaise
1 EL Weißweinessig
2 EL Kapern, abgespült, abgetropft und gehackt

Die Zuckerschoten in einem Topf mit Salzwasser in 3–4 Minuten knackig blanchieren. Gut abtropfen lassen. Für die Sauce Thunfisch und Mayonnaise in einer Schüssel cremig verrühren. Essig und Kapern einarbeiten.

Putenbrust, Radicchio und Zuckererbsen in einer Salatschüssel vermengen. Mit Olivenöl beträufeln und leicht mit weißem Pfeffer würzen. Mit den Eierscheiben garnieren und mit der Thunfischsauce überziehen. Sofort servieren.

Hähnchensalat mit Pflaumen

Insalata di pollo con le prugne

Vorbereiten: 20 Min.
Garzeit: 3 Std.
Für 4 Personen

400 g Tomaten, geschält, entkernt und in Spalten geschnitten
6 EL Olivenöl
2 Hähnchenbrustfilets
350 g Pflaumen, entsteint und geviertelt
300 g gemischter Pflücksalat
1 EL Weißweinessig
Salz und Pfeffer

Den Backofen auf 150 °C vorheizen. Die Tomaten auf einem Backblech verteilen, leicht mit Salz bestreuen und 2–3 Stunden im Ofen trocknen lassen. Zwei Esslöffel Olivenöl in einer Pfanne erhitzen. Die Hähnchenbrustfilets darin bei mittlerer bis starker Hitze in 8–10 Minuten unter einmaligem Wenden goldbraun und gar braten, dann auf einen Teller legen. Die Pflaumen in die Pfanne geben und 5–8 Minuten unter gelegentlichem Rühren dünsten.

Die Hähnchenbrustfilets in kleine Stücke schneiden. Den Salat auf einer Servierplatte verteilen. Hähnchenbruststücke, Pflaumen und Tomaten auf dem Salatbett anrichten. Restliches Olivenöl und Essig mit 1 Prise Salz in einer Schale verrühren. Das Dressing über den Salat gießen. Mit Pfeffer würzen und sofort servieren.

Königlicher Salat

Insalata reale

Vorbereiten: 1 Std.
(inkl. Kühlzeit)
Garzeit: 40 Min.
Für 4 Personen

400 g frische weiße Bohnen, gepalt
200 g Kartoffeln
1 Apfel
Saft von 1 Zitrone
3 EL Weißweinessig
6 EL Olivenöl
4 Chicorée, Strunk entfernt, in Stücke geschnitten
200 g Feldsalat
Salz und Pfeffer

Die Bohnen in einem Topf mit Salzwasser in etwa 40 Minuten gar kochen. Gut abtropfen und auskühlen lassen.

Inzwischen die Kartoffeln in einem zweiten Topf mit Salzwasser in etwa 30 Minuten gar kochen. Abtropfen und etwas abkühlen lassen, noch warm schälen und in Scheiben schneiden. Den Apfel schälen, entkernen und würfeln. In eine Schüssel geben und mit dem Zitronensaft beträufeln, damit er nicht braun wird.

Eine Prise Salz unter Rühren im Essig auflösen. Das Olivenöl einarbeiten. Mit Pfeffer abschmecken. Die Apfelwürfel abtropfen lassen und mit Bohnen, Kartoffeln, Chicorée und Feldsalat in eine Salatschüssel geben. Dressing darübergießen und alles kurz vermengen. Sofort servieren.

Reissalat mit Garnelen und Äpfeln

Insalata di riso, gamberetti e mele verdi

Vorbereiten: 50 Min.
(inkl. Kühlzeit)
Garzeit: 50 Min.
Für 4 Personen

250 g Langkornreis
Olivenöl, zum Beträufeln
1 Karotte, in Stücke geschnitten
1 Porreestange, in kurze Stücke geschnitten
1 Zwiebel, geviertelt
1 Zweig Salbei
1 Stängel glatte Petersilie
1 Zweig Rosmarin
300 g rohe Garnelen
25 g Butter
1 TL Mehl
200 ml trockener Weißwein
2 grüne Äpfel, geschält, entkernt und gewürfelt
1 EL fein gehackte glatte Petersilie
Salz und Pfeffer

Den Reis in Salzwasser in etwa 15 Minuten gar kochen. Das Wasser abgießen, den Reis unter fließendem kaltem Wasser abschrecken und abtropfen lassen. In eine Salatschüssel geben, mit Olivenöl beträufeln und abkühlen lassen. Einen Topf mit 1 Liter Wasser füllen. Karotte, Porree, Zwiebel und die Kräuter zufügen und zum Kochen bringen. Einige Minuten köcheln lassen, dann die Garnelen hineingeben und in 10 Minuten gar kochen. Die Garnelen abgießen und abkühlen lassen und aus der Schale lösen.

Die Butter in einer Pfanne zerlassen. Das Mehl einstreuen und nach und nach den Weißwein unterrühren. Die Äpfel zufügen und unter Rühren garen, bis sie weich sind, aber nicht zerfallen. Die Pfanne vom Herd nehmen. Die Petersilie einstreuen und abkühlen lassen. Garnelen und Apfelsauce unter den Reis heben. Mit Olivenöl beträufeln, salzen und pfeffern. Sofort servieren.

Reissalat niçoise

Insalata di riso alla nizzarda

Vorbereiten: 10 Min.
Garzeit: 15 Min.
Für 4 Personen

200 g Langkornreis
1 rote Paprika, entkernt und in Streifen geschnitten
150 g entsteinte Oliven, geviertelt
100 g Thunfisch in Öl, abgetropft und zerteilt
6 EL Olivenöl
Saft von 1 Zitrone
2 Eier, hart gekocht und in Spalten geschnitten
Salz und Pfeffer

Den Reis in einem Topf mit Salzwasser in 15 Minuten gar kochen. Das Wasser abgießen, unter fließendem kaltem Wasser abschrecken und gut abtropfen lassen. Mit Paprika, Oliven und Thunfisch in eine Schüssel geben. Olivenöl und Zitronensaft in einer Schale verrühren. Salzen und pfeffern. Das Dressing über den Salat gießen und alles kurz vermengen. Mit den hart gekochten Eiern garnieren und sofort servieren.

Hinweis: Der klassische Nizzasalat wird mit grünen Bohnen, Kartoffeln, Thunfisch, Oliven, Sardellen, Tomaten und Eiern zubereitet.

Rucola mit Kalbfleisch

Insalata di rucola e vitello

Zubereiten: 15 Min.
(inkl. Ruhezeit)
Für 4 Personen

- 100 g Rucola, grob zerteilt
- 300 g kalter Kalbsbraten, in feine Scheiben geschnitten
- 100 g Weichkäse, wie Robiola, in Scheiben geschnitten
- 3 EL Olivenöl
- Saft von 1 Zitrone
- Salz und Pfeffer

Den Rucola auf einer Servierplatte verteilen. Fleisch- und Käsescheiben darauf anrichten. Olivenöl und Zitronensaft in einer Schale verrühren. Salzen und pfeffern. Das Dressing über den Salat gießen und vor dem Servieren 5 Minuten ziehen lassen, damit sich die Aromen entfalten.

Schlemmersalat

Insalata gustosa

Vorbereiten: 20 Min.
Garzeit: 12–15 Min.
Für 4 Personen

- 2 Kartoffeln, gewürfelt
- 2 Zucchini, gewürfelt
- 150 g dicke Bohnen
- 200 g Mortadella, gewürfelt
- 150 ml Mayonnaise
- Saft von ½ Zitrone
- 1 EL Cocktailsauce (Fertigprodukt)
- Salz

Kartoffeln, Zucchini und Bohnen in einem Topf mit Salzwasser in 12–15 Minuten gar kochen. Gut abtropfen lassen und mit der Mortadella in eine Salatschüssel geben. Mayonnaise, Zitronensaft und Cocktailsauce in einer Schale verrühren. Das Dressing über den Salat gießen und alles kurz vermengen. Sofort servieren.

Radicchio mit Rindfleisch

Manzo in insalata con radicchio

Zubereiten: 10 Min.
Für 4 Personen

- 200 g Radicchio trevisiano
- 300 g kalter Rinderbraten, in feine Scheiben geschnitten
- 100 g Formaggio Latteria oder milder Schnittkäse, in Scheiben geschnitten
- Zitronensaft, zum Beträufeln
- Olivenöl, zum Beträufeln
- Salz und Pfeffer

Den Radicchio in Stücke schneiden und auf einer rechteckigen Servierplatte verteilen. Die Rindfleischscheiben zwischen zwei Stücken Frischhaltefolie mit einem Fleischklopfer oder einer Teigrolle sehr dünn plattieren. Das Fleisch auf dem Radicchiobett anrichten und die Käsescheiben darauf verteilen, salzen und pfeffern. Mit Zitronensaft und Olivenöl beträufeln. Sofort servieren.

Lachssalat mit Zwiebeln

Insalata di salmone e cipolla

Vorbereiten: 15 Min.
Garzeit: 10 Min.
Für 4 Personen

250 ml Milch
1 EL schwarze Pfefferkörner
400 g Lachsfilet
2 EL Sahne
Saft von 1 Orange
2 EL Olivenöl
1 Kopfsalat, in Streifen geschnitten
1 rote Zwiebel, in feine Ringe geschnitten
25 g Pistazienkerne, gehackt
1 Stängel glatte Petersilie, Blätter abgezupft
Salz und Pfeffer

Die Milch mit 250 ml Wasser in einen breiten Topf füllen. Die Pfefferkörner zugeben und die Milch zum Kochen bringen. Die Hitze bis knapp unter den Siedepunkt reduzieren. Den Lachs zufügen und 10 Minuten pochieren. Sahne, Orangensaft und Olivenöl in einer Schale verrühren. Salzen und pfeffern.

Den Lachs gut abtropfen lassen, dann die Haut abziehen und das Fleisch zerteilen. Salatblätter, Zwiebelringe und Lachs auf einer Servierplatte anrichten und mit Pistazienkernen und Petersilie bestreuen. Mit dem Dressing überziehen und sofort servieren.

Scampisalat mit Feigen und Melonen

Insalatina di scampi, fichi e melone

Vorbereiten: 25 Min.
Garzeit: 4–5 Min.
Für 4 Personen

600 g Kaisergranate
4 Eiertomaten, geschält, entkernt und grob gehackt
Saft von ½ Zitrone
Saft von ½ Grapefruit
1 Spritzer Tabasco
Olivenöl, zum Beträufeln
1 Melone, halbiert und entkernt
4 grüne Feigen
1 Bund Rucola
Salz und Pfeffer

Die Kaisergranate in einem Topf mit Salzwasser in 4–5 Minuten gar kochen. Das Wasser abgießen. Die Kaisergranate aus den Schalen lösen und abkühlen lassen. Tomaten, Zitronen- und Grapefruitsaft sowie Tabasco im Mixer oder mit dem Stabmixer glatt pürieren. Salzen und pfeffern. Die Sauce in eine Schale füllen. Mit Olivenöl beträufeln und umrühren.

Mit einem Kugelausstecher etwa 40 Bällchen aus dem Melonenfleisch herauslösen. Die Feigen schälen und mit einem angefeuchteten, sehr scharfen Messer vierteln. Den Rucola mittig auf vier Serviertellern anrichten. Feigen, Kaisergranate und Melonenbällchen ringsum verteilen. Den Salat erst unmittelbar vor dem Servieren mit der Tomatensauce überziehen.

Endiviensalat mit Speck

Insalata di scarola e speck

Vorbereiten: 15 Min.
Garzeit: 8–10 Min.
Für 4 Personen

3 EL Olivenöl
200 g Speck, in feine Streifen geschnitten
1 Endiviensalat, in Streifen geschnitten
3 Frühlingszwiebeln, in Ringe geschnitten
2 EL Weißweinessig
2 Eier, hart gekocht
Salz und Pfeffer

Das Olivenöl in einer kleinen Pfanne erhitzen. Den Speck darin bei sehr schwacher Hitze 3–4 Minuten anbraten. Mit einem Schaumlöffel aus der Pfanne nehmen und auf Küchenpapier abtropfen lassen. Salat, Frühlingszwiebeln und Speck in eine Salatschüssel geben. Den Essig in das Öl in der Pfanne rühren und einige Minuten einkochen.

Die Essig-Öl-Mischung über den Salat gießen. Die Eier halbieren. Das Eigelb herauslösen und über den Salat krümeln. Das Eiweiß klein würfeln und über den Salat streuen. Mit Salz und Pfeffer abschmecken und sofort servieren.

Endiviensalat mit Garnelen

Insalata di scarola e gamberi

Vorbereiten: 15 Min.
Garzeit: 3 Min.
Für 4 Personen

300 g rohe Garnelen, ausgelöst
1 Endiviensalat, in Streifen geschnitten
3 Tomaten, geschält, entkernt und in Spalten geschnitten
½ EL in Salz eingelegte Kapern, abgespült und abgetropft
100 ml Olivenöl
Saft von 1 Zitrone
1 EL frisch gehackte glatte Petersilie
Salz und Pfeffer

Die Garnelen in einem Topf mit Salzwasser in 3 Minuten gar kochen. Abtropfen und abkühlen lassen. Endiviensalat, Tomaten, Garnelen und Kapern in eine Salatschüssel geben. Olivenöl und Zitronensaft in einer Schale verrühren. Salzen und pfeffern. Das Dressing über den Salat gießen und alles kurz vermengen. Mit der Petersilie bestreuen und sofort servieren.

Lachsforellensalat mit Gurke

Insalata di trota salmonata e cetrioli

Vorbereiten: 1¼ Std.
(inkl. Kühlzeit)
Garzeit: 8–10 Min.
Für 4 Personen

4 Lachsforellenfilets
4 vollreife Tomaten, in Scheiben geschnitten
1 Gurke, geschält und in feine Scheiben geschnitten
1 EL gehacktes Basilikum
1 EL Schnittlauchröllchen
Salz

Für das Dressing

6 EL Olivenöl
2 EL Weißweinessig
1 EL gehackte Schalotten
1 Knoblauchzehe, gehackt
Salz und weißer Pfeffer

Die Fischfilets halbieren und in einem breiten Topf mit Wasser bedecken. Mit 1 Prise Salz zum Kochen bringen. Die Hitze knapp unter den Siedepunkt reduzieren und den Fisch 3 Minuten pochieren. Den Fisch abtropfen lassen.

Für das Dressing Olivenöl, Essig, Schalotten und Knoblauch in einer Schale verrühren. Salzen und pfeffern. Die Hälfte des Dressings auf einer Servierplatte kreisförmig verstreichen und 1 Stunde im Kühlschrank ziehen lassen. Vor dem Servieren Tomaten- und Gurkenscheiben auf dem Dressing anrichten. Die Fischfilets darauflegen und mit Basilikum und Schnittlauch bestreuen. Mit dem restlichen Dressing beträufeln.

Abbildung S. 154

Kartoffelpizza

Pizza di patate

Vorbereiten: 25 Min.
Garzeit: 40–50 Min.
Für 4 Personen

Olivenöl, zum Einfetten und Beträufeln
500 g Kartoffeln mit Schale
100 g Mehl
25 g Butter
1 Ei
150 g Mozzarella, in Scheiben geschnitten
5 in Salz eingelegte Sardellen, gewässert und abgetropft
3 Tomaten, geschält und in Scheiben geschnitten
1 Prise getrockneter Oregano
Salz und Pfeffer

Den Backofen auf 220 °C vorheizen. Ein Backblech mit Olivenöl einfetten. Die Kartoffeln in einem großen Topf mit Salzwasser zum Kochen bringen und in 20–30 Minuten bei aufgesetztem Deckel weich kochen. Abtropfen und ein wenig abkühlen lassen, noch warm schälen. Warme Kartoffeln in einer Schüssel zerstampfen. Mehl, Butter und Ei zugeben und alles gut vermengen. Die Kartoffelmasse mit einem Löffel auf dem Backblech verteilen und die Oberfläche glatt streichen. Mit Mozzarella belegen, Sardellen und Tomaten darauflegen. Salzen und pfeffern, mit Olivenöl beträufeln und mit Oregano bestreuen. Die Pizza etwa 20 Minuten backen, bis der Käse gebräunt ist und Blasen wirft. Sofort servieren.

Abbildung S. 155

Käsepizza

Pizza al formaggio

Vorbereiten: 15 Min.

Garzeit: 20 Min.

Für 4 Personen

Olivenöl, zum Einfetten und Beträufeln
500 g Pizzateig (siehe S. 156)
Mehl, zum Bestäuben
150 g Mozzarella, in Scheiben geschnitten
150 g Gorgonzola, zerkrümelt
1 Prise getrockneter Oregano
Salz und Pfeffer
Salat, zum Servieren

Den Backofen auf 220 °C vorheizen. Ein Backblech mit Olivenöl einfetten. Den Teig auf der leicht bemehlten Arbeitsfläche 1 cm dick ausrollen und auf das vorbereitete Backblech heben. Gleichmäßig mit Mozzarella und Gorgonzola belegen und mit dem Oregano bestreuen. Salzen und pfeffern. Mit Olivenöl beträufeln und etwa 20 Minuten backen, bis der Käse gebräunt ist und Blasen wirft. Sofort mit einem Salat als Beilage servieren.

Auberginenpizza

Pizza alle melanzane

Vorbereiten: 50 Min. (inkl. Ruhezeit)

Garzeit: 30 Min.

Für 4 Personen

2 Auberginen, in dünne Scheiben geschnitten
Olivenöl, zum Einfetten und Beträufeln
500 g Pizzateig (siehe S. 156)
Mehl, zum Bestäuben
200 g geschälte Tomaten (Dose), abgetropft und gehackt
150 g Mozzarella, in Streifen geschnitten
4–5 Basilikumblätter, gehackt
Salz und Pfeffer

Die Auberginenscheiben in ein Sieb schichten, dabei jede Schicht mit Salz bestreuen. 30 Minuten ziehen lassen. Abspülen und mit Küchenpapier trocken tupfen. Den Backofen auf 220 °C vorheizen. Ein Backblech mit Öl einfetten.

Den Teig auf der leicht bemehlten Arbeitsfläche 2 cm dick ausrollen und auf das vorbereitete Backblech heben. Mit den Auberginenscheiben belegen. Die Tomaten darauf verteilen und mit dem Mozzarella belegen. Salzen und pfeffern. Mit Öl beträufeln und mit Basilikum bestreuen. 30 Minuten backen, dann sofort servieren. Diese Pizza kann auch kalt verzehrt werden.

Lachsforellensalat mit Gurke (S. 152)

Kartoffelpizza (S. 152)

Garnelenpizza mit Rucola

Pizza con gamberi e rucola

Vorbereiten: 3½ Std.
(inkl. Ruhezeit)
Garzeit: 20 Min.
Für 4 Personen

Für den Teig

500 g Mehl, vorzugsweise italienische Type 00, und etwas Mehl zum Bestäuben
½ Würfel frische Hefe oder 1 Päckchen Trockenhefe
Salz

Für den Belag

Olivenöl, zum Einfetten und Beträufeln
250 g geschälte Tomaten (Dose), abgetropft und gehackt
250 g Garnelen, gegart und ausgelöst
1 Bund Rucola, gehackt
Salz und Pfeffer

Für den Teig das Mehl mit 1 Prise Salz auf die Arbeitsfläche sieben und eine Mulde in die Mitte drücken. Die frische Hefe mit 250 ml lauwarmem Wasser in einer Schale mit einer Gabel glatt rühren und in die Mulde gießen. (Alternativ Trockenhefe ins Wasser streuen, 10 Minuten quellen lassen, bis sich Bläschen entwickeln, dann in die Mulde gießen.)

Nach und nach das Mehl mit den Fingern einarbeiten und kneten, bis ein glatter, elastischer Teig entstanden ist. Zu einer Kugel formen, in eine Schüssel geben und mit einem Tuch abgedeckt an einem warmen Ort 3 Stunden gehen lassen, bis sich das Teigvolumen fast verdoppelt hat.

Den Backofen auf 220 °C vorheizen. Ein Backblech mit Öl einfetten. Den Teig flach drücken und auf der bemehlten Arbeitsfläche zu einem 1 cm dicken Kreis ausrollen. Den Teigboden auf das vorbereitete Backblech heben und einen kleinen Rand formen. Nacheinander mit Tomaten, Garnelen und Rucola belegen. Salzen und pfeffern. Mit Olivenöl beträufeln, 20 Minuten backen. Sofort servieren.

Pizza mit Meeresfrüchten

Pizza alla pescatora

Vorbereiten: 30 Min.
Garzeit: 45 Min.
Für 4 Personen

- 300 g Mini-Oktopoden, küchenfertig, gehäutet (siehe S. 134)
- 2 EL Olivenöl, und etwas Öl zum Einfetten und Beträufeln
- 300 g rohe Garnelen
- 300 g Venusmuscheln, abgebürstet
- 300 g Miesmuscheln, abgebürstet, Bärte entfernt
- 1 Zwiebel, in feine Ringe geschnitten
- 4 Knoblauchzehen, in feine Scheiben geschnitten
- 1 frische Chili, entkernt und gehackt
- 1 EL frisch gehackte glatte Petersilie
- 1 Portion Pizzateig (siehe S. 156)
- Mehl, zum Bestäuben
- 300 g Kirschtomaten, geschält und geviertelt
- Salz

Die Oktopoden in gesalzenem, sprudelnd kochendem Wasser gut durchgaren, dann abtropfen lassen. Den Backofen auf 220 °C vorheizen. Ein Backblech einfetten oder mit Backpapier auslegen. Die Garnelen 2–3 Minuten kochen, abgießen und auslösen. Offene Muscheln und solche mit beschädigten Schalen aussortieren. Die übrigen ohne Flüssigkeit in eine Pfanne geben und 5 Minuten stark erhitzen, bis sie sich öffnen. Muscheln, die sich nicht öffnen, wegwerfen. Das Muschelfleisch aus den Schalen lösen.

Das Olivenöl in einer Pfanne erhitzen. Zwiebel, Knoblauch und Chili bei schwacher Hitze unter gelegentlichem Rühren 5 Minuten dünsten, dann Oktopoden, Muschelfleisch und Garnelen zugeben. Alles salzen und unter Rühren 5 Minuten garen. Vom Herd nehmen und die Petersilie untermengen.

Den Teig auf einer bemehlten Arbeitsfläche ausrollen, auf das Backblech legen und flach drücken. Die Tomaten darauf verteilen, mit Öl beträufeln und ca. 15 Minuten backen. Die Meeresfrüchte auf der Pizza verteilen und diese weitere 7–8 Minuten backen. Nicht länger, da die Meeresfrüchte sonst zäh werden.

Abbildung S. 159

Pizza mit Meeresfrüchten

Pizzelle mit Parmesan

Pizzelle con parmigiano

Vorbereiten: 2½ Std.
(inkl. Ruhezeit)
Garzeit: 30 Min.
Ergibt 25 Stück

Für den Teig

500 g Mehl, vorzugsweise italienische Type 00, und ewtas Mehl zum Bestäuben
½ Würfel frische Hefe oder 1 Päckchen Trockenhefe
Salz

Für den Belag

3 EL Olivenöl, und Olivenöl zum Braten
1 Knoblauchzehe
1 kg Tomaten, geschält, entkernt und gehackt
1 Prise Zucker
1 Prise getrockneter Oregano
3–4 Basilikumblätter
100 g Parmesan, frisch gerieben
Salz

Für den Belag das Olivenöl in einem großen Topf erhitzen und die Knoblauchzehe leicht anbräunen. Mit einem Schaumlöffel herausnehmen und wegwerfen. Tomaten und Zucker in den Topf geben und leicht salzen. Abgedeckt etwa 25 Minuten einköcheln lassen, bis eine dicke Sauce entstanden ist. Den Topf vom Herd nehmen. Oregano und Basilikum unterrühren.

Für den Teig das Mehl mit 1 Prise Salz auf die Arbeitsfläche sieben, eine Mulde in die Mitte drücken. Die frische Hefe mit 250 ml lauwarmem Wasser in einer Schale mit einer Gabel glatt rühren und in die Mulde gießen. (Alternativ Trockenhefe in das Wasser streuen, 10 Minuten quellen lassen, bis sich Bläschen entwickeln, dann in die Mulde gießen.) Nach und nach das Mehl mit den Fingern einarbeiten und kneten, bis ein glatter, elastischer Teig entstanden ist. Zu einer Kugel formen, in eine Schüssel geben und mit einem Tuch abgedeckt an einem warmen Ort 2 Stunden gehen lassen.

Den Teig auf die leicht bemehlte Arbeitsfläche geben. Tischtennisballgroße Teigportionen von Hand zu je 6–7 cm großen Kreisen ausziehen. Die Sauce leicht aufwärmen. Öl etwa 5 cm hoch in eine Pfanne füllen und stark erhitzen. Die Teigböden darin portionsweise 15 Sekunden ausbacken. Auf Küchenpapier abtropfen lassen.

Je 1 Teelöffel Sauce auf den Teigböden verstreichen und mit 1 Teelöffel Parmesan bestreuen. Auf einer Servierplatte anrichten und sofort servieren.

Pasta mit Sepiatinte

Pasta col nero di seppie

Vorbereiten: 40 Min.
Garzeit: 1¼ Std.
Für 6 Personen

- 1,2 kg Sepien
- 100 ml Olivenöl
- 1 Zwiebel, fein gehackt
- 1 Knoblauchzehe, fein gehackt
- 100 ml trockener Weißwein
- 2 TL Tomatenmark
- 350 g Tomaten, gehackt
- 1 frische rote Chili, entkernt, fein gehackt
- 500 g Linguine
- 2 EL fein gehackte glatte Petersilie
- Salz

Die Sepien säubern: Dazu die Tentakel unterhalb der Augen abschneiden. Das Kauwerkzeug aus der Mittel der Tentakel herausdrücken und entfernen. Die Tentakel trennen und häuten. Den Körpermantel ebenfalls häuten. Dann aufschneiden und den Kalkschulp entfernen. Den perlweißen Tintensack vorsichtig abtrennen und in eine Schale Wasser geben. Innereien und Kopf herausschneiden bzw. abschneiden. Körpermantel und Tentakel unter fließendem kaltem Wasser sorgfältig abspülen und in Stücke schneiden.

Das Olivenöl in einem breiten Topf erhitzen. Zwiebel und Knoblauch darin bei schwacher Hitze in 5 Minuten unter gelegentlichem Rühren glasig dünsten. Die Sepien zugeben, die Hitze auf mittlere Stufe erhöhen und 10 Minuten unter häufigem Rühren anbraten. Mit dem Wein ablöschen und einige Minuten einkochen lassen. Tomatenmark, Tomaten, Chili und die Tintenfischtinte zufügen. Salzen und pfeffern. Die Hitze reduzieren und die Sepien etwa 1 Stunde unter gelegentlichem Rühren köcheln lassen. Falls nötig, noch etwas Wasser zufügen.

Die Linguine in einem großen Topf mit Salzwasser in 8–10 Minuten al dente kochen. Gut abtropfen lassen und in eine Servierschüssel geben. Die Sauce darübergeben. Mit Petersilie bestreuen und sofort servieren.

Spaghetti mit Hummer

Spaghetti all'aragosta

Vorbereiten: 15 Min.
Garzeit: 30 Min.
Für 6 Personen

100 ml Olivenöl
1 Zwiebel, fein gehackt
300 g vollreife Tomaten, geschält, entkernt und gewürfelt
400 g Hummerfleisch, gewürfelt
500 g Spaghetti
Salz
1 Stängel glatte Petersilie, zum Garnieren

Das Olivenöl in einer Pfanne erhitzen. Die Zwiebel darin bei schwacher Hitze 5 Minuten unter Rühren glasig andünsten. Die Tomaten untermischen und 5 Minuten mitdünsten. Das Hummerfleisch zugeben und in etwa 10 Minuten weich garen.

Inzwischen die Spaghetti in einem großen Topf mit Salzwasser in 8–10 Minuten al dente kochen. Gut abtropfen lassen und mit der Sauce vermengen. In eine vorgewärmte Servierschüssel füllen. Mit der Petersilie garnieren und sofort servieren.

Hinweis: Für viele Italiener ist der sardische Hummer mit seinem feinen, aromatischen Fleisch der beste seiner Art.

Rote und grüne Ruote mit Paprika

Ruote colorate ai peperoni

Vorbereiten: 30 Min. (inkl. Kühlzeit)
Garzeit: 50 Min.
Für 4 Personen

350 g rote und grüne Ruote (Rädchennudeln)
1 rote Paprika
1 gelbe Paprika
1 grüne Paprika
4 EL Olivenöl
1 Bund gemischte Kräuter, z. B. Basilikum, Majoran und Estragon, gehackt
1 Knoblauchzehe, gehackt
Salz

Den Backofen auf 180 °C vorheizen. Die Ruote in einem großen Topf mit Salzwasser in 8–10 Minuten al dente kochen. Das Wasser abgießen. Die Ruote unter fließendem kaltem Wasser abschrecken und gut abtropfen lassen. In eine Salatschüssel geben und mit Olivenöl beträufeln.

Die Paprika auf ein Backblech legen und im Ofen 35–40 Minuten unter gelegentlichem Wenden garen, bis die Haut schwarz ist und Blasen wirft. In einem verschlossenen Gefrierbeutel etwas abkühlen lassen, dann die Haut abziehen und die Paprika entkernen. Das Fruchtfleisch in 1 cm breite Streifen schneiden. In eine Schüssel geben und salzen. Olivenöl, Kräuter und Knoblauch zufügen. Paprikastreifen unter die kalten Ruote heben und sofort servieren.

Meeresfrüchte-Linguine

Linguine ai frutti di mare

Vorbereiten: 30 Min.
Garzeit: 20 Min.
Für 4 Personen

400 g Venusmuscheln
300 g Miesmuscheln
2 EL Olivenöl
3 Knoblauchzehen
1 Prise getrockneter Oregano
350 g Linguine
400 g gehackte Tomaten aus der Dose
1 EL gehacktes Basilikum
Salz und Pfeffer

Die Muscheln unter fließendem kaltem Wasser abbürsten und die Bärte entfernen. Beschädigte Muscheln und solche, die sich beim Draufklopfen nicht sofort schließen, aussortieren.

Einen Esslöffel Olivenöl in einer Pfanne erhitzen. Knoblauchzehe und Oregano anbraten. Die Venusmuscheln zugeben und bei mittlerer bis starker Hitze 3–5 Minuten garen, bis sie sich geöffnet haben. Die Pfanne vom Herd nehmen. Muscheln, die sich nicht geöffnet haben, aussortieren.

Die Miesmuscheln mit 150 ml Wasser in einem mittelgroßen Topf bei starker Hitze zum Kochen bringen. Unter gelegentlichem Rütteln 3–5 Minuten kochen, bis sich die Muscheln geöffnet haben. Den Topf vom Herd nehmen und geschlossene Muscheln aussortieren.

Venus- und Miesmuscheln bis auf einige für die Garnierung aus den Schalen lösen. Einen Esslöffel Saft von den Venusmuscheln aufbewahren.

Den Backofen auf 220 °C vorheizen. Die Pasta in einem großen Topf mit Salzwasser in 8–10 Minuten al dente kochen. Abgießen und gut abtropfen lassen.

Das restliche Öl in einem mittelgroßen Topf erhitzen. Die zweite Knoblauchzehe darin einige Minuten unter häufigem Rühren goldbraun braten. Herausnehmen und wegwerfen. Tomaten, Pasta, Muscheln, Basilikum und Muschelsaft in den Topf geben. Salzen und pfeffern und sorgfältig mischen. Alles auf ein mit Alufolie ausgelegtes Backblech geben und die Folie verschließen. Die Pasta im vorgeheizten Ofen 5 Minuten garen. Sofort servieren.

Abbildung S. 166

Pasta mit rohen Tomaten

Spaghetti al pomodoro crudo

Vorbereiten: 45 Min.
(inkl. Ruhezeit)
Garzeit: 8–10 Min.
Für 4 Personen

500 g reife Tomaten, geschält, entkernt und gewürfelt
4 EL Olivenöl
10 Basilikumblätter, frisch gehackt
2 Knoblauchzehen
350 g Spaghetti
Salz und Pfeffer

Die Tomaten in eine Salatschüssel geben. Olivenöl, Basilikum und Knoblauch zufügen, salzen und pfeffern. Gut mischen, abdecken und 30 Minuten ruhen lassen, damit sich das Aroma entfalten kann. Den Knoblauch entfernen.

Die Spaghetti in einem großen Topf mit Salzwasser in 8–10 Minuten al dente kochen. Abgießen, mit den Tomaten mischen und sofort servieren.

Abbildung S. 167

Fusilli mit Auberginen-Caponata

Fusilli con caponata di melanzane

Vorbereiten: 30 Min.
Garzeit: 35 Min.
Für 4 Personen

5 EL Olivenöl, und etwas Olivenöl zum Beträufeln
2 Auberginen, geschält und gewürfelt
2 Zwiebeln, in Scheiben geschnitten
3 Eiertomaten, geschält, entkernt und gewürfelt
1 EL Kapern, abgespült und abgetropft
6 entsteinte schwarze Oliven, halbiert
6 Basilikumblätter, zerteilt
300 g Fusilli
Salz und Pfeffer

Drei Esslöffel Olivenöl in einer großen Pfanne erhitzen. Die Auberginen darin bei schwacher bis mittlerer Hitze in 10 Minuten unter gelegentlichem Rühren weich und goldbraun braten. Die Pfanne vom Herd nehmen.

Das restliche Öl in einer zweiten, flachen Pfanne erhitzen. Die Zwiebeln darin bei schwacher Hitze 5 Minuten unter gelegentlichem Rühren weich dünsten. Die Tomaten zugeben und weitere 5 Minuten unter gelegentlichem Rühren garen. Kapern, Oliven und Auberginen untermischen und einige Minuten garen. Die Pfanne vom Herd nehmen und das Basilikum untermischen.

Die Pasta in einem großen Topf mit Salzwasser in 8–10 Minuten al dente kochen. Gut abtropfen lassen und in eine Salatschüssel geben. Mit Olivenöl beträufeln und mit Pfeffer würzen. Die warme Auberginen-Caponata unterheben und sofort servieren.

Kalte Thunfischspaghetti mit Schnittlauch

Spaghetti freddi al tonno ed erba cipollina

Vorbereiten: 40 Min.
(inkl. Ruhezeit)
Garzeit: 10 Min.
Für 4 Personen

350 g Spaghetti
1 rote Paprika, entkernt und in feine Streifen geschnitten
2 TL Schnittlauchröllchen
Olivenöl, zum Beträufeln
120 g Thunfisch in Öl, abgetropft und zerteilt
Salz und Pfeffer

Die Pasta in einem großen Topf mit Salzwasser in 8–10 Minuten al dente kochen. Das Wasser abgießen. Die Pasta unter fließendem kaltem Wasser abschrecken und gut abtropfen lassen.

Paprikastreifen und Schnittlauch in eine große Schüssel geben. Die Spaghetti zugeben. Großzügig mit Olivenöl beträufeln und mit Pfeffer würzen. Alles vermengen und 30 Minuten ziehen lassen. In eine Servierschüssel füllen, den Thunfisch darauf verteilen und sofort servieren.

Gnocchetti mit Pute

Gnocchetti profumati al tacchino

Vorbereiten: 2¼–3¼ Std.
(inkl. Ruhezeit)
Garzeit: 15 Min.
Für 4 Personen

200 g feste Tomaten, gewürfelt
200 g gegarte Putenbrust in dicken Scheiben, gewürfelt
20 entsteinte schwarze Oliven, gehackt
1 Bund gemischte Kräuter, gehackt
1 Spritzer Tabasco
Olivenöl, zum Beträufeln
350 g sardische Gnocchetti oder *malloreddu* (siehe Hinweis)
Salz und Pfeffer

Tomaten, Putenfleisch, Oliven und Kräuter mit einigen Tropfen Tabasco in einer Schüssel mischen. Mit Pfeffer würzen und mit Olivenöl beträufeln. Nochmals mischen und 2–3 Stunden ziehen lassen.

Die Pasta in einem großen Topf mit Salzwasser in 8–10 Minuten al dente kochen. Gut abtropfen und abkühlen lassen. Die Pasta in eine Servierform füllen und mit der Sauce überziehen. Mit Salz abschmecken und sofort servieren.

Hinweis: Sardische Gnocchetti, auch *malloreddu* genannt, sind eine typische sardische Nudelart. Sie werden aus reinem Durumweizenmehl, Wasser und Salz hergestellt. Sie können durch eine andere kleine muschelförmige Pastasorte ersetzt werden.

Meeresfrüchte-Linguine (S. 163)

Pasta mit rohen Tomaten (S. 164)

Ländlicher Salat

Insalata rustica

Vorbereiten: 40 Min.
Garzeit: 1 Std.
Für 6 Personen

400 g frische Cannellini-Bohnen, gepalt
150 g kleine Zwiebeln
150 g Babykarotten
200 g Kochschinken, gewürfelt

Für die grüne Sauce

1 kleine Kartoffel
2 Eier, hart gekocht
4 eingelegte Sardellenfilets, 10 Min. in kaltem Wasser eingeweicht und abgetropft
1 Stängel glatte Petersilie
1 Stängel Basilikum
½ Knoblauchzehe
1 Essiggurke, abgetropft
200 ml Olivenöl
2 EL Weißweinessig
Salz und Pfeffer

Für die Sauce die Kartoffel in leicht gesalzenem Wasser in 15 Minuten gar kochen. Schälen und in einer Schüssel mit einer Gabel zerdrücken. Die Eier schälen und halbieren. Das Eigelb herauslösen und mit der Kartoffel mischen.

Die Sardellenfilets mit Küchenpapier trocken tupfen und ebenso wie Petersilie, Basilikum, Knoblauch und Essiggurke sehr fein hacken. Unter die Kartoffelmischung rühren, dabei nach und nach das Olivenöl einarbeiten. Den Essig unterrühren. Mit Salz und Pfeffer abschmecken.

Die Bohnen in einem Topf mit Wasser bedecken und zum Kochen bringen. Die Hitze reduzieren und die Bohnen in etwa 40 Minuten gar köcheln lassen. Eine Zwiebel und 2–3 Karotten beiseitelegen. Die restlichen Zwiebeln 10 Minuten in kochendem Wasser garen. Die übrigen Karotten in einem zweiten Topf mit Salzwasser in 5–10 Minuten gar kochen. Zwiebeln und Karotten abtropfen lassen. Die Zwiebeln häuten.

Rohe und gekochte Karotten hacken und mit den Bohnen, Zwiebeln und dem Schinken in einer Salatschüssel vermengen. Die Sauce unterheben und sofort servieren.

Süßsaure Caponata

Caponata in agrodolce

Vorbereiten: 55 Min.
(inkl. Ruhezeit)
Garzeit: 30 Min.
Für 4 Personen

- 1 kg Auberginen, gewürfelt
- 2 EL Rosinen
- 120 ml Olivenöl
- 1 Selleriestange, gehackt
- 1 Zwiebel, in feine Ringe geschnitten
- 300 g vollreife Tomaten, geschält und gewürfelt
- 1½ TL Zucker
- 100 ml Rotweinessig
- 1 EL Pinienkerne
- 100 g entsteinte grüne Oliven
- 25 g Kapern, abgespült und abgetropft
- 4–5 Basilikumblätter
- 12 Scheiben Provolone oder anderer aromatischer Käse
- Salz und Pfeffer

Die Auberginen in ein Sieb geben, mit Salz bestreuen und etwa 30 Minuten ziehen lassen. Abspülen und mit Küchenpapier trocken tupfen. Inzwischen die Rosinen in eine Schüssel mit warmem Wasser geben und 15 Minuten einweichen. Abtropfen lassen.

Fünf Esslöffel Olivenöl in einer großen Pfanne erhitzen. Die Auberginenwürfel darin bei mittlerer Hitze unter häufigem Rühren in 8–10 Minuten rundum goldbraun anbraten.

Inzwischen das übrige Olivenöl in einem Topf erhitzen. Darin Sellerie, Zwiebel und Tomaten bei schwacher Hitze in 10–15 Minuten einköcheln lassen. Salzen und pfeffern. Zucker, Essig, Pinienkerne, Oliven, Rosinen und Kapern unterrühren und alles kurz aufkochen. Die Auberginenwürfel zugeben und 10 Minuten mitköcheln lassen. Die Caponata warm mit Basilikumblättern und Provolone garniert servieren.

Grüne Bohnen mit Tomaten

Fagiolini al pomodoro

Vorbereiten: 15 Min.
Garzeit: 25 Min.
Für 4 Personen

- 600 g grüne Bohnen
- 2 EL Olivenöl
- 1 Zwiebel, gehackt
- 1 Knoblauchzehe
- 5 Tomaten, geschält, entkernt und gewürfelt
- 6 entsteinte grüne Oliven, geviertelt
- 6 Basilikumblätter, frisch gehackt
- Salz und Pfeffer

Die Bohnen in 5–10 Minuten in Salzwasser bissfest kochen. Inzwischen das Öl in einem anderen Topf erhitzen. Zwiebel und Knoblauch darin bei schwacher Hitze unter gelegentlichem Rühren 5 Minuten anbraten. Die Bohnen abgießen, zur Zwiebel in die Pfanne geben und alles vermengen. Die Tomaten einrühren, salzen und pfeffern, dann den Knoblauch entfernen. Alles bei schwacher Hitze etwa 10 Minuten köcheln lassen, Oliven und Basilikum einrühren und weitere 5 Minuten garen. Warm servieren.

Dicke Bohnen mit Schinken

Fave al prosciutto

Vorbereiten: 30 Min.
Garzeit: 20 Min.
Für 4 Personen

- 2 kg frische dicke Bohnen, gepalt
- 40 g Butter
- 100 g Kochschinken, gewürfelt
- 1 Zwiebel, gehackt
- 1 Karotte, gehackt
- 200 ml Fleischbrühe
- 1 Stängel glatte Petersilie, frisch gehackt
- Salz und Pfeffer

Die Bohnen in einem Topf mit kaltem Wasser bedecken, zum Kochen bringen und 10 Minuten garen.

Inzwischen die Hälfte der Butter in einem anderen Topf zerlassen. Kochschinken, Zwiebel und Karotte zugeben und unter gelegentlichem Rühren 5 Minuten dünsten. Die Bohnen abgießen und in den Topf geben. Die Brühe zugießen und alles mit Salz und Pfeffer würzen. Köcheln lassen, bis die Sauce sehr sämig ist, dann die restliche Butter einrühren. Die Bohnen in einer vorgewärmten Schüssel anrichten und mit Petersilie bestreuen.

Auberginenfrikassee

Fricassea di melanzane

Vorbereiten: 1 Std. (inkl. Ruhezeit)
Garzeit: 25 Min.
Für 4 Personen

- 5 Auberginen, in dicke Scheiben geschnitten
- 25 g Butter
- 3 EL Olivenöl
- 1 Zwiebel, gehackt
- 500 g vollreife Eiertomaten, geschält, entkernt und gewürfelt
- 1 Stängel glatte Petersilie, frisch gehackt
- 1 Knoblauchzehe, gehackt
- 2 Eier
- Saft von 1 Zitrone
- Salz und Pfeffer

Die Auberginenscheiben in ein Sieb legen, mit Salz bestreuen und 30 Minuten ziehen lassen. Inzwischen die Butter mit dem Olivenöl in einem Topf erhitzen und die Zwiebel darin bei schwacher Hitze unter gelegentlichem Rühren 5 Minuten andünsten.

Die Auberginen abspülen, trocken tupfen und in den Topf geben. Tomaten, Petersilie und Knoblauch zufügen, mit Salz und Pfeffer würzen. Gut verrühren und bei mittlerer Hitze etwa 15 Minuten kochen, bis die Auberginen weich sind. Den Topf vom Herd nehmen.

Die Eier mit dem Zitronensaft verquirlen und über die Auberginen gießen. Zügig unterrühren, damit das Ei nicht stockt, sondern die Auberginenwürfel wie eine Creme einhüllt. In einer vorgewärmten Servierschüssel anrichten und sofort servieren.

Marinierte Auberginen

Melanzane marinate

Vorbereiten: 6¾ Std.
(inkl. Marinierzeit)
Garzeit: 20 Min.
Für 4 Personen

- 600 g Auberginen, in 5 mm dicke Scheiben geschnitten
- 1 frische Chili, entkernt und gehackt
- 3 Knoblauchzehen, fein gehackt
- 1 EL Kapern, abgetropft, abgespült und gehackt
- 10 frische Minzeblätter, in Stücke geschnitten
- 175 ml Olivenöl
- Salz und Pfeffer

Die Auberginen in ein Sieb legen, mit Salz bestreuen und 30 Minuten abtropfen lassen. Chili, Knoblauch, Kapern und Minze in einer Schüssel verrühren, salzen und pfeffern. Eine schwere, beschichtete Pfanne sehr heiß werden lassen. Die Auberginen abspülen, trocken tupfen und mit etwas Olivenöl bestreichen. Die Auberginenscheiben portionsweise in die Pfanne geben und auf beiden Seiten goldbraun braten.

Eine Schicht Auberginenscheiben in eine Salatschüssel geben, mit 1 Esslöffel Gewürzmischung bestreuen. Weitere Schichten darauflegen und mit den Gewürzen bestreuen, bis alle Zutaten verbraucht sind. Das restliche Öl darüberträufeln und die Auberginen an einem kühlen Platz mindestens 6 Stunden ziehen lassen.

Gefüllte Auberginen

Melanzane ripiene

Vorbereiten: 30 Min.
Garzeit: 30 Min.
Für 4 Personen

- 4 Auberginen
- 80 g Butter, und etwas Butter zum Einfetten und Betupfen
- Olivenöl, zum Braten
- 200 g Rinderhackfleisch
- 25 g Mehl
- 500 ml Milch
- 1 Prise frisch geriebene Muskatnuss
- 1 Ei
- 50 g Parmesan, frisch gerieben
- 50 g Semmelbrösel
- Salz und Pfeffer

Die Auberginen der Länge nach halbieren und aushöhlen. Das Fruchtfleisch aufbewahren. Die ausgehöhlten Auberginenhälften mit Salz bestreuen und mit der Öffnung nach unten abtropfen lassen. Den Backofen auf 180 °C vorheizen. Eine Auflaufform mit etwas Butter einfetten. Etwas Olivenöl in einer Pfanne erhitzen, das Hackfleich zugeben und bei mittlerer Hitze in ein paar Minuten leicht bräunen, dann vom Herd nehmen.

Für die Béchamelsauce 50 g Butter in einem kleinen Topf bei schwacher Hitze zerlassen. Das Mehl einstreuen und 1 Minute unter Rühren anschwitzen. Nach und nach die Milch unterrühren und zum Kochen bringen. Weiterrühren, bis die Sauce sämig ist. Den Topf vom Herd nehmen und die Sauce mit Muskat, Salz und Pfeffer abschmecken, etwas abkühlen lassen. Die Auberginenhälften abspülen und mit Küchenpapier trocken tupfen.

→

→ Das Auberginenfleisch würfeln und mit dem Ei, Fleisch und Parmesan in die Sauce rühren. Salzen und pfeffern. Die Auberginenhälften damit füllen und die gefüllten Auberginen in die Form setzen. Mit der übrigen Butter betupfen und mit Semmelbröseln bestreuen. In 30 Minuten knusprig und goldbraun backen. Sofort servieren.

Abbildung S. 174

Frittata mit Paprika

Frittata ai peperoni

Vorbereiten: 15 Min.
Garzeit: 35 Min.
Für 4 Personen

- 40 g Butter
- 4 EL Olivenöl
- 2 gelbe Paprika, entkernt und gewürfelt
- 3 Tomaten, geschält, entkernt und gewürfelt
- 6 Eier, leicht verquirlt
- Salz und Pfeffer

Die Hälfte der Butter und des Olivenöls in einer Pfanne erhitzen. Die Paprika zufügen und unter Rühren 2 Minuten anbraten. Die Tomaten zugeben, salzen und pfeffern. Das Gemüse abgedeckt bei schwacher Hitze 15–20 Minuten köcheln lassen. Die Eier zugeben. Die restliche Butter in einer anderen Pfanne erhitzen und die Mischung hineingießen. Die Frittata insgesamt 15 Minuten auf beiden Seiten backen, dann servieren.

Abbildung S. 175

Eier mit Tomaten

Uova al piatto con pomodori

Vorbereiten: 25 Min.
(inkl. Ruhezeit)
Garzeit: 25 Min.
Für 4 Personen

- 2 TL Olivenöl, und etwas Olivenöl zum Einfetten
- 4 große Tomaten
- 1 Prise getrockneter Oregano
- 4 Eier
- 1 Stängel glatte Petersilie, frisch gehackt
- Salz und Pfeffer

Den Backofen auf 180 °C vorheizen. Eine Auflaufform mit Olivenöl einfetten. Von den Tomaten eine Kappe abschneiden, die Kerne und etwas Fruchtfleisch herauslöffeln. Die Innenseiten mit Salz bestreuen und kopfüber 10 Minuten auf Küchenpapier abtropfen lassen. Die Tomaten von innen mit Oregano und Pfeffer würzen und mit ein wenig Olivenöl beträufeln. Die Tomaten in die Form setzen und 20 Minuten backen.

Die Form aus dem Ofen nehmen, in jede Tomate 1 Ei schlagen. Dann weitere 5 Minuten backen. Mit Petersilie garnieren und servieren.

Erbsenflan

Flan di piselli

Vorbereiten: 20 Min.

Garzeit: 1 Std.

Für 6 Personen

60g Butter, und etwas Butter zum Einfetten
½ Zwiebel, gehackt
50g Kochschinken, gewürfelt
600g frisch gepalte Erbsen
2EL Mehl, und etwas Mehl zum Ausstäuben
250ml Milch
1 Prise frisch geriebene Muskatnuss
3 Eier, getrennt
Salz

20g Butter in einem mittelgroßen Topf zerlassen. Die Zwiebel darin bei schwacher Hitze in 5 Minuten unter gelegentlichem Rühren weich dünsten. Schinken, Erbsen und 175 ml heißes Wasser zufügen. 10–15 Minuten köcheln lassen, bis die Erbsen gar sind. Eine hohe runde Auflaufform mit Butter einfetten und mit Mehl ausstäuben.

Für die Béchamelsauce 25 g Butter in einem mittleren Topf bei schwacher Hitze zerlassen. Das Mehl einstreuen und 1 Minute unter Rühren anschwitzen. Nach und nach die Milch unterrühren und zum Kochen bringen. Weiterrühren, bis die Sauce sämig ist. Den Topf vom Herd nehmen und die Sauce mit Muskatnuss, Salz und Pfeffer abschmecken. Etwas abkühlen lassen. Den Backofen auf 180 °C vorheizen.

Zwei Drittel der Erbsenmischung im Mixer oder mit dem Stabmixer glatt pürieren. Die restliche Butter einarbeiten. Püree in eine Schüssel füllen, Béchamelsauce und übrige Erbsenmischung unterziehen und abkühlen lassen. Das Eigelb einzeln unterrühren. Das Eiweiß in einer sauberen Schüssel steif schlagen und unter die Erbsenmasse heben. Die Masse in die vorbereitete Form füllen und die Oberfläche glatt streichen.

Die Auflaufform in eine Bratform setzen und so viel kochendes Wasser einfüllen, dass die Auflaufform zur Hälfte bedeckt ist. Im Ofen 40 Minuten garen. Sofort servieren.

Gefüllte Auberginen (S. 171)

Frittata mit Paprika (S. 172)

Gebackene Tomaten mit Zucchini und Mozzarella

Pomodori alle zucchine

Vorbereiten: 20 Min.

Garzeit: 40 Min.

Für 4 Personen

Olivenöl, zum Einfetten und Beträufeln
8 Tomaten
2 Zucchini
1 Stängel glatte Petersilie, frisch gehackt
1 Knoblauchzehe, gehackt
200 g Mozzarella, in Scheiben geschnitten
½ TL getrockneter Oregano
Salz und Pfeffer

Den Backofen auf 180 °C vorheizen. Eine Auflaufform mit Öl einfetten. Die Tomaten in Scheiben einschneiden, dabei nicht ganz durchschneiden. Die Zucchini längs halbieren, dann in Streifen schneiden. Die Zucchinistreifen in die eingeschnittenen Tomatensegmente schieben, sodass ein Tomatenfächer entsteht.

Die Tomaten in die vorbereitete Form setzen und mit Petersilie und Knoblauch bestreuen. Salzen und pfeffern und mit Öl beträufeln. 30 Minuten backen. Die Form aus dem Ofen nehmen, den Ofen nicht ausschalten.

Vorsichtig Mozzarellascheiben zu den Zucchinistreifen in den Tomatenfächer schieben und mit Oregano bestreuen. Weitere 10 Minuten backen, bis der Mozzarella zu zerlaufen beginnt. Auf einer Servierplatte anrichten und sofort servieren.

Tomaten mit Safranpilaw

Pomodorini ripieni di riso pilaf allo zafferano

Vorbereiten: 1½ Std.
(inkl. Kühlzeit)
Garzeit: 40 Min.
Für 4 Personen

- 25 g Butter
- ½ Zwiebel, gehackt
- 1 Prise Safranfäden
- 250 ml heiße Gemüsebrühe
- 175 g Langkornreis
- 12 große Rispentomaten
- 1 EL Olivenöl, und etwas Olivenöl zum Beträufeln
- 1 Zucchini, gewürfelt
- 2 EL frisch gehackte glatte Petersilie
- Salz und Pfeffer

Den Backofen auf 180 °C vorheizen. Die Butter in einem breiten, schweren, ofenfesten Topf zerlassen. Die Zwiebel darin bei schwacher Hitze 5 Minuten unter gelegentlichem Rühren weich dünsten. Inzwischen die Safranfäden leicht zerdrücken und mit 2 Esslöffeln Brühe in einer Tasse verrühren.

Den Reis zu den Zwiebeln in den Topf geben, leicht salzen. Unter Rühren einige Minuten anbraten, bis die Körner fettglänzend sind. Mit der restlichen heißen Brühe ablöschen und alles zum Kochen bringen. Die Safranbrühe unterrühren und den Reis bei aufgesetztem Deckel 18–12 Minuten im Ofen garen, dabei weder den Deckel anheben noch rühren. Den Topf aus dem Ofen nehmen und den Reis abkühlen lassen.

Inzwischen von den Tomaten die Kappe abschneiden und die Früchte mit einem Teelöffel aushöhlen. Die Tomaten innen salzen und mit der Öffnung nach unten auf Küchenpapier abtropfen lassen. Das Olivenöl in einer Pfanne erhitzen. Die Zucchini darin bei schwacher bis mittlerer Hitze in 10 Minuten weich dünsten, dann salzen.

Abgekühlten Reis, Zucchini und Petersilie in einer Schüssel mischen und mit Olivenöl beträufeln. Salzen, pfeffern und gut rühren. Die Reismischung in die Tomaten füllen. Warm oder kalt servieren.

A
R
Totocalcio

Gefüllte Paprika

Sacchetti dell'ortolano

Vorbereiten: 30 Min.
Garzeit: 20 Min.
Für 4 Personen

4 gelbe Paprika
2 EL Olivenöl, und etwas Öl zum Bestreichen
4 Auberginen, gewürfelt
1 Knoblauchzehe
1 EL Tomatenmark
1 EL Kapern, abgespült und abgetropft
6 Basilikumblätter, gehackt
8 entsteinte schwarze Oliven
150 g Mozzarella, gewürfelt
Salz und Pfeffer
4 Basilikumblätter, zum Garnieren

Den Backofengrill vorheizen. Die Paprika unter gelegentlichem Wenden im Ofen rösten, bis die Haut schwarz ist und Blasen wirft. In einem verschlossenen Gefrierbeutel etwas abkühlen lassen. Die Haut abziehen, die Kappen abschneiden, Kerne und Scheidewände herausnehmen, ohne die Früchte zu durchstechen.

Den Ofen auf 180 °C einstellen. Eine Auflaufform mit Öl einfetten. Das Olivenöl in einer Pfanne erhitzen, Auberginen und Knoblauch zugeben und bei schwacher Hitze in 5 Minuten goldbraun braten. Das Tomatenmark mit 1 Teelöffel heißem Wasser verrühren und zusammen mit Kapern, Basilikum und Oliven in die Pfanne geben. Alles ein paar Minuten kochen, dann den Knoblauch herausnehmen. Mit Salz und Pfeffer abschmecken.

Die Pfanne vom Herd nehmen und den Mozzarella zugeben. Die Paprika mit der Mischung füllen und in die Auflaufform setzen. Zehn Minuten backen, mit Basilikum garnieren und warm servieren.

Tomaten mit Auberginen

Pomodori alle melanzane

Vorbereiten: 1¼ Std.
(inkl. Abtropfzeit)
Garzeit: 20 Min.
Für 4 Personen

4 Tomaten
2 EL Olivenöl
1 Aubergine, geschält und gewürfelt
1 Knoblauchzehe, gehackt
1 Frühlingszwiebel, gehackt
1 EL Kapern, abgetropft und gehackt
1 Stängel Basilikum, frisch gehackt
3 EL Weißweinessig
Salz und Pfeffer

Von den Tomaten die Kappen abschneiden und beiseitelegen. Die Kerne und etwas Fruchtfleisch aus den Tomaten schaben. Die Tomaten auf der Innenseite salzen und kopfüber 1 Stunde auf Küchenpapier abtropfen lassen. Das Öl in einem Topf erhitzen. Auberginenwürfel und Knoblauch darin bei starker Hitze anbraten, bis sie rundum leicht gebräunt sind. Frühlingszwiebel, Kapern und Basilikum zufügen und mit Salz und Pfeffer abschmecken. Den Essig zugießen und kochen, bis er verdampft ist. Vom Herd nehmen und abkühlen lassen. Die Tomaten mit der Auberginenmischung füllen, die Kappen wieder aufsetzen und servieren.

Abbildung S. 182

Gefüllte Zucchiniblüten

Fiori di zucchine ripieni

Zubereiten: 15 Min.

Für 4 Personen

200 g Robiola-Käse (oder anderer Weichkäse), gewürfelt
200 g Gorgonzola, gewürfelt
3 Gewürzgurken, gewürfelt
1 Eigelb
12 Zucchiniblüten, geputzt
Salz

Beide Käsesorten in eine Schüssel geben und mit einem Holzlöffel glatt rühren. Gewürzgurken und Eigelb zugeben, gut vermengen und mit Salz abschmecken. Die Zucchiniblüten mit der Käsemischung füllen, sternförmig auf einer Servierplatte anrichten und sofort servieren.

Abbildung S. 183

Zucchini Capricciosa

Zucchine capricciose

Vorbereiten: 40 Min.

Garzeit: 30 Min.

Für 4 Personen

3 EL Olivenöl, und etwas Öl zum Bestreichen
6 Zucchini, längs halbiert
4 in Salz eingelegte Sardellen, gewässert und abgetropft
1 Knoblauchzehe, gehackt
1 Stängel glatte Petersilie, gehackt
1 Stängel Basilikum, gehackt
100 g entsteinte grüne Oliven
2 Tomaten, geschält, entkernt und gehackt
150 g Mozzarella, gewürfelt
Salz und Pfeffer

Den Backofen auf 200 °C vorheizen. Eine Auflaufform mit Olivenöl bestreichen. Die Zucchinihälften aushöhlen, ohne die Schale zu verletzen. Das Fruchtfleisch hacken. Die Zucchinihälften mit der Öffnung nach unten in die vorbereitete Form legen und 10 Minuten im Ofen garen. Die Ofentemperatur auf 180 °C reduzieren.

Die Sardellen mit der Hautseite nach oben auf ein Schneidebrett legen. Mit dem Daumen kräftig die Wirbelsäule entlangfahren. Die Sardellen wenden und die Wirbelsäule entfernen. Die Sardellen hacken und mit 2 Esslöffeln Öl in einer Schüssel mit einem Holzlöffel glatt rühren.

Knoblauch, Petersilie, Basilikum, Zucchinifleisch und Oliven in einer zweiten Schüssel mischen. Die Tomaten unterheben. Restliches Öl und die Sardellencreme zufügen. Salzen und pfeffern. Sorgfältig mischen und in die Zucchinihälften damit füllen. Mit dem Mozzarella belegen und in 20 Minuten im Ofen goldbraun überbacken.

Tomaten mit Auberginen (S. 180)

Gefüllte Zucchiniblüten (S. 181)

Zucchini-Rote-Bete-Carpaccio

Carpaccio di zucchine e barbabietole

Vorbereiten: 45 Min.
(inkl. Kühlzeit)
Garzeit: 5 Min.
Für 4 Personen

150 g Pinienkerne
100 ml Olivenöl
1 TL Dijon-Senf
Saft von 1 Zitrone
4 Baby-Zucchini, in feine Längsscheiben geschnitten
4 gegarte Rote Beten, in Scheiben geschnitten
200 g geräucherter Scamorza-Käse, in feine Streifen geschnitten
Salz und Pfeffer

Die Pinienkerne in einer beschichteten Pfanne bei schwacher Hitze einige Minuten unter gelegentlichem Rütteln der Pfanne trocken rösten, bis sie leicht gebräunt sind. Auf einen Teller geben.
Olivenöl, Senf und Zitronensaft in einer Schüssel verrühren und mit Salz und Pfeffer abschmecken.
Die Zucchinischeiben auf einer Servierplatte oder auf vier Serviertellern überlappend auslegen.
Mit den Pinienkernen bestreuen, mit der Hälfte des Dressings beträufeln und 30 Minuten im Kühlschrank ziehen lassen. Rote-Bete-Scheiben und Scamorza-Streifen darauf verteilen und mit dem restlichen Dressing beträufeln.

Zucchini mit Zitrone

Zucchine al limone

Vorbereiten: 1 Std.
(inkl. Ruhezeit)
Garzeit: 15 Min.
Für 4 Personen

600 g Zucchini, in dicke Streifen geschnitten
1 Zweig Estragon, frisch gehackt
1 Stängel glatte Petersilie, frisch gehackt
4 Basilikumblätter, frisch gehackt
4 Borretschblätter, frisch gehackt
Olivenöl, zum Beträufeln
Saft von 1 Zitrone
Salz und Pfeffer

Die Zucchinistreifen etwa 15 Minuten über einem Topf mit kochendem Wasser dämpfen. Leicht abkühlen lassen, dann auf einem Servierteller anrichten. Mit den Kräutern bestreuen, mit Olivenöl und Zitronensaft beträufeln und mit Salz und Pfeffer abschmecken. Vorsichtig mischen und vor dem Servieren eine Weile an einen kühlen Ort stellen, damit sich das Aroma entfalten kann.

Sardellenbeignets

Frittelle di mucco

Vorbereiten: 20 Min.
Garzeit: 20 Min.
Für 6 Personen

1,2 kg Baby-Sardellen, küchenfertig
4 Eier
100 g Mehl, und etwas Mehl zum Bestäuben
50 g Parmesan, gerieben
1 Bund glatte Petersilie, fein gehackt
1 Knoblauchzehe, fein gehackt
50 g wilder Fenchel, fein gehackt (nach Belieben)
Pflanzenöl, zum Ausbacken
Salz und Pfeffer

Sardellen, Eier, Mehl, Parmsan, Petersilie, Knoblauch und, falls verwendet, Fenchel in eine Schüssel geben. Salzen und pfeffern. Mit einer Gabel verrühren. Die Masse mit 2 Esslöffeln zu Kugeln formen und mit Mehl bestäuben. Das Öl in einer Fritteuse auf 180–190 °C erhitzen, bis ein Brotwürfel in 30 Sekunden braun wird. Die Sardellenkugeln darin portionsweise goldbraun frittieren. Mit einem Schaumlöffel herausnehmen, auf Küchenpapier abtropfen lassen und sofort servieren.

Hinweis: An der sizilianischen Küste werden Baby-Sardellen als *mucco* bezeichnet. Der Begriff stammt vom arabischen Wort für Fisch, *sumuk*.

Kalmar mit Kartoffeln und Mangold

Calamari all'inzimino

Vorbereiten: 30 Min.
Garzeit: 45 Min.
Für 4 Personen

4–5 EL Olivenöl
2 Knoblauchzehen
4 Kartoffeln, in Spalten geschnitten
500 g Kalmar, küchenfertig (siehe S. 265), in Streifen geschnitten
100 ml trockener Weißwein
200 g Mangold, ohne Stiele
1 EL gehackte glatte Petersilie
1 EL gehackter Oregano
Salz und Pfeffer

Das Olivenöl in einem schweren Topf erhitzen. Die Knoblauchzehen darin bei schwacher Hitze einige Minuten unter häufigem Rühren leicht anbräunen. Herausnehmen und wegwerfen. Die Kartoffelspalten in den Topf geben und 10 Minuten unter gelegentlichem Rühren anbraten. Den Kalmar zufügen, salzen und bei mittlerer bis starker Hitze einige Minuten anbraten. Mit dem Wein ablöschen und einkochen, bis der Alkohol verdampft ist. Die Hitze wieder reduzieren, 200 ml Wasser angießen und alles bei aufgesetztem Deckel 20–25 Minuten köcheln lassen.

Inzwischen den Mangold in Streifen schneiden und zum Kalmar in den Topf geben. Mit Petersilie und Oregano bestreuen. Salzen und pfeffern und weitere 5 Minuten garen. Lauwarm servieren.

Spargelsalat mit Garnelen

Insalata di asparagi e gamberi

Vorbereiten: 30 Min.
Garzeit: 30 Min.
Für 6 Personen

1 Zitrone
1 kg grüner Spargel, geputzt
5 Eier
400 g rohe Garnelen
200 ml Sonnenblumen- oder Olivenöl oder eine Mischung
1 EL frisch gehackte glatte Petersilie
Salz und Pfeffer

Die Zitrone halbieren und eine Hälfte auspressen. Von der anderen Hälfte eine Scheibe abschneiden. Eine kleine Schüssel mit Wasser füllen. Die Zitronenscheibe darüber auspressen. Die Spitzen von den Spargelstangen abtrennen und in das Zitronenwasser geben. Die Stangen in Stücke schneiden und in einem Topf mit Salzwasser in 5–10 Minuten fast weich kochen. Die Spargelspitzen abtropfen lassen, ebenfalls in den Topf geben und weitere 5–10 Minuten kochen. Das Wasser abgießen, den Spargel in kaltem Wasser abschrecken, abtropfen lassen und in eine Schüssel geben.

Einen kleinen Topf Salzwasser zum Kochen bringen. Zwei Eier hineingeben und in 8 Minuten hart kochen. Unter fließendem kaltem Wasser abschrecken. Inzwischen die Garnelen in einem zweiten Topf Wasser in 10 Minuten gar kochen. Gut abtropfen lassen, aus den Schalen lösen und zum Spargel geben. Die hart gekochten Eier schälen und in Scheiben schneiden.

Für die Mayonnaise die restlichen Eier trennen und die Eigelbe in eine Schüssel geben. Salzen und pfeffern. Nach und nach das Öl unter ständigem Rühren zugießen. Sobald die Masse eindickt, den übrigen Zitronensaft einarbeiten. Die Mayonnaise locker unter Spargel und Garnelen heben. Den Salat mit Eierscheiben und Petersilie garnieren und servieren.

Pikanter Heringssalat mit Chicorée

Insalata piccante di aringhe e indivia

Zubereiten: 1¼ Std.
(inkl. Einweichzeit)
Für 4 Personen

- 2 Vollheringe, filetiert, Rogen aufbewahrt
- 2 EL Olivenöl
- 2 EL Weißweinessig
- ¼ TL Sardellenpaste
- ¼ TL scharfer Senf
- 1 Zwiebel, fein gehackt
- 1 Stängel Basilikum, fein gehackt
- 1 Stängel glatte Petersilie, fein gehackt
- 1 Chicorée, in Blätter zerteilt
- 4 EL Sahne
- 4 EL Naturjoghurt
- Salz

Den Rogen 1 Stunde in einer Schüssel mit kaltem Wasser einweichen. Gut abtropfen lassen und mit einem Holzlöffel cremig rühren. Olivenöl, Essig, Sardellenpaste und Senf untermischen. Zwiebel, Basilikum und Petersilie unterrühren.

Einen großen Servierteller mit den Chicoréeblättern auslegen. Die Heringsfilets darauflegen und mit der Rogencreme überziehen. Sahne und Joghurt mit 1 Prise Salz verrühren und über die Heringe geben. Sofort servieren.

Seehecht in grüner Sauce

Nasello con salsa verde

Vorbereiten: 10 Min.
Garzeit: 10 Min.
Für 4 Personen

- 2 EL Olivenöl, und etwas Olivenöl zum Einfetten
- 4 Seehechtsteaks
- 1 Zwiebel, gehackt
- 1 Stängel glatte Petersilie, frisch gehackt
- 1 Selleriestange, gehackt, und einige Sellerieblätter
- Saft von 1 Zitrone
- Salz und Pfeffer

Den Backofen auf 220 °C vorheizen. Eine Auflaufform mit Olivenöl einfetten, den Fisch hineinlegen und 10 Minuten im Ofen garen. Inzwischen das Olivenöl in einem Topf erhitzen und die Zwiebel darin bei schwacher Hitze in 5 Minuten glasig dünsten. Salzen und pfeffern, vom Herd nehmen und Petersilie, Sellerieblätter und Zitronensaft einrühren. Den Seehecht mit der grünen Sauce servieren.

Hai mit grünen Tomaten

Palombo con pomodori verdi

Vorbereiten: 15 Min.
Garzeit: 30 Min.
Für 4 Personen

4 Glatthaifilets
etwas Butter, zum Einfetten
3–4 grüne Tomaten, geschält, entkernt und gewürfelt
1 Zwiebel, in dünne Ringe geschnitten
1 EL frisch gehackter Oregano
Olivenöl, zum Beträufeln
50 g Semmelbrösel
Salz und Pfeffer

Den Backofen auf 180 °C vorheizen. Die Glatthaifilets in eine eingefettete Auflaufform legen, salzen und pfeffern. Tomaten, Zwiebel und Oregano darübergeben und mit Olivenöl beträufeln. Semmelbrösel darüberstreuen, den Fisch mit Alufolie abdecken und 30 Minuten im Ofen garen.

Fischcarpaccio

Carpaccio di pesce misto

Zubereiten: 40 Min. (inkl. Kühlzeit)
Für 4 Personen

400 g Schwertfischfilet, in feine Scheiben geschnitten
250 g Lachsfilet, in feine Scheiben geschnitten
100 ml Olivenöl
½ Knoblauchzehe, fein gehackt
1 Stängel glatte Petersilie, gehackt
1 Zweig Thymian, gehackt
1 Spritzer Weinbrand
Salz und Pfeffer

Für die Garnierung

300 g junger Spinat, dicke Stiele entfernt
2 TL Dijon-Senf
5 EL Olivenöl
Salz

Schwertfisch- und Lachsscheiben abwechselnd auf eine Servierplatte legen. Abgedeckt 20 Minuten im Kühlschrank kalt stellen.

Inzwischen Olivenöl, Knoblauch, Petersilie, Thymian und Weinbrand in einer Schale verrühren. Salzen und pfeffern.

Für die Garnierung die Spinatblätter in eine Schüssel geben. Senf und Olivenöl mit 1 Prise Salz in einer Schale glatt rühren und unter den Spinat heben. Kurz vor dem Servieren das Fischcarpaccio mit dem Kräuteröl beträufeln und den Spinat ringsum verteilen.

Sardinen Marinara

Sardine alla marinara

Vorbereiten: 30 Min.

Garzeit: 30 Min.

Für 4 Personen

- Olivenöl, zum Einfetten und Beträufeln
- 800 g Sardinen, geschuppt, ausgenommen und entgrätet
- 3 Zweige frischer Rosmarin, gehackt
- 1 Knoblauchzehe, gehackt
- 1 Prise getrockneter Oregano
- 1 EL Weißweinessig
- Salz

Eine schwere Pfanne mit etwas Olivenöl einfetten. Die Sardinen darin in zwei Lagen einschichten, dazwischen Rosmarin und Knoblauch legen. Mit Oregano und Salz bestreuen und großzügig mit Olivenöl beträufeln. 30 Minuten bei mittlerer bis schwacher Hitze garen. Mit Essig beträufeln und kochen, bis sich das Fleisch leicht zerpflücken lässt. Die Pfanne vom Herd nehmen und die Sardinen abkühlen lassen. Kalt servieren.

Makrelentatar mit Schnittlauchjoghurt

Tartare di sgombro all'erba cipollina e yogurt

Zubereiten: 15 Min.

Für 4 Personen

- 8 kleine geräucherte Makrelenfilets ohne Haut, zerteilt
- 500 g Naturjoghurt
- Saft von 2 Zitronen
- 1 Bund Schnittlauch, in feine Röllchen geschnitten
- 8 Scheiben weißes Toastbrot
- Salz und Pfeffer
- Blattsalat und grüne Tomaten, zum Servieren

Die Makrelenfilets in eine Schüssel geben und mit einer Gabel zerdrücken. Joghurt, Zitronensaft und Schnittlauch in einer zweiten Schüssel verrühren und die Makrelen unterheben. Mit Salz und Pfeffer abschmecken.

Das Brot toasten und mit der Makrelenmischung bestreichen. Auf einer Servierplatte mit Salat und grünen Tomaten anrichten.

Schwertfisch-Carpaccio mit Kapernsauce

Carpaccio di pesce spada alla salsa di capperi

Vorbereiten: 45 Min.
(inkl. Kühlzeit)
Garzeit: 25–30 Min.
Für 4 Personen

4 Kartoffeln
400 g Schwertfischfilet, in sehr feine Scheiben geschnitten
1 Bund Rucola
Olivenöl, zum Beträufeln
Salz und Pfeffer

Für die Sauce

3 TL in Salz eingelegte Kapern, abgespült und abgetropft
250–300 ml Olivenöl
Saft von 2 Zitronen

Die Kartoffeln in einem Topf mit Salzwasser in 25–30 Minuten gar kochen und abtropfen lassen. Schälen, in Spalten schneiden und abkühlen lassen. Für die Sauce die Kapern in eine Schale geben, mit Wasser bedecken und 15 Minuten ziehen lassen.

Das Wasser abgießen und die Kapern gut ausdrücken. Fein hacken und in einer Sauciere mit dem Olivenöl verrühren. Mit Zitronensaft abschmecken. Die Fischscheiben auf einem großen Servierteller kreisförmig anrichten. Salzen und pfeffern und mit der Kapernsauce beträufeln. Im Kühlschrank 30 Minuten ziehen lassen. Vor dem Servieren mit Rucolablättern und Kartoffelspalten garnieren und mit Olivenöl beträufeln.

Abbildung S. 193

Sardinen mit Fenchel

Sardine con finocchietto

Vorbereiten: 20 Min.
Garzeit: 20 Min.
Für 4 Personen

2 EL Olivenöl
1 Knoblauchzehe, gehackt
1 kg Sardinen, küchenfertig
2 TL Fenchelsamen
150 ml Weißwein
Salz und Pfeffer

Den Backofen auf 180 °C vorheizen. Das Olivenöl in einer ofenfesten schweren Pfanne erhitzen. Den Knoblauch darin bei schwacher Hitze in 2 Minuten unter häufigem Rühren anbraten. Die Sardinen hineingeben, mit Salz und Pfeffer würzen und mit den Fenchelsamen bestreuen. Die Sardinen mit dem Wein übergießen und 15–20 Minuten im Ofen garen, bis sich das Fleisch leicht von den Gräten löst. Sofort servieren.

Makrelen mit grünen Bohnen

Sgombri ai fagiolini

Vorbereiten: 20 Min.
Garzeit: 30 Min.
Für 4 Personen

- 5 EL Olivenöl
- 1 Zwiebel, in Ringe geschnitten
- 1 Karotte, gehackt
- 1 Stängel glatte Petersilie, frisch gehackt
- 1 Zweig Thymian, frisch gehackt
- 150 g grüne Bohnen, Spitzen und Enden abgeknipst
- 1 Tomate, geschält, entkernt und gewürfelt
- 2 EL Kapern, abgespült und abgetropft
- 4 Makrelen, küchenfertig
- Mehl, zum Bestäuben
- Salz und Pfeffer

Zwei Esslöffel Olivenöl in einer Pfanne erhitzen. Zwiebel, Karotte, Petersilie und Thymian hineingeben und 5 Minuten bei schwacher Hitze dünsten, dabei gelegentlich rühren. Die Bohnen zufügen und unter häufigem Rühren 15 Minuten garen. Die Tomate und die Kapern zugeben, mit Salz und Pfeffer abschmecken. Weitere 5 Minuten garen.

In der Zwischenzeit die Makrelen mit Mehl bestäuben, überschüssiges Mehl abschütteln. Das restliche Olivenöl in einer Pfanne erhitzen und die Makrelen darin in 20–25 Minuten goldbraun braten, bis sich das Fleisch mit einer Gabel leicht zerpflücken lässt. Mit einem Fischheber herausheben und zum Gemüse geben. Fünf Minuten weitergaren. Mit Salz und Pfeffer abschmecken, dann servieren.

Makrelen mit Roten Johannisbeeren

Sgombri ai ribes

Vorbereiten: 20 Min.
Garzeit: 30 Min.
Für 4 Personen

- 4 Makrelen, küchenfertig
- 350 g Rote Johannisbeeren
- 25 g Butter
- 1 Zwiebel, gehackt
- 1 Knoblauchzehe
- 200 ml trockener Weißwein
- 1 TL Zucker
- Salz und Pfeffer

Den Backofen auf 180 °C vorheizen. Die Makrelen auf beiden Seiten je 2–3-mal mit einem scharfen Messer einschneiden und in eine große Auflaufform geben. 250 g Johannisbeeren durch ein Sieb streichen und den Saft in einer Schüssel auffangen.

Die Butter in einem breiten Topf zerlassen. Zwiebel und Knoblauch darin bei schwacher Hitze 10 Minuten unter gelegentlichem Rühren anbraten. Mit Weißwein und Johannisbeersaft ablöschen. Den Zucker unterrühren, salzen und pfeffern. Kurz aufkochen, dann die Sauce über den Fisch gießen. Im Ofen 10 Minuten garen, dann die restlichen Johannisbeeren zufügen und weitere 10 Minuten im Ofen garen. Sofort in der Form servieren.

Geräucherte Forellen mit Melone

Trota affumicata al melone

Zubereiten: 30 Min.

Für 4 Personen

5 kleine weiße Zwiebeln
250 ml Naturjoghurt
2 EL Sahne
1 EL Weißweinessig
4 geräucherte Forellenfilets
1 kleine Melone, geschält und in feine Scheiben geschnitten
Salz und Pfeffer
½ Gurke, in feine Scheiben geschnitten, zum Garnieren

Vier Zwiebeln in dünne Ringe schneiden, 1 Zwiebel fein würfeln. Den Joghurt in eine Salatschüssel geben und gewürfelte Zwiebel, Sahne und Essig unterrühren. Mit Salz und Pfeffer würzen, dann die Zwiebelringe unterheben.

Die Forellenfilets mit einigen Melonenspalten auf vier Tellern anrichten und je 2-3 Esslöffel Sauce darübergeben. Mit den Gurkenscheiben garnieren und servieren.

Getrüffeltes Hähnchen auf Feldsalat

Insalata piccante di pollo, tartufo e songino

Vorbereiten: 40 Min.

Garzeit: 15 Min.

Für 4 Personen

4 EL Olivenöl, und etwas Öl zum Beträufeln
3 Hähnchenbrustfilets
300 g Feldsalat
1 kleine schwarze Trüffel, gehobelt
Salz und Pfeffer

Für die Sauce

1 EL Sardellenpaste
3–4 EL Olivenöl
Saft von ½–1 Zitrone

Das Öl in einem breiten Topf erhitzen. Die Hähnchenbrustfilets darin bei schwacher bis mittlerer Hitze in 15 Minuten unter gelegentlichem Wenden gar braten. Aus der Pfanne nehmen und in feine Streifen schneiden. Den Feldsalat auf eine Servierplatte geben, mit Olivenöl beträufeln, leicht salzen und pfeffern und vorsichtig durchmischen. Die Hähnchenstreifen darauf anrichten und mit der Trüffel bestreuen.

Für die Sauce die Sardellenpaste in einer Schale mit einer Gabel glatt rühren. Nach und nach das Olivenöl einarbeiten. Mit Zitronensaft abschmecken. Hähnchen und Trüffel mit der Sauce überziehen und sofort servieren.

Rotbarben mit Tomaten

Filetto di triglia e pomodorini

Vorbereiten: 20 Min.
Garzeit: 25 Min.
Für 4 Personen

4 Rotbarben, filetiert
2 EL Olivenöl
350 g kleine Tomaten, geschält, entkernt und geviertelt
Salz

Für die Tomatensauce

1 EL Olivenöl
1 Knoblauchzehe
150 g kleine Tomaten, gehackt
3 Basilikumblätter, fein gehackt
Salz

Für die Olivennocken

100 g entsteinte schwarze Oliven
4–6 EL Olivenöl

Für die Tomatensauce das Olivenöl in einem kleinen Topf erhitzen. Die Knoblauchzehe darin bei schwacher Hitze einige Minuten unter häufigem Rühren leicht anbräunen. Herausnehmen und wegwerfen. Die Tomaten in den Topf geben in 15–20 Minuten unter gelegentlichem Rühren auf die Hälfte einkochen.

Inzwischen für die Olivennocken die Oliven im Blitzhacker oder mit dem Stabmixer zerkleinern. Dabei so viel Olivenöl einarbeiten, dass eine geschmeidige Paste entsteht. Mit zwei Teelöffeln zu Nocken formen. Die Tomatensauce im Mixer oder mit dem Stabmixer glatt pürieren und durch ein Sieb in eine Schüssel streichen. Das Basilikum unterrühren und mit Salz abschmecken.

Mit einer Pinzette letzte Gräten aus den Rotbarbenfilets entfernen, dann leicht salzen. Das Olivenöl in einer Pfanne erhitzen. Die Fischfilets darin mit der Hautseite nach unten bei mittlerer bis starker Hitze 3 Minuten braten. Dabei gelegentlich an der Pfanne rütteln. Die Filets vorsichtig wenden und 1 weitere Minute braten.

Die Tomatensauce in eine vorgewärmte Servierform füllen, die Fischfilets hineingeben und mit den Tomatenvierteln und den Olivennocken garnieren. Sofort servieren.

Süßsaure Hackbällchen

Polpettine in agrodolce

Vorbereiten: 25 Min.
Garzeit: 30 Min.
Für 6 Personen

150 g weißes Toastbrot, ohne Rinde
6 EL Milch
300 g Rinderhackfleisch
300 g Kalbshackfleisch
100 g Parmesan, frisch gerieben
2 Eier
1 EL fein gehackte glatte Petersilie
Olivenöl, zum Braten
120 g Zucker
150 ml kräftiger Weißweinessig
Salz und Pfeffer

Das Brot in Stücke reißen. In einer Schüssel mit der Milch übergießen und 10 Minuten einweichen. Das Brot ausdrücken und in einer zweiten Schüssel mit beiden Hackfleischsorten, Käse, Eiern und Petersilie sorgfältig vermengen. Wenn die Masse zu fest ist, noch etwas Milch einarbeiten. Die Hackfleischmasse zwischen den Handflächen zu kleinen Kugeln formen und diese etwas flach drücken.

Etwas Olivenöl in einer großen Pfanne erhitzen. Die Hackbällchen, gegebenenfalls portionsweise, bei mittlerer Hitze in etwa 15 Minuten unter gelegentlichem Wenden gar braten. Mit einem Schaumlöffel herausnehmen und auf Küchenpapier abtropfen lassen.

Den Zucker in einem schweren Topf unter gelegentlichem Rühren sanft erhitzen, bis er geschmolzen ist. Dann ohne Rühren erhitzen, bis der Karamell goldbraun ist. Den Essig langsam einrühren. Die Hackbällchen hineingeben und einige Minuten garen. Die Pfanne vom Herd nehmen. Die Hackbällchen pyramidenförmig auf einer vorgewärmten Servierplatte anrichten. Mit der Sauce überziehen und sofort servieren.

Hinweis: Die sizilianische Küche bietet viele süßsaure Gerichte, die auf römische Traditionen zurückzuführen und von der arabischen Küche beeinflusst sind.

Sommer-feste

Feste d'estate

Für viele Italiener ist der Sommer die geselligste Jahreszeit. Man versammelt sich mit Familie und Freunden bei Tisch, speist und genießt in geselliger Runde. Die Tage sind länger und entspannter, und das gemeinsame Kochen und Essen ist ein wichtiger Teil der Ferienzeit. Viele klassische italienische Sommergerichte sind ideal für solche Anlässe. Die Gerichte sind farbenfroh, verführerisch und unterscheiden sich durch ihre ungewöhnlichen Zutatenkombinationen von der Alltagsküche. So wird die Fülle an frischen Früchten und Blüten nicht nur für wunderbare Desserts und Eiscremes verwendet, sondern auch für viele herzhafte Gerichte. Gebratene Wachteln mit Trauben oder Ringelblumenrisotto kommen bei solchen Anlässen gern auf den Tisch.

Delikate Häppchen wie Crostini oder Bruschetta passen perfekt zum Aperitif. Als einfache, feine Vorspeisen empfehlen sich Risottos mit frischem Gemüse oder Früchten sowie leichte, schmackhafte Sommersuppen. Der Hauptgang wird oft auf einer großen Platte serviert und bildet so auch optisch den Mittelpunkt eines Essens, wie der traditionelle toskanische Fischeintopf Cacciucco oder auch der beliebte Klassiker Vitello tonnato, gekochtes kaltes Kalbfleisch in Thunfisch-Kapern-Sauce.

Häppchen und Antipasti

Birnen-Käse-Taschen

Sfogliatine di pere e fontina

Vorbereiten: 30 Min.
Garzeit: 15 Min.
Für 4 Personen

250 g Blätterteig (Tiefkühlware, aufgetaut)
Mehl, zum Bestäuben
3 feste Williamsbirnen, geschält, entkernt und in feine Scheiben geschnitten
150 g Fontina-Käse, in Scheiben geschnitten
2 Eigelb, leicht verquirlt
Pfeffer

Den Backofen auf 200 °C vorheizen. Den Blätterteig auf der leicht bemehlten Arbeitsfläche ausrollen und in 8 cm große Quadrate schneiden. Die Hälfte der Quadrate mittig mit je 2 Birnenscheiben belegen. Mit Pfeffer würzen, je 2 Käsescheiben darauflegen. Die Teigränder dünn mit Wasser bestreichen. Die restlichen Teigquadrate darauflegen, am Rand gut andrücken. Mit Eigelb bestreichen und mit einem Messer dekorative Linien in den Teig ritzen. Die Teigtaschen auf ein Backblech setzen und in 15 Minuten goldbraun backen.

Steinpilz-Crostini mit Kapern

Crostini con funghi e capperi

Vorbereiten: 15 Min.
Garzeit: 30 Min.
Für 6 Personen

3 EL Olivenöl
300 g Steinpilze, gehackt
½ TL frisch gehackter Majoran
1 Knoblauchzehe, gehackt
ca. 6 EL Gemüsebrühe
1 EL Kapern
1 EL frisch gehackte glatte Petersilie
1 großes Baguette in Scheibe geschnittenn
Salz und Pfeffer

Das Olivenöl in einer kleinen Pfanne erhitzen. Pilze mit Majoran und Knoblauch darin bei mittlerer Hitze unter häufigem Rühren 20 Minuten dünsten, dabei nach und nach die Brühe zugießen. Kapern und Petersilie zugeben und alles mit Salz und Pfeffer abschmecken. Die Pilzmischung köcheln lassen, bis die Flüssigkeit verdampft ist.

Inzwischen den Backofengrill vorheizen. Die Baguettescheiben auf ein mit Backpapier ausgelegtes Backblech legen und von beiden Seiten rösten. Die Pilzmischung auf den Baguettescheiben verteilen und sofort servieren.

Artischockenhäppchen

Canapé di carciofini

Zubereiten: 10 Min.

Für 4 Personen

50 g Butter
Sardellenpaste, zum Abschmecken
4 Scheiben weißes Toastbrot, ohne Rinde, halbiert
4 Baby-Artischocken in Öl, abgetropft und geviertelt
2 TL Mayonnaise

Die Butter mit etwas Sardellenpaste in einer Schale glatt rühren und die Brotscheiben damit bestreichen. Die Artischockenviertel mittig daraufsetzen, mit Mayonnaise garnieren. Auf einem Servierteller anrichten und sofort servieren.

Abbildung S. 202

Hummerhäppchen

Canapé di aragosta

Zubereiten: 15 Min.

Für 4 Personen

5 EL Mayonnaise
1 EL Weinbrand
1–2 TL Ketchup
4 Scheiben Vollkornbrot, ohne Rinde
1 kleiner gekochter Hummerschwanz, ausgelöst, in 8 Scheiben geschnitten
8 kleine Zweige frischer Thymian

Mayonnaise, Weinbrand und Ketchup in eine kleine Schüssel geben und vermengen. Die Brotscheiben halbieren und mit der Mayonnaisemischung bestreichen. Jedes Brot mit einer Hummerscheibe belegen und mit 1 Thymianzweig garnieren.

Bruschetta mit Tomaten

Bruschetta al pomodoro

Vorbereiten: 10 Min.

Garzeit: 5–8 Min.

Für 4 Personen

8 Scheiben Bauernbrot
4 Knoblauchzehen, halbiert
6–8 Eiertomaten, gewürfelt
natives Olivenöl extra, zum Beträufeln
Salz und Pfeffer

Die Brotscheiben auf der obersten Schiene des Backofens oder auf einem Holzkohlegrill auf beiden Seiten rösten. Die warmen Brotscheiben mit dem Knoblauch einreiben und noch einmal kurz unter den Grill legen. Mit Tomatenwürfeln belegen, salzen und pfeffern, mit Olivenöl beträufeln. Sofort servieren.

Abbildung S. 203

Artischockenhäppchen (S. 201)

Bruschetta mit Tomaten (S. 201)

Käsecracker

Gallettine al formaggio

Vorbereiten: 30 Min.
Garzeit: 45 Min.
Für 6 Personen

1 kg Kartoffeln
150 g Mehl, und etwas Mehl zum Bestäuben
100 g weiche Butter
80 g Gorgonzola
6 Scheiben mittelalter Käse, z. B. Provolone
1 Eigelb, leicht verquirlt
Salz

Die Kartoffeln in einem großen Topf mit Salzwasser in 20–30 Minuten gar kochen. Den Backofen auf 180 °C vorheizen. Die Kartoffeln abgießen, pellen, zerdrücken und auf die bemehlte Arbeitsfläche geben. Mehl und die Hälfte der Butter untermengen, alles gut durchkneten und 5 mm dick ausrollen.

Den Gorgonzola mit der restlichen Butter zu einer weichen Masse verrühren. Den Teig in kleine Dreiecke schneiden. Den Käse in entsprechend große Dreiecke schneiden und die Hälfte der Teigdreiecke damit belegen. Mit der Gorgonzolamischung bestreichen, ein zweites Teigstück darauflegen, die Ränder gut festdrücken.

Auf ein Backblech legen und mit Eigelb bestreichen. 15 Minuten backen, aus dem Ofen nehmen, nochmals mit Eigelb bestreichen, weitere 2 Minuten backen und servieren.

Crostini mit Bottarga

Crostini di bottarga

Vorbereiten: 15 Min.
Garzeit: 5 Min.
Für 6 Personen

1 Baguette, in schräge Scheiben geschnitten
Butter, zum Bestreichen
100 g geräucherte Bottarga (siehe Hinweis), in feine schräge Scheiben geschnitten
1 Selleriestange, in 2 cm lange Stücke geschnitten

Den Backofen auf 180 °C vorheizen. Die Baguettescheiben 5 Minuten im Ofen rösten. Dünn mit Butter bestreichen und mit je 1 Scheibe Bottarga belegen, dann auf einem Servierteller anrichten und mit je 1 Selleriestück garnieren. Sofort servieren.

Hinweis: Bottarga ist der gesalzene und getrocknete Rogen von Meeräsche oder Thunfisch, der gerieben und mit Olivenöl beträufelt einen feinen Brotaufstrich ergibt.

Sardinenschiffchen

Barchette di sardine

Zubereiten: 10 Min.

Für 4 Personen

4 Radieschen
4 Salatblätter
4 Sardinen in Öl, abgetropft
4 Essiggurken, abgetropft
150 ml Mayonnaise
4 Scheiben weißes Toastbrot, ohne Rinde
Butter, zum Bestreichen

Die Radieschen am Stiel halten und die Wurzel abtrennen. Nun ringsum und von oben nach unten kleine, v-förmige Einschnitte machen. In eine Schüssel mit Eiswasser geben und warten, bis sich die Radieschen wie Blumen öffnen. Die Salatblätter auf einem Teller anrichten. Die Sardinen aufklappen. Die Wirbelsäule herauslösen und am Schwanzende mit einer Schere abschneiden. Die Sardinen wieder schließen und eine auf jedes Salatblatt legen.

Die Essiggurken zu Fächern schneiden und auf die Salatblätter verteilen. Die Radieschen abtropfen lassen und auch auf die Salatblätter setzen.

Die Mayonnaise in einen Spritzbeutel mit kleiner Sterntülle füllen und die Sardinenschiffchen damit garnieren. Die Brotscheiben dünn mit Butter bestreichen und die gefüllten Salatblätter daraufsetzen. Auf einem Servierteller anrichten.

Schinkencremehäppchen

Canapé con mousse di prosciutto

Zubereiten: 10 Min.

Für 4 Personen

40 g Butter
100 g Kochschinken, fein gehackt
8 Scheiben weißes Toastbrot, ohne Rinde
8 entsteinte grüne Oliven, in Scheiben geschnitten

Die Butter in einer Schüssel cremig rühren, dann den Schinken unterziehen. Die Brotscheiben mit der Schinkenmasse bestreichen und in Dreiecke schneiden. Mit den Olivenscheiben garnieren. Auf einem Servierteller anrichten.

Crostini mit Salsiccia und Stracchino

Crostini con salsiccia e stracchino

Vorbereiten: 15 Min.
Garzeit: 15 Min.
Für 6 Personen

3 Salsiccie (italienische Würste)
150 g Stracchino oder anderer milder Weichkäse
1 EL Fenchelsamen
6 Scheiben kräftiges Bauernbrot
Salz

Den Backofen auf 180 °C vorheizen. Die Würste häuten. Das Mett in eine Schüssel geben und mit einer Gabel zerdrücken. Den Käse in einer weiteren Schale ebenfalls zerdrücken. Zusammen mit den Fenchelsamen unter das Mett mischen. Mit Salz würzen und cremig rühren.

Die Brotscheiben mit der Wurst-Käse-Masse bestreichen und auf einem Backblech 15 Minuten im Ofen backen. Auf einem Servierteller anrichten und sofort servieren.

Toskanische Crostini

Crostini toscani

Vorbereiten: 10 Min.
Garzeit: 10–12 Min.
Für 4 Personen

4 Scheiben toskanisches oder anderes kräftiges Bauernbrot
4 eingelegte Sardellenfilets, abgetropft
2 Tomaten, in Scheiben geschnitten
1 sehr kleine Zwiebel, gehackt
1 EL gehacktes Basilikum
Olivenöl, zum Beträufeln
Salz

Den Backofen auf 180 °C vorheizen. Die Brotscheiben im Toaster goldbraun toasten.

Die Brotscheiben mit je 1 Sardellenfilet, 1 Tomatenscheibe, etwas gehackter Zwiebel und Basilikum belegen. Salzen und mit Olivenöl beträufeln. Die Crostini auf ein Backblech legen und einige Minuten im Ofen backen. Sofort servieren.

Abbildung S. 208

Gefüllte Sommerpaprika

Peperoni ripieni d'estate

Vorbereiten: 50 Min.
(inkl. Ruhezeit)
Garzeit: 1 Std.
Für 6 Personen

- 1 Aubergine, gewürfelt
- 2 in Salz eingelegte Sardellen, filetiert, abgespült und abgetropft
- 2 EL Olivenöl, und etwas Olivenöl zum Einfetten
- 150 g Gruyère, gewürfelt
- 100 g Oliven, entsteint und in dünne Scheiben geschnitten
- 40 g glatte Petersilie, frisch gehackt
- 6 Basilikumblätter, frisch gehackt
- 3 Tomaten, geschält, entkernt und gewürfelt
- 2 Kartoffeln, gewürfelt
- 1 EL Kapern, abgetropft und abgespült
- 1 Prise getrockneter Oregano
- 6 grüne Paprika
- Salz und Pfeffer

Die Auberginenwürfel in ein Sieb geben, mit Salz bestreuen und 30 Minuten abtropfen lassen. Inzwischen die Sardellenfilets hacken.

Den Backofen auf 180 °C vorheizen. Eine Auflaufform mit Olivenöl einfetten. Gruyère, Oliven, Petersilie, Basilikum, Tomaten und Kartoffeln in eine große Schüssel geben. Die Aubergine abspülen, mit Küchenpapier trocken tupfen und mit Sardellen, Kapern und Oregano in die Schüssel geben. Salzen und pfeffern und alles gut vermischen.

Von den Paprika die Kappen mit Stiel abschneiden und beiseitelegen. Kerne und Scheidewände vorsichtig mit einem kleinen Küchenmesser und einem Teelöffel entfernen.

Die Paprika mit der Tomatenmasse füllen, jede mit 1 Teelöffel Olivenöl beträufeln. Die Deckel aufsetzen und bei Bedarf mit Holzspießchen fixieren. Die Paprika in die Form setzen und 1 Stunde backen. Warm oder kalt servieren.

Abbildung S. 209

Crostini mit Speck und Apfelsahne

Crostini montanari con speck e crema di mele

Zubereiten: 20 Min.
Für 6 Personen

- 1 grüner Apfel
- 1 TL geriebener Meerrettich
- Saft von ½ Zitrone
- 100 g fettarmer Naturjoghurt
- 150 ml Sahne
- 1 Baguette, schräg in Scheiben geschnitten
- 200 g Südtiroler Speck, in Scheiben geschnitten
- Salz und Pfeffer

Den Apfel schälen, entkernen und fein hacken, dann zusammen mit dem Meerrettich in eine Schüssel geben und mit Zitronensaft cremig rühren. Joghurt und Sahne untermengen und alles mit Salz und Pfeffer abschmecken. Die Mischung auf den Brotscheiben verteilen, mit je 1 Scheibe Speck belegen und servieren.

Toskanische Crostini (S. 206)

Gefüllte Sommerpaprika (S. 207)

Panzerotti

Panzarotti

Vorbereiten: 3¾ Std.
(inkl. Ruhezeit)
Garzeit: 8–10 Min.
Für 4 Personen

250 g Ricotta
150 g Kochschinken, gewürfelt
4–5 feste rote Kirschtomaten, geschält und gewürfelt
Olivenöl, zum Ausbacken
Salz und Pfeffer

Für den Teig

500 g Mehl, vorzugsweise italienische Type 00, und etwas Mehl zum Bestäuben
½ Würfel frische Hefe
250 ml lauwarmes Wasser
Salz

Für den Teig das Mehl mit 1 Prise Salz auf die Arbeitsfläche sieben und eine Mulde in die Mitte drücken. Hefe und Wasser in einer Schale mit einer Gabel glatt rühren und in die Mulde gießen. Nach und nach das Mehl einarbeiten und kneten, bis ein glatter, elastischer Teig entstanden ist. Zu einer Kugel formen und in einer Schüssel mit einem Tuch abgedeckt 2–3 Stunden an einem warmen Ort gehen lassen, bis sich das Teigvolumen fast verdoppelt hat.

Ricotta und Schinken in einer Schüssel verrühren. Salzen und pfeffern. Den Teig in 8 Portionen teilen und auf der leicht bemehlten Arbeitsfläche zu dicken Kreisen ausziehen. Die Ricottamasse in die Mitte geben und die Tomaten darauf verteilen. Die Teigränder darüberschlagen und zusammendrücken, sodass die Ricottafüllung gut eingeschlossen ist.

Reichlich Olivenöl in einer Fritteuse auf 180–190 °C erhitzen, sodass ein Brotwürfel in 30 Sekunden braun wird. Panzerotti, gegebenenfalls portionsweise, in je 8–10 Minuten goldbraun ausbacken. Mit einem Schaumlöffel herausnehmen und auf Küchenpapier abtropfen lassen. Sofort servieren.

Pikante Avocados

Avocado piccanti

Zubereiten: 10 Min.
Für 4 Personen

2 vollreife Avocados
6 entsteinte schwarze Oliven
1 EL in Salz eingelegte Kapern, abgespült und abgetropft
2–3 eingelegte Sardellenfilets, abgetropft und gehackt
6 EL Olivenöl
Saft von 1 Zitrone

Die Avocados halbieren, entkernen und das Fruchtfleisch vorsichtig herauslösen, ohne die Schalen zu verletzen. Das Fruchtfleisch würfeln. Die Oliven in Scheiben schneiden. Oliven, Kapern und Sardellen in einer Schüssel vermengen. Olivenöl und Zitronensaft in einer Schale verrühren und über die Avocadomischung gießen. Alles vorsichtig vermengen. Die Avocadoschalen damit füllen und sofort servieren.

Avocado mit Käse

Avocado con formaggio

Zubereiten: 20 Min.
Für 4 Personen

2 vollreife Avocados
Saft von 1 Zitrone
100 g entsteinte schwarze Oliven
50 g milder, weicher Frischkäse, z. B. Stracchino, oder Quark
1 große Prise Paprikapulver
Olivenöl, zum Beträufeln
Salz und Pfeffer
krause Petersilie, zum Garnieren

Die Avocados halbieren und entkernen. Das Fruchtfleisch mit dem Zitronensaft beträufeln. Die Hälfte der Oliven hacken und mit Frischkäse und Paprikapulver in eine Schüssel geben. Mit Olivenöl beträufeln, salzen und pfeffern. Die Masse sorgfältig verrühren und in die Avocadohälften füllen. Bis zum Servieren im Kühlschrank aufbewahren. Die Avocadohälften auf einem Servierteller anrichten. Mit den restlichen Oliven und etwas Petersilie garnieren, dann servieren.

Avocado mit Kartoffelcreme

Crema di patate e avocado

Vorbereiten: 20 Min.
Garzeit: 1 Std.
Für 6 Personen

6 Kartoffeln
1 l Milch
100 g Stracchino oder anderer milder, weicher Frischkäse
2 Eier
2 Avocados
Salz und Pfeffer

Die Kartoffeln in einem großen Topf mit Salzwasser in 25–30 Minuten gar kochen. Gut abtropfen lassen, pellen und in einer Schüssel zerdrücken. Die Milch in einem Topf sanft erhitzen, aber nicht zum Kochen bringen. Den Topf vom Herd nehmen.

Käse und Eier in einer Schüssel verquirlen, dann die warme Milch unterrühren. Nach und nach den Kartoffelbrei einarbeiten. Salzen und pfeffern. Die Masse in einen Topf füllen und bei schwacher Hitze unter gelegentlichem Rühren eindicken (dabei nicht kochen), dann abkühlen lassen.

Inzwischen die Avocados schälen, entkernen und würfeln. In eine Servierform geben und die Kartoffelmasse darauf verteilen. Sofort servieren.

Feigen mit Mascarpone

Fichi caldi al mascarpone

Vorbereiten: 10 Min.
Garzeit: 8 Min.
Für 6 Personen

12 Feigen, halbiert
150 g Mascarpone
50 g Parmesan, frisch gerieben
Balsamico-Essig, zum Bestreichen

Den Backofen auf 240 °C vorheizen. Ein Backblech mit Alufolie belegen. Die Feigen mit der Schnittseite nach oben auf das Backblech setzen. Mascarpone und Parmesan in einer Schüssel verrühren und je 1 Teelöffel der Masse auf die Feigenhälften setzen, dann dünn mit dem Essig bestreichen und 8 Minuten backen. Die Feigen auf einem Servierteller anrichten und warm servieren.

Ziegenkäsemousse

Bavarese di caprini

Zubereiten: 3½–4½ Std.
(inkl. Ruhezeit)
Für 4 Personen

5 Gelatineblätter
100 ml Sahne
120 g Ziegenkäse
Olivenöl, zum Beträufeln und Einfetten
1½ TL Weißweinessig
2 Eiweiß
10 Radieschen, in Scheiben geschnitten
1 Bund Rucola, klein geschnitten
2 Tomaten, geschält, entkernt und in Scheiben geschnitten
2 Selleriestangen, in kleine Stücke geschnitten
Salz und Pfeffer

Die Gelatine 5 Minuten in kaltem Wasser einweichen, dann ausdrücken und zusammen mit der Sahne in eine hitzebeständige Schale geben. Auf einem Wasserbad erhitzen, bis sich die Gelatine aufgelöst hat, dann vom Herd nehmen. Den Käse in einer anderen Schüssel mit einer Gabel zerdrücken, mit Olivenöl beträufeln und 1 Esslöffel Essig zufügen. Mit einem Schneebesen schaumig schlagen. Die Sahne-Gelatine-Mischung zugeben und unterrühren.

In einer weiteren Schüssel das Eiweiß steif schlagen, dann unter die Käsemischung heben und mit Salz und Pfeffer abschmecken. Vier Förmchen mit Olivenöl einfetten und mit der Mischung füllen. Abgedeckt im Kühlschrank 3–4 Stunden fest werden lassen.

Die Förmchen stürzen und die Terrinen auf Servierteller setzen. Mit Radieschen und Rucola garnieren. Die Tomaten auf der einen Tellerhälfte, den Sellerie auf der anderen anrichten. Mit Olivenöl und Essig beträufeln, salzen und pfeffern. Sofort servieren.

Wassermelone mit Garnelen

Cocomero e gamberi

Zubereiten: 2½ Std.
(inkl. Ruhezeit)
Für 4 Personen

1 kleine Wassermelone
200 ml Weinbrand
300 g gegarte Garnelen, ausgelöst
200 ml Mayonnaise
4 Minzeblätter, gehackt
150 g kleine entsteinte grüne Oliven, halbiert
Salz und Pfeffer

Die Melone halbieren, das Fruchtfleisch herauslösen und entkernen. Die Schalen aufbewahren. Mit einem Kugelausstecher Bällchen aus dem Fruchtfleisch herauslösen und in eine Schüssel geben. Die Melonenschalen salzen und pfeffern, Weinbrand hineingießen und 2 Stunden im Kühlschrank kühlen.

Vor dem Servieren Garnelen, Mayonnaise, Minze und Oliven in einer Schüssel vermengen. Melonenbällchen und Garnelensalat abwechselnd in die Melonenschalen schichten, bis alle Zutaten aufgebraucht sind. Sofort servieren.

Melonenspieße

Spiedini di melone

Zubereiten: 10 Min.
Für 6 Personen

1 kleine Honigmelone
150 g Räucherschinken, in Stücke geschnitten
150 g Kirschtomaten
12 feste Feigen, gewürfelt
4 Scheiben Brot, geröstet, gewürfelt

Die Melone halbieren und entkernen. Das Fruchtfleisch herauslösen und in Würfel schneiden. Die Schalenhälften aufbewahren. Abwechselnd Melonenstücke, Schinken, Tomaten, Feigen und Brot auf 12 Holzspieße stecken.

Die Melonenschalen mit der Schnittseite nach unten auf zwei Servierteller setzen und die Spieße hineinstecken. Sofort servieren.

Gefüllte Auberginen

Melanzane ripiene alle verdure

Vorbereiten: 50 Min.
(inkl. Ruhezeit)
Garzeit: 35 Min.
Für 4 Personen

- 6 Auberginen
- 3 EL Olivenöl, und etwas Olivenöl zum Bestreichen
- 1 Zwiebel, gehackt
- 3 rote Paprika, entkernt und gehackt
- 1 Selleriestange, gehackt
- 4 vollreife Tomaten, gewürfelt
- 3 Eier, leicht verquirlt
- 50 g Parmesan, frisch gerieben
- Salz und Pfeffer

Die Auberginen längs halbieren. Das Fruchtfleisch mit einem Teelöffel herauslösen. Die Schalen beiseitelegen und das Fruchtfleisch hacken. Den Backofen auf 180 °C vorheizen. Das Olivenöl in einem breiten Topf erhitzen. Die Zwiebel darin bei schwacher Hitze 5 Minuten glasig dünsten. Aubergine, Paprika, Sellerie und Tomaten zufügen. Salzen und pfeffern und 15 Minuten unter gelegentlichem Rühren garen.

Inzwischen eine flache Auflaufform mit Olivenöl einfetten. Den Herd ausschalten und die Eier sorgfältig unter die Gemüsemischung ziehen. Die Auberginenschalen mit der Gemüsemischung füllen und in die vorbereitete Form setzen. Mit dem Parmesan bestreuen und 15 Minuten backen. Vor dem Servieren abkühlen lassen.

Insalata caprese mit Büffelmozzarella

Caprese di mozzarella di bufala

Zubereiten: 5 Min.
Für 4 Personen

- 300 g Büffelmozzarella
- 3–4 Tomaten, geschält, entkernt, in Scheiben geschnitten
- 8 frische Basilikumblätter
- Olivenöl, zum Beträufeln
- Salz

Den Mozzarella abtropfen lassen und in 3 mm dicke Scheiben schneiden. Mozzarella und Tomaten abwechselnd im Kreis auf einem Servierteller anrichten. Die Basilikumblätter darüberstreuen, mit Olivenöl beträufeln und mit Salz bestreuen. Bis zum Servieren an einen kühlen Ort stellen.

Auberginentaler mit Mozzarella

Dischetti di melanzane e mozzarella

Vorbereiten: 45 Min.
(inkl. Ruhezeit)
Garzeit: 55 Min.
Für 4 Personen

3 Auberginen, in 1 cm dicke, runde Scheiben geschnitten
5 EL Olivenöl
1 Mozzarellakugel, in Scheiben geschnitten
Salz

Für die Tomatensauce

250 g Tomaten aus der Dose
1 Prise Zucker
2 Knoblauchzehen
2 EL Olivenöl
Salz

Für die Tomatensauce Tomaten, Zucker und Knoblauch in eine Pfanne geben und salzen. Zugedeckt bei sehr schwacher Hitze 20 Minuten köcheln lassen. Den Knoblauch herausnehmen und wegwerfen. Die Tomaten mit einem Holzkochlöffel zerdrücken und weitere 15 Minuten köcheln lassen.

Inzwischen die Auberginenscheiben in ein Sieb legen, mit Salz bestreuen und 30 Minuten abtropfen lassen. Dann abspülen und mit einem Küchenpapier trocken tupfen. Die Tomatensauce vom Herd nehmen und abkühlen lassen, dann das Olivenöl unterrühren.

Den Backofen auf 180 °C vorheizen und ein Backblech mit Backpapier auslegen. Das Olivenöl in einer Pfanne erhitzen. Die Auberginenscheiben, gegebenenfalls portionsweise, darin unter einmaligem Wenden in 10 Minuten goldbraun braten. Mit einem Schaumlöffel herausnehmen und auf Küchenpapier legen. Auf die Auberginen je 1 Scheibe Mozzarella und je 1 Teelöffel der Tomatensauce verteilen.

Die Auberginentaler auf das Backblech setzen und 5–10 Minuten backen, bis der Käse geschmolzen ist. Warm servieren, obwohl sie auch kalt vorzüglich schmecken. Bleibt Tomatensauce übrig, kann sie gut eingefroren werden.

Geröstete Paprika

Peperoni arrosto

Vorbereiten: 1¼ Std.
(inkl. Ruhezeit)
Garzeit: 1 Std.
Für 4 Personen

4 Paprika
3 Knoblauchzehen, halbiert
12 frische Basilikumblätter
Olivenöl, zum Beträufeln
Salz und Pfeffer

Den Backofen auf 180 °C vorheizen. Eine Auflaufform mit Alufolie auslegen. Die Paprika mit einer Gabel anstechen, in die Form legen und 1 Stunde backen. Aus dem Ofen nehmen, in einen Gefrierbeutel geben und abkühlen lassen. Die Paprika häuten und halbieren. Mit der Öffnung nach unten auf Küchenpapier abtropfen lassen.

Die Paprika entkernen, in 1,5 cm breite Streifen schneiden und in eine Schüssel schichten, jede Lage mit Knoblauch, Basilikum und etwas Salz und Pfeffer bestreuen. Mit Olivenöl beträufeln und vor dem Servieren 1 Stunde ziehen lassen.

Tomatensorbet

Sorbetto al pomodoro

Zubereiten: 45 Min.
(inkl. Kühlzeit)
Für 16 Personen

900 ml Tomatensaft
600 ml Wodka
5 EL frisch gepresster Zitronensaft
6 Tropfen Tabascosauce, oder nach Geschmack
6 Tropfen Worcestersauce, oder nach Geschmack
1 Eiweiß, leicht verquirlt
Basilikumblätter, zum Garnieren
Salz

Tomatensaft, Wodka, Zitronensaft, Tabasco- und Worcestersauce in einer Schüssel verrühren. Das Eiweiß unterrühren und salzen.

Die Masse in eine Eismaschine füllen und nach den Angaben des Herstellers zu Sorbet verarbeiten. In Dessertgläser füllen, mit Basilikumblättern garnieren und sofort servieren.

Tomatenmousse

Mousse di pomodoro

Zubereiten: 2½ Std.
(inkl. Kühlzeit)
Für 6 Personen

- 8 vollreife Tomaten, geschält, halbiert
- 1 EL Schnittlauchröllchen
- 1 Knoblauchzehe, fein gehackt
- 200 ml Mayonnaise
- 150 ml fettarmer Naturjoghurt
- 200 ml Crème fraîche
- Salz und Pfeffer
- Basilikumblätter, zum Garnieren

Die Tomaten entkernen, innen salzen und mit der Schnittfläche nach unten abtropfen lassen. Im Mixer oder mit dem Stabmixer glatt pürieren und in eine große Schüssel füllen.

Schnittlauch und Knoblauch unterrühren. Erst die Mayonnaise, dann Joghurt und Crème fraîche unterziehen. Salzen und pfeffern. Die Masse in 6 Servierförmchen füllen und mindestens 2 Stunden in den Kühlschrank stellen. Mit Basilikum garniert servieren.

Abbildung S. 222

Tomaten mit Robiola

Pomodori con robiola

Zubereiten: 1 Std. 20 Min.
(inkl. Ruhezeit)
Für 4 Personen

- 4 runde Tomaten, halbiert
- 100 g Robiola-Käse, gewürfelt
- 50 g milder Gorgonzola, gewürfelt
- 25 g weiche Butter
- 4 Eiertomaten, geschält und gewürfelt
- 1 Prise Paprikapulver
- 4 Schnittlauchhalme, in lange Stücke geschnitten
- 2 EL Wodka
- Salz und Pfeffer

Die Kerne und etwas Fruchtfleisch aus den halbierten Tomaten schaben. Die Tomaten innen salzen und mit der Schnittfläche nach unten 1 Stunde auf Küchenpapier abtropfen lassen.

Robiola, Gorgonzola und Butter in einer Schüssel vermengen, salzen und pfeffern und sorgfältig glatt rühren. Eiertomaten, Paprikapulver und Schnittlauch zufügen und gut vermengen. Mit dem Wodka beträufeln. Die Tomatenhälften mit der Mischung befüllen, auf einer Servierplatte anrichten und bis zum Servieren kalt stellen.

Abbildung S. 223

Tomatenmousse (S. 221)

omaten mit Robiola (S. 221)

Gebackener Ricotta mit Tomatenpesto

Ricotta del pastore infornata con pesto di pomodori secchi

Vorbereiten: 20 Min.

Garzeit: 10 Min.

Für 6 Personen

Butter, zum Einfetten
Mehl, zum Bestäuben
600g sehr frischer Schafsricotta
2 gehäufte EL gehackte Kräuter, z.B. Petersilie, Basilikum, Majoran und Thymian
300 g getrocknete Tomaten in Öl
120 g entsteinte schwarze Oliven
120 g geschälte Pistazienkerne
300 g vollreife Eiertomaten, geschält, entkernt und gehackt
Olivenöl, zum Beträufeln
4 Basilikumblätter, zerteilt
6 Scheiben kräftiges Bauernbrot, leicht getoastet
Salz und Pfeffer

Den Backofen auf 200 °C vorheizen. Sechs kleine Pastetenförmchen einfetten und mit Mehl ausstäuben. Ricotta und Kräuter verrühren, salzen und pfeffern. Die Förmchen mit der Ricottamasse füllen, auf ein Backblech setzen und 10 Minuten backen.

Inzwischen getrocknete Tomaten, Oliven und Pistazienkerne zusammen klein hacken. Die frischen Tomaten in eine Schüssel geben, salzen und mit Olivenöl beträufeln. Die Basilikumblätter darüberstreuen.

Die Brotscheiben auf Servierteller legen. Den gebackenen Ricotta daraufstürzen. Daneben das Tomatenpesto und auf der anderen Seite die frischen Tomaten anrichten. Mit Olivenöl beträufeln und sofort servieren.

Kalter Gemüsering

Anello freddo di verdure miste

Vorbereiten: 1 Std.
(inkl. Ruhe- und Kühlzeit)
Garzeit: 1 Std.
Für 4 Personen

- 2 gelbe Paprika
- 4 Auberginen, längs in dünne Scheiben geschnitten
- 4 Zucchini, längs in dünne Scheiben geschnitten
- 2 weiße Zwiebeln, in feine Ringe geschnitten
- Olivenöl, zum Beträufeln
- Butter, zum Einfetten
- 2 Eier
- 3 Stängel Basilikum, gehackt
- Salz und Pfeffer
- halbierte Kirschtomaten und Basilikumblätter, zum Garnieren (nach Belieben)

Den Backofen auf 220 °C vorheizen. Die Paprika auf ein Backblech legen und im Ofen 35–40 Minuten unter gelegentlichem Wenden garen, bis die Haut schwarz ist und Blasen wirft. In einem verschlossenen Gefrierbeutel etwas abkühlen lassen. Die Haut abziehen, entkernen und das Fruchtfleisch klein schneiden.

Nun den Backofengrill einschalten. Auberginen, Zucchini und Zwiebeln auf ein Backblech legen, mit Olivenöl beträufeln, salzen und pfeffern. Einige Minuten grillen, dann den Grill ausschalten und den Backofen wieder auf 220 °C einstellen.

Eine Ringform großzügig mit Butter einfetten und abwechselnd mit Auberginen- und Zucchinischeiben auslegen, sodass sie über den Rand der Form hängen. Die restlichen Scheiben klein schneiden. Mit Zwiebelringen und Paprikastückchen mischen und in die Form geben.

Die Eier mit dem Basilikum verquirlen. Salzen und pfeffern und in die Form gießen. Die überstehenden Gemüsescheiben über der Füllung zusammenklappen. Im Ofen 35 Minuten garen.

Den Gemüsering aus dem Ofen nehmen und 5 Minuten ruhen lassen. Auf einen großen Servierteller stürzen und vollständig erkalten lassen. Vor dem Servieren mit Kirschtomaten und Basilikum, falls verwendet, garnieren.

Frittierte Zucchiniblüten

Fiori di zucchine fritti

Vorbereiten: 1¼ Std.
(inkl. Ruhezeit)
Garzeit: 15 Min.
Für 4 Personen

- 100 g Mehl
- 2 EL Olivenöl
- 5 EL trockener Weißwein
- 1 Ei, getrennt
- Pflanzenöl, zum Frittieren
- 12 Zucchiniblüten, geputzt
- Salz und Pfeffer

Mehl, Öl, Wein und Eigelb in einer Schüssel mischen, salzen und pfeffern. 150–200 ml warmes Wasser zugeben und alles zu einem glatten, recht flüssigen Teig verrühren. 1 Stunde ruhen lassen.

Das Eiweiß steif schlagen und vorsichtig unter den Teig heben. Pflanzenöl in der Fritteuse oder in einer hohen Pfanne auf 180–190 °C erhitzen, sodass ein Brotwürfel in 30 Sekunden braun wird.

Die Blüten in den Teig tauchen, leicht abschütteln und im Olivenöl goldbraun frittieren. Herausnehmen und auf Küchenpapier abtropfen lassen. Mit Salz bestreuen und sofort servieren.

Scamorza-Carpaccio

Carpaccio di scamorza

Zubereiten: 15 Min.
Für 4 Personen

- 3 EL Olivenöl
- Saft von ½ Zitrone
- 1 Zweig frische Minze, gehackt
- 400 g Scamorza-Käse, in Scheiben geschnitten
- 1 Gurke, in dünne Scheiben geschnitten
- Salz und Pfeffer
- Bohnensalat, zum Servieren (nach Belieben)

Zuerst das Dressing zubereiten. Olivenöl, Zitronensaft und Minze in einer Schale vermischen und mit Salz und Pfeffer abschmecken. Den Käse in die Mitte eines Serviertellers legen und die Gurkenscheiben darum herum anrichten. Das Dressing über den Käse gießen. Sofort servieren, zum Beispiel mit einem Salat aus grünen Bohnen.

Zucchini-Mozzarella-Tatar mit Estragon

Tartare di zucchine
e mozzarella al dragoncello

Zubereiten: 45 Min.
(inkl. Kühlzeit)
Für 4 Personen

400 g Mozzarella, gewürfelt
200 g Kochschinken am Stück, gewürfelt
6 kleine Zucchini, gewürfelt
4 Palmherzen, gewürfelt
½ Bund Estragon, gehackt
Olivenöl, zum Beträufeln
Salz

Mozzarella, Schinken, Zucchini und Palmherzen in eine große Schüssel geben und großzügig mit Olivenöl beträufeln. Salzen, mit Estragon bestreuen und alles kurz mischen. Die Masse in vier Pastetenförmchen füllen und gut andrücken. Abgedeckt 30 Minuten im Kühlschrank ziehen lassen. Auf einzelne Servierteller stürzen und sofort servieren.

Feigen russische Art

Fichi alla russa

Zubereiten: 30 Min.
Für 4 Personen

12 vollreife violette Feigen
50 g weiche Butter
20 g rosa Malossolkaviar oder Lachsrogen (Keta)
Saft von 1 Zitrone

Die Feigen halbieren und das Fruchtfleisch vorsichtig mit einem Teelöffel herauslösen, sodass die Schale intakt bleibt. Butter und Kaviar sorgfältig verrühren und das Fruchtfleisch einarbeiten. Die Feigenschalen auf ein Bett aus zerstoßenem Eis setzen. Die Feigen-Kaviar-Masse mit einem Spritzbeutel in die Feigenschalen füllen. Mit Zitronensaft beträufeln und sofort servieren.

Hinweis: Dieses elegante Antipasto sollte unmittelbar vor dem Servieren zubereitet und keinesfalls im Kühlschrank gelagert werden.

Rohe Sardellen mit Zitrusfrüchten

Alici crude agli agrumi

Zubereiten: 1¼ Std.
(inkl. Ruhezeit)
Für 6 Personen

- 4 Zitronen
- 4 Orangen
- 600 g kleine Sardellen, filetiert
- 150 ml Olivenöl
- 1 frische rote Chili, entkernt und fein gehackt
- 2 EL gehackte glatte Petersilie
- Salz und Pfeffer

Je 3 Zitronen und Orangen auspressen. Die Sardellenfilets abspülen und mit Küchenpapier trocken tupfen. Nebeneinander in eine nicht metallische Form legen. Den Zitronensaft darübergießen und 1 Stunde ziehen lassen.

Die Sardellen sorgfältig abtropfen lassen, die dunkle Flüssigkeit ablaufen lassen. Strahlenförmig auf einen Servierteller anrichten. Öl, Orangensaft und Chili in einer Schale verrühren, salzen und pfeffern. Das Dressing über den Fisch träufeln.

Die verbliebene Zitrone und Orange mit Schale längs in je 3 Spalten schneiden, dann in schmale Dreiecke aufschneiden. Auf die Sardellen legen. Mit der Petersilie bestreuen und servieren.

Sardellen mit Fenchel

Alici al finocchietto

Zubereiten: 3½ Std.
(inkl. Marinierzeit)
Für 4 Personen

- 600 g frische Sardellen
- Saft von 5 Zitronen
- 1½ EL gehackter wilder Fenchel
- 300 g gemischter Pflücksalat
- 1 Gurke, entkernt und in feine Scheiben geschnitten
- 4 Tomaten, geschält, entkernt und grob gehackt
- 2 EL Olivenöl
- Salz

Die Sardellen filetieren. Dazu Köpfe und Schwanzflossen abtrennen. Die Fische an der Bauchseite öffnen und auseinanderklappen. Mit der Hautseite nach oben auf ein Schneidebrett legen und mit dem Daumen die Wirbelsäule entlangfahren. Die Fisch wenden, die Wirbelsäule herauslösen und am Schwanzende mit einer Schere abtrennen. Die Sardellenfilets abspülen, trocken tupfen und nebeneinander in eine nicht metallische Form legen. Mit 250 ml Zitronensaft beträufeln und mit 1 Esslöffel Fenchel bestreuen. Im Kühlschrank 3 Stunden marinieren.

c

→ Die Salatblätter auf einem Servierteller verteilen. Die Sardellen abtropfen lassen und mit den Gurkenscheiben auf dem Salatbett anrichten. Die Tomaten im Mixer oder mit einem Stabmixer pürieren. In eine Schüssel füllen und mit Olivenöl, restlichem Zitronensaft und Fenchel verrühren. Mit Salz abschmecken. Über die Sardellen gießen und sofort servieren.

Hinweis: Wilder Fenchel ist eine der typischen Würzpflanzen der mediterranen Küche. Insbesondere die sizilianische Sorte ist eine wichtige Zutat für Pasta mit Sardinen. Falls Sie keinen wilden Fenchel finden, können Sie ihn durch das zarte Grün von Gemüsefenchel ersetzen.

Klippfisch-Carpaccio

Carpaccio di baccalà

Zubereiten: 26–32 Std.
(inkl. Einweich- und Marinierzeit)
Für 4 Personen

- 700 g Klippfischfilet
- Saft von 2 Zitronen
- 175 g Olivenöl
- 3 kleine Knoblauchzehen, in feine Scheiben geschnitten
- 6 schwarze Pfefferkörner, leicht zerstoßen
- 2 EL gehackter Borretsch
- 2 EL Schnittlauchröllchen
- 200 g Feldsalat
- Balsamico-Essig, zum Beträufeln
- Salz

Den Klippfisch in ein Sieb legen und in eine große Schüssel stellen. Mit Wasser bedecken und 18–24 Stunden einweichen. Dabei mehrmals das Wasser wechseln. Den Fisch gut abtropfen lassen, dann quer in möglichst feine Scheiben schneiden und in eine Schüssel geben.

Zitronensaft, Olivenöl, Knoblauch, Pfefferkörner und 1 Prise Salz in einer Schale verrühren und über den Fisch träufeln. Mit Frischhaltefolie abgedeckt über Nacht im Kühlschrank marinieren.

Vor dem Servieren den Fisch gut abtropfen lassen und die Marinade auffangen. Den Fisch auf Servietellern anrichten. Mit Borretsch und Schnittlauch bestreuen. Den Feldsalat ringsum verteilen und mit etwas Essig beträufeln. Die Marinade durch ein Haarsieb passieren und über den Klippfisch träufeln. Gut gekühlt servieren.

Marinierte Sardellen

Acciughe marinate

Zubereiten: 3½ Std.
(inkl. Marinierzeit)
Für 4 Personen

500 g kleine Sardellen, küchenfertig, Köpfe abgetrennt
1 Stängel glatte Petersilie
1 Knoblauchzehe
Saft von 2 Zitronen
Olivenöl, zum Beträufeln
Salz und Pfeffer

Die Sardellen an der Bauchseite öffnen und auseinanderklappen. Mit der Haut nach oben auf ein Schneidebrett legen und mit dem Daumen die Wirbelsäule entlangfahren. Die Fische wenden, die Wirbelsäule herauslösen und am Schwanzende mit einer Schere abtrennen. Die Fische aufgeklappt strahlenförmig in eine flache Form legen.

Petersilie und Knoblauch hacken und in eine Schale geben. Den Zitronensaft unterrühren, salzen und pfeffern. Die Marinade über den Fisch gießen. Abgedeckt mit Frischhaltefolie einige Stunden im Kühlschrank marinieren. Vor dem Servieren mit Olivenöl beträufeln.

Abbildung S. 237

Chicorée mit Krebsfleisch

Indivia belga con polpa di granchio

Zubereiten: 15 Min.
Für 4 Personen

1–2 Chicorée, Blätter getrennt
120 g Krebsfleisch (Dose), abgetropft
250 ml Mayonnaise
2 EL Sahne
2 EL Tomatenketchup
½ TL Worcestersauce
1 TL Weinbrand

Die Chicoréeblätter strahlenförmig auf einem großen Servierteller anrichten, dabei die kleineren Blätter für die Mitte verwenden. Das Krebsfleisch verlesen und letzte Schalen- und Knorpelstückchen entfernen.

Mayonnaise und Krebsfleisch in einer Schüssel mit Sahne, Tomatenketchup und Worcestersauce verrühren. Den Weinbrand kurz unterziehen. Die Chicoréeblätter mit je 1 Esslöffel Krebsfleischmasse füllen. Dieses Gericht ist ein köstliches Antipasto.

Miesmuscheln mit Zitrone

Cedri ai peoci

Vorbereiten: 40 Min.

Garzeit: 3–5 Min.

Für 4 Personen

100 g Thunfisch in Öl, abgetropft und zerteilt
50 g Kapern, abgespült, abgetropft und gehackt
4 eingelegte Sardellenfilets, abgetropft und gehackt
1 hart gekochtes Eigelb
250 ml Olivenöl
Saft von ½ Zitrone
2 große Zitronen
500 g frische Miesmuscheln
16 mit Paprika gefüllte Oliven
Salz und Pfeffer

Thunfisch, Kapern und Sardellen mit dem Eigelb, etwas Salz und Pfeffer sowie 2–3 Esslöffeln Olivenöl in den Mixer geben und einige Sekunden mixen. Das restliche Olivenöl bis auf 2–3 Esslöffel zufügen und die Masse glatt pürieren.

Die Masse in eine Schale füllen und den Zitronensaft unterrühren. Den Mixer reinigen. Die Zitronen halbieren, das Fruchtfleisch herauslösen und die Kerne entfernen. Die Schalen aufbewahren. Das Zitronenfleisch grob hacken und mit dem zurückbehaltenen Olivenöl im Mixer dickschaumig pürieren. In die Thunfischsauce rühren.

Die Muscheln unter fließendem kaltem Wasser abbürsten und die Bärte entfernen. Beschädigte Muscheln und solche, die sich beim Draufklopfen nicht sofort schließen, aussortieren. Die Muscheln in einen großen Topf geben und bei schwacher Hitze 3–5 Minuten garen, bis sie sich geöffnet haben. Den Topf vom Herd nehmen und geschlossene Muscheln aussortieren.

Die Muscheln aus den Schalen lösen und abwechselnd mit den Oliven auf acht hölzerne Spieße stecken. Die Zitronenschalen mit der Öffnung nach oben auf einen Servierteller legen, innen salzen und pfeffern und mit der Thunfischsauce füllen. Je zwei Spieße hineinstecken, sodass sie darin stehen bleiben.

Sofort servieren. Restliche Thunfischsauce und Muscheln separat dazureichen.

Hinweis: In diesem Rezept werden die Miesmuscheln als *peoci* bezeichnet. Sie sind in Italien aber auch als *cozze*, *muscoli* oder *mitili* bekannt. Sie öffnen sich bei starker Hitze bereits nach wenigen Minuten – ein Zeichen, dass sie gegart sind. Muscheln, die sich nicht geöffnet haben, müssen aussortiert werden.

Marinierter Schwertfisch

Pesce spada marinato

Zubereiten: 2¼ Std.
(inkl. Ruhezeit)
Für 4 Personen

300 g Schwertfisch
Olivenöl, zum Beträufeln
Saft von 2 Zitronen
100 g Rucola, gehackt
100 g Endiviensalat, geschnitten
Blätter von 2 Stängeln frischem Kerbel
Salz und Pfeffer
1 Zitrone, in Scheiben geschnitten, zum Garnieren

Den Schwertfisch in sehr dünne Scheiben schneiden. Auf einen tiefen Teller legen, mit Olivenöl und Zitronensaft beträufeln, salzen und pfeffern. Abgedeckt 2 Stunden im Kühlschrank ruhen lassen.

Rucola, Endiviensalat und Kerbel in einer Schüssel vermengen. Die Fischscheiben abtropfen lassen und die Marinade auffangen. Den Fisch ringförmig auf einer Servierplatte anrichten, die Salatblätter in die Mitte legen. Mit Marinade beträufeln und mit Zitronenscheiben garnieren.

Reis-Lachs-Kranz

Anello di riso e salmone

Vorbereiten: 45 Min.
(inkl. Ruhezeit)
Garzeit: 8 Min.
Für 6 Personen

200 g Basmatireis, abgespült und 30 Min. in kaltem Wasser eingeweicht
200 g Lachsfilet, gehäutet
400 g Erbsen (Dose), abgetropft und abgespült
200 g Kirschtomaten, in Spalten geschnitten
15 entsteinte schwarze Oliven, gehackt
2 EL in Salz eingelegte Kapern, abgespült und abgetropft
Saft von 1 Zitrone
1 Stängel glatte Petersilie, gehackt
1 Stängel Basilikum, gehackt
5 EL Olivenöl
100 g Feldsalat
1 Tomate, in Streifen geschnitten
Salz und Pfeffer

Den Reis abtropfen lassen und in einem großen Topf mit Salzwasser gar kochen. Abgießen, unter fließendem kaltem Wasser abschrecken und gut abtropfen lassen. Den Reis in eine Schüssel füllen.

Den Lachs 10 Minuten im Dämpfeinsatz über kochendem Wasser garen. Abkühlen lassen und zerpflücken. Lachs, Erbsen, Kirschtomaten, Oliven, Kapern, Zitronensaft, Petersilie und Basilikum zum Reis geben. Mit dem Olivenöl beträufeln, salzen und pfeffern und alles vorsichtig vermengen.

Die Reismischung in eine Ringform geben und mit einem Löffelrücken gut andrücken. Den Feldsalat auf einem großen Servierteller verteilen und den Reiskranz daraufstürzen. Mit Tomatenstreifen und den restlichen Oliven garnieren. Sofort servieren.

Marinierte Scampi

Marinata di scampi

Vorbereiten: 1½ Std.
(inkl. Ruhezeit)
Garzeit: 5 Min.
Für 4 Personen

½ rote Paprika, entkernt und gewürfelt
4 EL Olivenöl
Saft von 1 Zitrone
16 Scampi
1 Stängel Basilikum, gehackt
1 Zweig Thymian, gehackt
100 g Kopfsalat, zerteilt
150 g Baby-Zucchini, in Streifen geschnitten
Salz und Pfeffer

Paprika, Olivenöl und Zitronensaft in einer Schale verrühren. Salzen und pfeffern. Die Scampi aus den Schalen lösen und in eine andere Schale legen, mit Basilikum und Thymian vermengen und 1 Stunde im Kühlschrank ziehen lassen. Abspülen und im Dämpfeinsatz über kochendem Wasser 5 Minuten garen.

Den Salat auf einem großen Servierteller verteilen. Die Scampi auf dem Salatbett anrichten. Die Zucchinistreifen darüberlegen. Mit der Paprikasauce beträufeln und die Scampi vor dem Servieren 5 Minuten ziehen lassen, damit sich die Aromen entfalten.

Lachstatar

Tartare di salmone

Zubereiten: 50 Min.
(inkl. Kühl- und Ruhezeit)
Für 4 Personen

500 g Lachsfilet, gehäutet
1 EL Weißweinessig
2 EL Schnittlauchröllchen
Saft von ½ Zitrone
2–3 EL Olivenöl
Salz und Pfeffer
Schnittlauch, zum Garnieren

Den Lachs 30 Minuten ins Gefrierfach legen. Herausholen und hauchdünn aufschneiden. Essig, Schnittlauch, Zitronensaft und Olivenöl in einer großen Schüssel vermengen, salzen und pfeffern. Den Lachs dazugeben und 30 Minuten ziehen lassen, damit sich die Aromen entfalten.

Das Lachstatar in vier Pastetenförmchen füllen und festdrücken. Dann auf vier Servierteller stürzen, mit Schnittlauchhalmen garnieren und servieren.

Marinierte Sardellen (S. 232)

Tatar vom Stör

Tartare di storione

Zubereiten: 50 Min.
(inkl. Kühlzeit)
Für 4 Personen

250 g Störfilet, gehäutet und fein gehackt
1 Schalotte, fein gehackt
1 EL Schnittlauchröllchen
2 EL Kapern, abgespült, abgetropft und fein gehackt
Olivenöl, zum Beträufeln
Saft von 1 Zitrone
2 feste rote Tomaten, geschält und gewürfelt
Salz und Pfeffer
warme Toastdreiecke, zum Servieren

Fisch, Schalotte, Schnittlauch und Kapern in einer Schüssel vermengen. Mit Olivenöl beträufeln und den Zitronensaft unterrühren. Salzen und pfeffern.

Das Tatar in eine gläserne Servierschüssel füllen und mit den Tomaten garnieren. Abgedeckt 30 Minuten im Kühlschrank ziehen lassen. Mit warmen Toastdreiecken servieren.

Scampicocktail

Cocktail di scampi

Vorbereiten: 20 Min.
Garzeit: 5 Min.
Für 4 Personen

1 Zwiebel, gehackt
1 Karotte, gehackt
1 kg Scampi
250 ml Mayonnaise
200 ml Sahne
1 TL Worcestersauce
1 TL Ketchup
1 Spritzer Gin
1 Spritzer Whisky
zarte Blätter von 1 Kopfsalat
Salz

Einen Topf bis zur Hälfte mit leicht gesalzenem Wasser füllen, Zwiebel und Karotte dazugeben und zum Kochen bringen. Die Scampi darin 5 Minuten kochen, dann abgießen und gut abtropfen lassen. Zwiebel und Karotte entfernen. Die Scampi auslösen und beiseitestellen. Mayonnaise, Sahne, Worcestersauce und Ketchup in einer Schüssel verrühren. Mit Gin und Whisky beträufeln, salzen und alles gut vermengen.

Vier Servierschalen mit Salatblättern auslegen. Die Scampi auf die Schalen verteilen und die Sauce darüberlöffeln. Bis zum Servieren in den Kühlschrank stellen.

Hinweis: Die Garzeit für Scampi variiert: Wenn Scampi in kochendes Wasser gegeben werden, brauchen sie 5 Minuten, bis sie gar sind. Werden die Scampi in kaltes Wasser gegeben, brauchen sie 3 Minuten ab dem Moment, in dem das Wasser kocht.

Sardinen mit Basilikum

Sardine al basilico

Zubereiten: 24½ Std.
(inkl. Marinierzeit)
Für 4 Personen

24 Sardinen
120 ml Olivenöl
Saft von 1 Zitrone
2 rote Paprika, entkernt und gewürfelt
10 entsteinte schwarze Oliven, gehackt
8 Basilikumblätter
Salz und Pfeffer

Für die Sauce

1 Eigelb
1 EL Weißweinessig
3 eingelegte Sardellenfilets, abgetropft
5 Basilikumblätter

Die Köpfe von den Sardinen abtrennen. Die Fische an der Bauchseite öffnen und auseinanderklappen. Mit der Hautseite nach oben auf ein Schneidebrett legen und mit dem Daumen die Wirbelsäule entlangfahren. Die Fische wenden, die Wirbelsäule herauslösen und am Schwanzende mit einer Schere herausschneiden. Die Sardinen abspülen, trocken tupfen und in eine flache Form legen. Olivenöl und Zitronensaft in einer Schale verrühren, salzen und pfeffern. Die Mischung über die Sardinen träufeln. Mit Frischhaltefolie abgedeckt 24 Stunden im Kühlschrank marinieren.

Die Sardinen abtropfen lassen und die Marinade auffangen. Die Fische auf einem Servierteller anrichten. Für die Sauce Eigelb, Essig, Sardellen, Basilikum und aufgefangene Marinade im Mixer auf niedriger Stufe pürieren. Die Sardinen mit Paprika, Oliven und Basilikum garnieren. Mit der Sauce beträufeln und servieren.

Sommerliches Antipasto

Antipasto estivo

Vorbereiten: 25 Min.
Garzeit: 10 Min.
Für 4 Personen

2 Tomaten, geschält und in Scheiben geschnitten
150 g Mozzarella, in Scheiben geschnitten
Olivenöl, zum Beträufeln
2 Stängel Basilikum
2 rote Paprika
200 g Thunfisch (Dose), abgetropft
Salz und Pfeffer

Den Backofengrill vorheizen. Die Tomatenscheiben ringförmig auf einem großen Servierteller auslegen und jede Scheibe zur Hälfte mit 1 Mozzarellascheibe bedecken. Mit Olivenöl beträufeln, salzen und pfeffern und mit einigen Basilikumblättern garnieren, dann kühl stellen.

Den Backofen auf 220 °C vorheizen. Die Paprika auf ein Backblech legen und im Ofen 35–40 Minuten unter gelegentlichem Wenden garen, bis die Haut schwarz ist und Blasen wirft. In einem verschlossenen Gefrierbeutel etwas abkühlen lassen. Die Haut abziehen, entkernen und das Fruchtfleisch in Rauten schneiden und auf die Mozzarellascheiben legen. Den Thunfisch in der Mitte des Tellers anrichten. Mit dem restlichen Basilikum garnieren und sofort servieren.

Feldsalat mit Störfilet

Insalata di songino a storione

Zubereiten: 6¼ Std.
(inkl. Marinierzeit)
Für 4 Personen

- 200 ml Olivenöl, und etwas Öl zum Beträufeln
- 3–4 EL Apfelessig, und etwas Essig zum Beträufeln
- 6 grüne Pfefferkörner
- 1 EL Schnittlauchröllchen
- 250 g Störfilet, in feine Scheiben geschnitten
- 200 g Feldsalat
- Salz
- warmes Toastbrot, zum Servieren

Das Olivenöl in einer Schüssel mit Essig, Pfefferkörnern, Schnittlauch und 1 großen Prise Salz sorgfältig verrühren. Die Fischscheiben hineingeben und mindestens 6 Stunden marinieren.

Den Feldsalat auf einem großen Servierteller verteilen, mit etwas Olivenöl und Essig beträufeln und salzen. Die Fischscheiben abtropfen lassen und auf dem Salatbett anrichten. Sofort mit dem warmen Toastbrot servieren.

Paprika-Thunfisch-Röllchen

Peperoni arrotolati con il tonno

Vorbereiten: 40 Min.
Garzeit: 35–40 Min.
Für 4 Personen

- 4 große rote Paprika
- 300 g Thunfisch in Olivenöl, abgetropft
- 10 entsteinte schwarze Oliven, grob gehackt
- 1 Tomate, geschält, entkernt und grob gehackt
- ½ frische rote Chili, entkernt und grob gehackt
- 4 Basilikumblätter
- Saft von 1 Zitrone
- Olivenöl, zum Beträufeln

Den Backofen auf 220 °C vorheizen. Die Paprika auf ein Backblech legen und im Ofen 35–40 Minuten unter gelegentlichem Wenden garen, bis die Haut schwarz ist und Blasen wirft. In einem verschlossenen Gefrierbeutel etwas abkühlen lassen. Die Haut abziehen, entkernen und das Fruchtfleisch in 2–3 breite Streifen schneiden.

Thunfisch, Oliven, Tomaten, Chili und Basilikum im Mixer oder mit dem Stabmixer pürieren. Die Masse in eine Schüssel füllen und so viel Zitronensaft einarbeiten, dass eine weiche Creme entsteht. Mit etwas Olivenöl beträufeln und salzen. Die Paprikastreifen mit der Thunfischmasse bestreichen, aufrollen und mit einem Cocktailspieß feststecken. Bis zum Servieren kühl stellen.

Falsche Eier

Uova finte

Vorbereiten: 4½ Std.
(inkl. Kühlzeit)
Garzeit: 20 Min.
Ergibt 16 Stück

350 g rohe Garnelen, ausgelöst
15 Venusmuscheln, abgebürstet
1 Knoblauchzehe
1 frische Chili, halbiert und entkernt
175 g Fischfond
175 g trockener Weißwein
3 EL Erbsen
3 EL kleine Karottenbällchen
2 Eier, hart gekocht, geschält und halbiert
1 TL gehackte glatte Petersilie
2 Päckchen gemahlene weiße Gelatine
Saft von 1 Zitrone

Zum Garnieren

gemischter Pflücksalat
Kirschtomaten

Garnelen und Venusmuscheln in zwei Schüsseln mit Salzwasser etwa 8 Minuten einweichen, dann abtropfen lassen. Knoblauch, Chili, Fischfond und Weißwein in einem Topf zum Kochen bringen und auf zwei Drittel der ursprünglichen Menge einkochen. Die Garnelen darin 2 Minuten garen, dann die Venusmuscheln zufügen und 2 Minuten mitgaren. Die Meeresfrüchte abtropfen lassen und die Muscheln aus den Schalen lösen. Muscheln, die sich nicht geöffnet haben, sowie Knoblauch und Chili aussortieren und wegwerfen.

Erbsen und Karotten in einem Topf mit leicht gesalzenem Wasser in 10–15 Minuten bissfest kochen. Abtropfen lassen und abkühlen lassen. Aus den Eiern das Eigelb herauslösen, das Eiweiß klein würfeln. Das Eigelb cremig rühren und die Petersilie untermischen. Die Gelatine in 1 Liter Wasser nach Packungsangabe auflösen und den Zitronensaft unterrühren. 16 leere Eierschalen (siehe Hinweis) in Eierkartons setzen und mit einem Teelöffel abwechselnd mit Garnelen, Muscheln, Erbsen, Karotten, Eiweiß und Eigelb füllen, aber nicht andrücken. Die Gelatine bis zum Rand einfüllen. Mindestens 3 Stunden im Kühlschrank fest werden lassen.

Vor dem Servieren die Eierschale sehr vorsichtig ablösen. Die falschen Eier auf einen großen Servierteller setzen. Mit Salat und halbierten Tomaten garnieren.

Hinweis: Für dieses Gericht benötigt man 16 leere Eierschalen mit möglichst gerader Kante. In Küchenläden gibt es dafür spezielle Eierköpfer. Alternativ kann man mit einem kleinen spitzen Küchenmesser eine kleine Kappe von den Eiern abnehmen und Eiweiß und Eigelb in eine Schüssel leeren (und z. B. für Rührei verwenden). Die Schalen gründlich ausspülen und trocknen lassen.

Bresaolaröllchen mit Paprika

Involtini di bresaola ai peperoni

Zubereiten: 15 Min.

Für 4 Personen

- 200 g Bresaola (oder luftgetrockneter Schinken vom Schwein)
- 2 rote Paprika in Olivenöl, abgetropft und in feine Streifen geschnitten
- 2 EL Kapern, abgespült und abgetropft
- Saft von 1 Zitrone
- Pfeffer

Die Bresaola-Scheiben mit je 2 Paprikastreifen und einigen Kapern belegen, aufrollen und mit Cocktailspießen feststecken. Auf einem Servierteller anrichten. Mit Zitronensaft beträufeln, leicht mit Pfeffer würzen und servieren.

Hinweis: Kapern sind die Blütenknospen einer mediterranen Pflanze. Je kleiner die Knospen, desto feiner und aromatischer sind sie. Bresaola ist ein luftgetrockneter Rinderschinken, der sehr dünn aufgeschnitten werden sollte.

Carpaccio Cipriani

Carpaccio cipriani

Zubereiten: 20 Min.

Für 6 Personen

- 700 g mageres Rinderfilet, in hauchdünne Scheiben geschnitten
- 2 Eigelb
- 200 ml Olivenöl
- 1½ TL Zitronensaft
- 1–2 TL Worcestersauce
- 3 EL Milch
- Salz und frisch gemahlener weißer Pfeffer

Die Fleischscheiben auf einen Servierteller legen und mit Frischhaltefolie bedeckt in den Kühlschrank legen.

Für die Sauce Eigelb mit 1 Prise Salz und Pfeffer in einer Schale mischen. Nach und nach das Olivenöl unter ständigem Rühren zugeben. Sobald die Mischung eindickt, ½ Teelöffel Zitronensaft unterrühren. Weiter gleichmäßig langsam und unter Rühren das restliche Öl zugeben.

Worcestersauce, restlichen Zitronensaft und Milch unterheben, abschmecken und bis zum Servieren in den Kühlschrank stellen.

Fleisch und Sauce unmittelbar vor dem Servieren aus dem Kühlschrank nehmen und die Sauce über das Fleisch löffeln.

Rindertatar

Tartare

Zubereiten: 20 Min.

Für 4 Personen

500 g mageres, sehr frisches Rinderhackfleisch
4 sehr frische Eigelb
2 eingelegte Sardellenfilets, abgetropft und gehackt
1 Zwiebel, in feine Ringe geschnitten
1 EL Kapern, abgespült und abgetropft
1 EL gehackte glatte Petersilie

Zum Servieren

Olivenöl
frisch ausgepresster Zitronensaft
Dijon-Senf (nach Belieben)
Salz und Pfeffer

Das Hackfleisch in 4 Portionen teilen und zylinderförmig auf Serviertellern anrichten. Eine kleine Mulde in die Mitte drücken und je 1 Eigelb hineingeben.

Das Tatar mit Sardellen, Zwiebelringen, Kapern und Petersilie garnieren. Mit Olivenöl, Zitronensaft, Salz und Pfeffer servieren, damit es nach Geschmack gewürzt werden kann. Das Tatar wird mit einer Gabel mit den anderen Zutaten vermengt. Nach Belieben kann auch etwas Senf zugefügt werden.

Abbildung S. 246

Carpaccio mit Radieschen

Carpaccio con ravanelli

Zubereiten: 15 Min.

Für 4 Personen

350 g Rinderfilet, in hauchdünne Scheiben geschnitten
4 Radieschen, in feine Scheiben geschnitten
Saft von 1 Zitrone
natives Olivenöl extra
4–5 weiße Pfefferkörner
100 g Grana Padano, in Späne gehobelt
Salz

Die Fleischscheiben leicht überlappend auf einer Servierplatte auslegen. Die Radieschen darauf verteilen. Zitronensaft, etwas Öl, Pfefferkörner und 1 Prise Salz im Mixer verarbeiten. Das Dressing über das Carpaccio träufeln. Mit dem Käse bestreuen und sofort servieren.

Abbildung S. 247

Rindertatar (S. 245)

Carpaccio mit Radieschen (S. 245)

Melone und Schinken

Prosciutto e melone

Zubereiten: 10 Min.

Für 4 Personen

1 Honigmelone, in 8 Spalten geschnitten, entkernt
8 Scheiben Prosciutto, z.B. Parmaschinken
8 Butterflocken
Salz

Die Melone vor der Zubereitung möglichst einige Stunden an einem kühlen Ort, aber nicht im Kühlschrank lagern.

Das Fruchtfleisch von der Schale lösen. Die Melonenspalten leicht salzen und mit je 1 Schinkenscheibe einwickeln.

Auf einem Servierteller anrichten, mit den Butterflocken garnieren und sofort servieren.

Ricotta-Schinken-Terrine

Pâté di ricotta e prosciutto cotto

Zubereiten: 4¼ Std.

(inkl. Kühlzeit)

Für 6 Personen

250 g Kochschinken, fein gehackt
250 g Ricotta
2 EL Pinienkerne
100 ml Sahne
120 ml Weinbrand
Salz und Pfeffer
warme Croûtons aus Roggenbrot, zum Servieren

Schinken, Ricotta, Pinienkerne, Sahne und Weinbrand in einer Schüssel cremig rühren. Mit Salz und Pfeffer abschmecken.

Eine eckige Form mit Frischhaltefolie auskleiden und die Ricottamasse einfüllen. Die Oberfläche glatt streichen und im Kühlschrank in 4 Stunden fest werden lassen.

Die Terrine auf eine Servierplatte stürzen und mit den warmen Croûtons servieren.

Hinweis: Das Wort Ricotta leitet sich vom lateinischen *recoctus* ab, was so viel bedeutet wie „wiedererhitzt“. Für diesen Frischkäse wird die Molke zweimal erhitzt.

Kalbsfilet in Kräutermarinade

Filetto in conza

Zubereiten: 24½ Std.
(inkl. Marinierzeit)
Für 6 Personen

500 g Kalbsfilet
dünn abgeschälte Schale von 1 Zitrone
1 Zweig frischer Rosmarin
8 Salbeiblätter, frisch gehackt
8 Basilikumblätter, frisch gehackt
1 Zwiebel, in dünne Ringe geschnitten
120–150 ml Olivenöl
Saft von 2 Zitronen
Salz und Pfeffer

Das Filet in hauchdünne Scheiben schneiden und in einer Lage in eine Schüssel legen. Die Zitronenschale in feine Streifen schneiden. Das Fleisch mit Rosmarin, Salbei, Basilikum, Zwiebelringen und Zitronenschale bestreuen. Olivenöl und Zitronensaft darüberträufeln, salzen und pfeffern. Die Zutaten weiter in mehreren Lagen schichten, bis alles verbraucht ist. Mit Kräutern, Zwiebeln und Zitronenschale abschließen. Mit Olivenöl beträufeln, mit Frischhaltefolie abdecken und 24 Stunden im Kühlschrank marinieren.

Kalbstatar mit Senf-Weinbrand-Sauce

Tartare di vitello alla salsa di senape e cognac

Zubereiten: 50 Min.
(inkl. Ruhezeit)
Für 4 Personen

500 g Kalbsfilet, sehr fein gewürfelt
2 TL Dijon-Senf
1 Prise Cayennepfeffer
Saft von ½ Zitrone
2 EL Weinbrand
2 EL Olivenöl
4 EL fein gehackte glatte Petersilie
2 EL Schnittlauchröllchen
Salz und Pfeffer
krause Petersilie und Schnittlauch, zum Garnieren

Das Fleisch in eine Schüssel geben und bis zur Verwendung abgedeckt in den Kühlschrank stellen. Senf, Cayennepfeffer, Zitronensaft, Weinbrand und Olivenöl in einer Schale verrühren und mit Salz und Pfeffer abschmecken.

Petersilie und Schnittlauchröllchen dazugeben. Das Dressing über das Fleisch gießen, vermengen und 30 Minuten ziehen lassen, damit sich die Aromen entfalten können.

Das Kalbsfleisch kuppelförmig auf vier Serviertellern anrichten. Mit Petersilie und Schnittlauch garnieren und sofort servieren.

Erster Gang

Kalte Gurken-Kartoffel-Suppe

Crema fredda di cetrioli e patate

Vorbereiten: 4 Std.
(inkl. Kühl- und Ruhezeit)
Garzeit: 30 Min.
Für 4 Personen

- 3 EL Olivenöl
- 1 Zwiebel, gehackt
- 250 g Gurken, gehackt
- 250 g Kartoffeln, gehackt
- 25 g Kopfsalat, gehackt
- 3–4 Minzeblätter, und einige Blätter zum Garnieren
- 500 ml heiße Gemüsebrühe
- 50 ml Sahne
- Salz und Pfeffer

Das Olivenöl in einem breiten Topf erhitzen. Die Zwiebel darin bei schwacher Hitze in 5 Minuten unter gelegentlichem Rühren glasig dünsten. Gurken, Kartoffeln, Salat und Minze zufügen und weitere 5 Minuten unter gelegentlichem Rühren garen.

Salzen und pfeffern. Mit der heißen Brühe ablöschen und 15 Minuten köcheln lassen. Die Suppe in einen Mixer füllen und glatt pürieren. In einen sauberen Topf gießen, die Sahne zufügen und 5 Minuten unter ständigem Rühren sanft erhitzen.

Die Suppe abkühlen lassen, dann 3 Stunden im Kühlschrank kalt stellen. Vor dem Servieren in eine Suppenterrine füllen und mit einigen Minzeblättern garnieren.

Minestrone mit Pesto

Minestrone con il pesto

Vorbereiten: 40 Min.
(inkl. Einweichzeit)
Garzeit: 1 Std. 10 Min.
Für 4–6 Personen

15 g getrocknete Pilze
100 g Cannellini-Bohnen, frisch gepalt
200 g grüne Bohnen, geputzt und halbiert
3 Tomaten, geschält, entkernt und gehackt
3 Zucchini, gewürfelt
½ Weißkohl, gehobelt
1 Aubergine, gewürfelt
3 EL Olivenöl
80 g kurze Pasta
Salz
frisch geriebener Parmesan, zum Servieren

Für das Pesto

25 Basilikumblätter
100 ml Olivenöl
40 g Pinienkerne
25 g Parmesan, frisch gerieben
25 g Pecorino, frisch gerieben
Salz

Die Pilze in einer Schale mit warmem Wasser bedecken und 20 Minuten einweichen. Das Wasser abgießen und die Pilze sorgfältig ausdrücken. Inzwischen für das Pesto Basilikum, Olivenöl und Pinienkerne mit 1 Prise Salz im Mixer auf mittlerer Stufe kurz mixen. Die geriebenen Käsesorten zufügen und zu einer groben Paste weiterverarbeiten. In eine Servierschale füllen und bis zum Servieren abdecken.

Cannellini- und grüne Bohnen, Tomaten, Zucchini, Kohl und Aubergine mit 2 Liter Wasser und 1 Prise Salz in einen großen Topf geben. Die Pilze hacken und mit dem Olivenöl auch in den Topf geben. Das Gemüse zum Kochen bringen, die Hitze reduzieren und bei aufgesetztem Deckel 1 Stunde köcheln lassen. Die Pasta zufügen und 8–10 Minuten mitkochen, bis sie al dente ist. Den Topf vom Herd nehmen.

Das Pesto unterrühren. Die Suppe warm oder kalt in Suppenschalen servieren. Den geriebenen Käse separat dazu reichen. Wenn die Minestrone kalt serviert werden soll, das Olivenöl nicht mit den Pilzen, sondern erst vor dem Servieren zufügen.

Minestrone alla milanese

Minestrone alla milanese

Vorbereiten: 1¾ Std.
(inkl. Kühlzeit)
Garzeit: 1½ Std.
Für 4–6 Personen

40 g Speck
½ Knoblauchzehe
½ Zwiebel
1 Stängel frische glatte Petersilie, fein gehackt
1 Selleriestange, fein gehackt
100 g frische Borlotti-Bohnen
3 Tomaten, geschält, entkernt und gewürfelt
2 Karotten, gewürfelt
3 Kartoffeln, gewürfelt
2 Zucchini, gewürfelt
1 Stängel Salbei, gehackt
1 Stängel Basilikum, gehackt
200 g Erbsen, gepalt
½ Wirsingkohl, in Streifen geschnitten
100 g Langkornreis
2 EL Olivenöl
Salz
frisch geriebener Parmesan, zum Servieren

Speck, Knoblauch und Zwiebel fein würfeln und in eine Schüssel geben. Petersilie und Sellerie untermischen und alles in einen Topf füllen. Bohnen, Tomaten, Karotten, Kartoffeln, Zucchini, Salbei und Basilikum sowie 2 Liter Wasser zugeben. Salzen und bei mittlerer Hitze zum Kochen bringen.

Die Temperatur reduzieren und das Gemüse 1 Stunde bei geschlossenem Deckel köcheln lassen. Erbsen und Kohl zufügen, den Deckel wieder auflegen und 15 Minuten weitergaren. Dann den Reis zugeben und unter gelegentlichem Rühren in 15–18 Minuten gar köcheln lassen. Wenn die Minestrone dickflüssig ist, den Topf vom Herd nehmen und Olivenöl unterrühren. Abkühlen lassen. Kalt und mit reichlich frisch geriebenem Parmesan servieren.

Hinweis: Die typische Minestrone alla milanese wird im Sommer kalt serviert. Am besten kühlt man sie bei Zimmertemperatur in einzelnen Portionen mit Speckscheiben bedeckt unter einem Tuch. Sie sollte auf keinen Fall in den Kühlschrank gestellt werden.

Erbsencremesuppe

Crema di piselli

Vorbereiten: 25 Min.
Garzeit: 35 Min.
Für 4 Personen

600 g Erbsen, frisch gepalt
2 Kartoffeln, gewürfelt
1 weiße Zwiebel, in Scheiben geschnitten
3 EL Olivenöl, und etwas Öl zum Beträufeln
4 Scheiben weißes Toastbrot, ohne Rinde
Salz

Erbsen, Kartoffeln und Zwiebel mit 1 Liter Wasser und 1 Prise Salz in einen großen Topf geben und zum Kochen bringen. Die Hitze reduzieren und das Gemüse bei aufgesetztem Deckel 20–25 Minuten köcheln lassen, bis es gar ist. Den Topf vom Herd nehmen und 1 Kelle Erbsen beiseitestellen. Das Gemüse im Mixer oder mit dem Stabmixer glatt pürieren. Wieder in den Topf füllen und zum Kochen bringen. Die beiseitegestellten Erbsen zufügen. Mit Salz abschmecken.

Das Olivenöl in einer Pfanne erhitzen. Die Brotscheiben halbieren und im heißen Öl einige Minuten von jeder Seite goldbraun braten. Das Brot in vier Suppenteller legen, die Erbsensuppe darübergießen. Mit Olivenöl beträufeln, sofort servieren.

Brotsuppe mit Tomaten

Pappa al pomodoro

Vorbereiten: 30 Min.
Garzeit: 1 Std.
Für 4 Personen

1 EL Olivenöl
300 g vollreife Tomaten, geschält, entkernt und grob gewürfelt
1 Knoblauchzehe, gehackt
1 Selleriestange, gehackt
2 Scheiben Bauernbrot vom Vortag, gewürfelt
6 Basilikumblätter, frisch gehackt
25 g Parmesan, frisch gerieben
Salz und Pfeffer

Olivenöl, Tomaten, Knoblauch, Sellerie mit je 1 Prise Salz und Pfeffer in einen Topf geben. 1,2 Liter Wasser einfüllen und zum Kochen bringen. Die Hitze reduzieren und alles 1 Stunde köcheln lassen.

Nach etwa 30 Minuten das Brot unterrühren und die Suppe bei schwacher Hitze weiterköcheln lassen. Die Suppe vom Herd nehmen und kurz ruhen lassen.

Die Suppe in eine Suppenterrine umfüllen, mit Basilikum und Parmesan bestreuen und sofort servieren.

Zucchiniblütensuppe

Minestra ai fiori di zucchine

Vorbereiten: 20 Min.

Garzeit: 20 Min.

Für 4 Personen

1 l Fleischbrühe
25 g Butter
1 EL Olivenöl
1 Zwiebel, gehackt
1 Karotte, gehackt
1 Selleriestange, gehackt
4 Zucchini, fein gewürfelt
300 g Zucchiniblüten, in Streifen geschnitten
120 g kleine Pasta, z. B. Ditalini
Salz und Pfeffer
frisch geriebener Parmesan, zum Servieren

Die Brühe in einem kleinen Topf zum Kochen bringen. Butter und Olivenöl in einem großen Topf erhitzen, Zwiebel, Karotte und Sellerie zufügen und bei schwacher Hitze unter gelegentlichem Rühren 10 Minuten dünsten. Zucchini und Zucchiniblüten zugeben und 2 Minuten mitgaren, dann die heiße Brühe zugießen. Zum Kochen bringen und die Nudeln darin in 5–6 Minuten al dente kochen.

Die Suppe mit Salz und Pfeffer abschmecken, in eine Suppenterrine füllen und mit Parmesan bestreut servieren.

Sardische Brotsuppe

Suppa quatta

Vorbereiten: 15 Min.

Garzeit: 40 Min.

Für 6 Personen

500 g altbackenes kräftiges Bauernbrot, in 2 cm dicke Scheiben geschnitten
300 g junger Caciotta- oder Pecorino-Käse, in Scheiben geschnitten
1,5 l kräftige Fleischbrühe
1–2 EL gehackte gemischte Kräuter, z. B. Petersilie, Majoran und Thymian

Den Backofen auf 160 °C vorheizen. Brot- und Käsescheiben abwechselnd in eine flache Auflaufform schichten. Mit einem Kochlöffelstiel oder einer dicken Stricknadel tiefe Löcher einstechen, damit die Brühe leichter aufgenommen werden kann.

Die Brot- und Käsescheiben mit der Brühe übergießen und mit den Kräutern bestreuen. Im Ofen etwa 40 Minuten garen, bis der Käse zu schmelzen beginnt und sich eine goldbraune Kruste gebildet hat. Sofort servieren.

Hinweis: *Quatta* bedeutet „versteckt". Die Suppe ist sozusagen unter der Käsekruste versteckt. Die sardische Spezialität schmeckt an Sommerabenden auch lauwarm köstlich.

Spargelrisotto

Risotto con punte di asparagi

Vorbereiten: 10 Min.
Garzeit: 35 Min.
Für 4 Personen

500 g grüner Spargel
etwa 1,5 l Gemüsebrühe
65 g Butter
3 EL Olivenöl
½ Zwiebel, gehackt
350 g Risotto-Reis
Salz
frisch geriebener Parmesan, zum Servieren

Den Spargel in einem Topf mit kochendem Salzwasser 5-8 Minuten garen. Abgießen, die Köpfchen abschneiden und beiseitestellen. Die verbliebenen Stangenstücke klein schneiden. Die Brühe zum Kochen bringen. 15 g Butter in einer Pfanne zerlassen, die Spargelköpfe zufügen und bei schwacher Hitze 5 Minuten anschwenken. Vom Herd nehmen und beiseitestellen. 25 g Butter mit dem Olivenöl in einem Topf erhitzen und die Zwiebel darin bei schwacher Hitze in 5 Minuten glasig dünsten.
Den Reis zugeben und einige Minuten rühren, bis die Körner fettglänzend sind. Die Spargelstücke zugeben, 1 Kelle heiße Brühe zugießen und den Reis unter Rühren köcheln lassen. Wenn der Reis die Brühe aufgenommen hat, 1 weitere Kelle Brühe zugeben. Auf diese Weise fortfahren, bis der Reis weich und cremig ist. Das dauert etwa 18–20 Minuten. Zum Schluss die restliche Butter unterziehen, die Spargelköpfe einrühren und den Risotto mit Parmesan servieren.

Ringelblumenrisotto

Risotto alla calendula

Vorbereiten: 15 Min.
Garzeit: 25 Min.
Für 4 Personen

etwa 1,5 l Gemüsebrühe
80 g Butter
1 Zwiebel, fein gehackt
400 g Risotto-Reis
25 g unbehandelte Ringelblumenblütenblätter, zerkleinert
150 g kleine weiße Champignons, klein geschnitten
50 g Parmesan, frisch gerieben
Salz und Pfeffer

Die Brühe in einem großen Topf zum Kochen bringen. Dann die Hitze reduzieren und köcheln lassen. Inzwischen die Hälfte der Butter in einem zweiten großen Topf zerlassen. Die Zwiebel darin bei schwacher Hitze unter gelegentlichem Rühren in 5 Minuten glasig dünsten. Den Reis zugeben und einige Minuten rühren, bis die Körner fettglänzend sind. Eine Kelle heiße Brühe zugießen, Blütenblätter und Pilze zugeben und rühren, bis der Reis die Brühe aufgenommen hat. Auf diese Weise fortfahren, bis der Reis weich und cremig ist. Das dauert etwa 18–20 Minuten. Restliche Butter und Parmesan unterziehen und sofort servieren.

Abbildung S. 262

Erdbeerrisotto

Risotto alle fragole

Vorbereiten: 10 Min.
Garzeit: 35 Min.
Für 4 Personen

1 l Gemüsebrühe
80 g Butter
1 Zwiebel, fein gehackt
320 g Risotto-Reis
400 ml trockener Weißwein
300 g Erdbeeren, geputzt
250 ml Sahne
Salz und frisch gemahlener weißer Pfeffer

Die Brühe in einem Topf zum Kochen bringen. Dann die Hitze reduzieren und köcheln lassen.

Inzwischen die Hälfte der Butter in einem zweiten Topf zerlassen. Die Zwiebel darin bei schwacher Hitze in 5 Minuten unter gelegentlichem Rühren glasig dünsten. Den Reis zugeben und einige Minuten rühren, bis die Körner fettglänzend sind.

Mit Wein ablöschen und 5 Minuten kochen lassen, bis der Alkohol verdampft ist. Eine Kelle heiße Brühe zugießen und unter Rühren einkōcheln lassen. Wenn der Reis die Brühe aufgenommen hat, 1 weitere Kelle Brühe zugeben. Auf diese Weise fortfahren, bis der Reis weich und cremig ist. Das dauert etwa 18–20 Minuten.

Einige ganze Erdbeeren zum Garnieren beiseitelegen, die anderen in einer Schale zerdrücken. Die zerdrückten Erdbeeren etwa 10 Minuten vor dem Ende der Garzeit zum Risotto geben. Ganz zum Schluss die Sahne unterrühren. Den Risotto mit Salz und Pfeffer abschmecken, mit den ganzen Erdbeeren garnieren, sofort servieren.

Abbildung S. 263

Ringelblumenrisotto (S. 260)

Erdbeerrisotto (S. 261)

Blaubeerrisotto

Risotto ai mirtilli

Vorbereiten: 10 Min.
Garzeit: 30 Min.
Für 4 Personen

1,2 l Gemüsebrühe
40 g Butter
1 Zwiebel, fein gehackt
320 g Risotto-Reis
200 ml Weißwein
200 g Blaubeeren
100 ml Sahne
frisch geriebener Parmesan, zum Servieren

Die Brühe in einem großen Topf zum Kochen bringen. Dann die Hitze reduzieren und köcheln lassen. Inzwischen die Butter in einem zweiten Topf zerlassen. Die Zwiebel darin bei schwacher Hitze in 5 Minuten unter gelegentlichem Rühren glasig dünsten. Den Reis zugeben und einige Minuten rühren, bis die Körner fettglänzend sind.

Mit Wein ablöschen und 5 Minuten kochen lassen, bis der Alkohol verdampft ist. Zwei Esslöffel Blaubeeren zum Garnieren beiseitelegen, die restlichen in den Topf geben. Eine Kelle heiße Brühe zugießen und unter Rühren köcheln lassen. Wenn der Reis die Brühe aufgenommen hat, 1 weitere Kelle Brühe zugeben. Auf diese Weise fortfahren, bis der Reis weich und cremig ist. Das dauert etwa 18–20 Minuten. Die Sahne unterheben und den Risotto in eine Servierschüssel füllen und mit den ganzen Blaubeeren garnieren. Mit Parmesan servieren.

Kalter Risotto mit Melone und Speck

Risotto freddo al melone e speck

Vorbereiten: 45 Min. (inkl. Kühlzeit)
Garzeit: 25 Min.
Für 16 Personen

2 l Hühnerbrühe
2 kleine Honigmelonen, gekühlt
40 g Butter
1 große Zwiebel, fein gehackt
1 kg Carnaroli- oder anderer Risotto-Reis
400 g Speck, gewürfelt
100 ml Sahne oder 40 g Butter, zum Garnieren

Die Brühe in einem großen Topf zum Kochen bringen. Dann die Hitze reduzieren und köcheln lassen. Die Melonen halbieren, entkernen und mit einem Kugelausstecher Bällchen aus dem Fruchtfleisch lösen. Die Butter in einem zweiten Topf zerlassen. Die Zwiebel darin bei schwacher Hitze in 5 Minuten glasig dünsten. Den Reis zugeben, einige Minuten rühren, bis die Körner fettglänzend sind. Eine Kelle heiße Brühe zugießen, unter Rühren köcheln lassen. Wenn der Reis die Brühe aufgenommen hat, 1 weitere Kelle Brühe zugeben. Fortfahren, bis der Reis weich und cremig ist. Das dauert etwa 18-20 Minuten. Den Reis vom Herd nehmen. Sahne oder Butter unterziehen und den Risotto etwas abkühlen lassen. Speck und Melonenbällchen dazugeben und lauwarm servieren.

Meeresfrüchterisotto

Risotto alla marinara

Vorbereiten: 1¼ Std.

Garzeit: 1 Std. 5 Min.

Für 6 Personen

2 Zwiebeln
1 Karotte, in Stücke geschnitten
2 Stängel glatte Petersilie
500 g rohe Garnelen
500 g Miesmuscheln, abgebürstet und Bärte entfernt
175 ml Olivenöl
500 g Venusmuscheln, abgebürstet
250 g Kalmar
250 g Sepien
2 Knoblauchzehen
200 ml trockener Weißwein
1 frische rote Chili, entkernt und fein gehackt
500 g Carnaroli- oder anderer Risotto-Reis
fein abgeriebene Schale von 1 unbehandelten Zitrone
Salz und Pfeffer

Einen Topf mit Salzwasser zum Kochen bringen. Eine Zwiebel vierteln, mit Karotte, Petersilie und Garnelen in den Topf geben und 2–3 Minuten kochen. Die Garnelen mit einem Schaumlöffel herausnehmen und aus den Schalen lösen. Den Sud durch ein mit einem Musselintuch ausgelegtes Sieb in eine Schüssel gießen. Beschädigte Muscheln oder solche, die sich beim Draufklopfen nicht sofort schließen, aussortieren.

Die Miesmuscheln mit 1 Esslöffel Olivenöl in einen Topf geben und bei aufgesetztem Deckel über starker Hitze 4–5 Minuten garen, bis sie sich geöffnet haben. Dabei gelegentlich am Topf rütteln. Geschlossene Muscheln aussortieren, die anderen aus ihren Schalen lösen und in eine Schüssel geben. Die Venusmuscheln genauso wie die Miesmuscheln zubereiten, aber nur 3–5 Minuten garen, bis sie sich geöffnet haben. Geschlossene Muscheln aussortieren und die anderen aus den Schalen lösen. In eine zweite Schüssel geben.

Den Kalmar abspülen. Kopf und Tentakel aus dem Körpermantel ziehen (die Innereien werden so ebenfalls herausgezogen). Den Kopf von den Tentakeln abtrennen. Das Kauwerkzeug aus der Mitte herausdrücken und entfernen. Den durchsichtigen Knochenschulp aus dem Körpermantel ziehen und eventuelle Häutchen entfernen. Den Körpermantel gut unter fließendem kaltem Wasser abspülen und die Haut dabei ablösen. Körpermantel und Tentakel in Stücke schneiden. Von den Sepien die Tentakel knapp unter den Augen abschneiden. Das Kauwerkzeug aus der Mitte herausdrücken und entfernen. Die einzelnen Fangarme abtrennen und häuten. Den Körpermantel häuten und aufschneiden. Innereien und Knochenschulp herausschneiden. Den Kopf abtrennen. Körpermantel und Tentakel unter fließendem kaltem Wasser abspülen, dann in Stücke schneiden.

→

→ 100 ml Olivenöl in einer Pfanne erhitzen. Die Knoblauchzehen darin bei schwacher Hitze einige Minuten unter häufigem Rühren leicht anbräunen. Aus der Pfanne nehmen und wegwerfen. Kalmar und Tintenfisch in die Pfanne geben und einige Minuten unter häufigem Rühren anbraten. Mit der Hälfte des Weins ablöschen und 5 Minuten köcheln lassen, bis der Alkohol verdampft ist. Salzen und pfeffern. Die Chili unterrühren und alles weitere 10 Minuten garen. Garnelen, Venus- und Miesmuscheln zufügen. Die Pfanne vom Herd nehmen. Den Garnelensud in einen Topf füllen und zum Kochen bringen. Die Hitze reduzieren und den Sud köcheln lassen.

Inzwischen die restliche Zwiebel fein hacken. Das übrige Olivenöl in einem breiten Topf erhitzen. Die Zwiebel darin bei schwacher Hitze in 5 Minuten unter gelegentlichem Rühren glasig dünsten. Den Reis zugeben und einige Minuten rühren, bis die Körner fettglänzend sind. Mit dem restlichen Wein ablöschen und 5 Minuten kochen, bis der Alkohol verdampft ist.

Eine Kelle heißen Garnelensud zugießen und rühren, bis der Reis ihn aufgenommen hat. Auf diese Weise fortfahren, bis der Reis weich und cremig ist. Das dauert etwa 18–20 Minuten. Meeresfrüchte und Zitronenschale vorsichtig unterheben. Sofort servieren.

Bohnentimbale

Timballo di fagiolini

Vorbereiten: 30 Min.

Garzeit: 1¼ Std.

Für 4 Personen

- 500 g Prinzessbohnen, geputzt
- 25 g Butter, und etwas Butter zum Einfetten
- 1 EL Olivenöl
- 1 kleine Zwiebel, gehackt
- 1 Selleriestange, gehackt
- 1 Karotte, gehackt
- 40 g frische Semmelbrösel
- 2 Eier, getrennt
- 40 g Parmesan, frisch gerieben
- 500 ml Béchamelsauce (siehe S. 171)
- Salz und Pfeffer

Die Bohnen in einem Topf mit Salzwasser in 8–10 Minuten weich kochen, dann abgießen. Die Butter mit dem Olivenöl in einem zweiten Topf zerlassen. Zwiebel, Sellerie und Karotte darin bei schwacher Hitze 5 Minuten unter gelegentlichem Rühren weich braten. Die Bohnen zugeben. Mit 150 ml heißem Wasser ablöschen. Mit Salz und Pfeffer würzen und weitergaren, bis die Flüssigkeit verdampft ist. Den Topf vom Herd nehmen.

Den Backofen auf 200 °C vorheizen. Eine hohe Auflaufform mit Butter einfetten und mit den Semmelbröseln ausstreuen. Das Eiweiß steif schlagen.

Eigelb und Käse in die Béchamelsauce rühren. Dann den Eischnee unterheben. Den Boden der Auflaufform mit einer Schicht Béchamelmasse bedecken. Das Gemüse hineingeben und die restliche Béchamelmasse darauf verteilen.

Die Form auf ein Backblech setzen und 45 Minuten backen. Das Timbale mit einem scharfen Messer vom Rand der Form lösen und auf einen vorgewärmten Servierteller stürzen. Sofort servieren.

Cacciucco

Cacciucco

Vorbereiten: 40 Min.
Garzeit: 50 Min.
Für 4 Personen

1,2 kg Fisch und Meeresfrüchte, z.B. Seeteufel, Petersfisch, Rotbarbe, Kalmar, Sepia, Zackenbarsch, Drachenkopf oder Makrele, küchenfertig
3 EL Olivenöl
1 Zwiebel, gehackt
1 Knoblauchzehe, fein gehackt
300 g Tomaten, gehackt
1 Prise Cayennepfeffer
400 ml trockener Weißwein
Fischbrühe zum Abschmecken
300 g Muscheln, ausgelöst
2 EL frisch gehackte glatte Petersilie
Salz

Zum Servieren

4 Scheiben Bauernbrot, getoastet
1 Knoblauchzehe
Cayennepfeffer zum Abschmecken

Die größeren Fische in gleich große Stücke schneiden, die kleineren Fische ganz lassen. Kalmare und Sepien klein schneiden. Das Olivenöl in einem großen Topf erhitzen, Zwiebeln und Knoblauch bei schwacher Hitze unter gelegentlichem Rühren in 5 Minuten darin glasig dünsten. Die Tomaten dazugeben, salzen und 2 Minuten kochen lassen. Dann Cayennepfeffer darüberstreuen und die Fischstücke dazugeben.

Mit Wein beträufeln und 100 ml heißes Wasser zugießen. Bei aufgesetztem Deckel 30 Minuten köcheln lassen und nach und nach die kleineren Fische zugeben. Den Deckel vom Topf nehmen und genügend Wasser oder Fischbrühe zugeben, dass ein eher flüssiger Eintopf entsteht. Die Muscheln zugeben und alles wieder zum Kochen bringen.

Ein paar Minuten kochen lassen, dann den Eintopf mit der Petersilie bestreuen. Abschmecken und nach Belieben nachwürzen. Zum Servieren den Knoblauch auf die Brotscheiben reiben und mit Cayennepfeffer bestreuen. Die Brotscheiben in vier Suppenteller legen. Den Fischeintopf mit einer Suppenkelle darübergießen.

Hinweis: Cacciucco ist einer von zahlreichen italienischen Fischeintöpfen und eine Spezialität aus Livorno. *Cacciucco* bedeutet im toskanischem Dialekt „Mischmasch“. In Grosseto und Arezzo wird dieser Eintopf auch mit Kichererbsen oder Fleisch zubereitet.

Fritto misto mit Salbei

Fritto misto di pesce alla salvia

Vorbereiten: 1½ Std.

Garzeit: 30–40 Min.

Für 16 Personen

1 kg Auberginen, in feine Scheiben geschnitten
2,5 kg Miesmuscheln, abgebürstet und küchenfertig
6 EL Olivenöl, und Olivenöl zum Ausbacken
2 Knoblauchzehen
2,5 kg Venusmuscheln, abgebürstet und küchenfertig
1 kg rohe Garnelen
1 kg Kalmar
1 gelbe Paprika, entkernt und in 3 cm große Stücke geschnitten
1 rote Paprika, entkernt und in 3 cm große Stücke geschnitten
1 grüne Paprika, entkernt und in 3 cm große Stücke geschnitten
1 kg Zucchini, in Längsscheiben geschnitten
Mehl, zum Bestäuben
Salz

Für den Ausbackteig

500 g Mehl
4 Eier, getrennt
175 g trockener Weißwein
1 EL fein gehackter Salbei
Salz

Die Auberginenscheiben in ein Sieb legen, mit Salz bestreuen, abtropfen lassen. Beschädigte Miesmuscheln oder solche, die sich beim Draufklopfen nicht sofort schließen, aussortieren. Die Hälfte des Olivenöls mit 1 Knoblauchzehe in einem großen Topf erhitzen. Die Muscheln zugeben und mit aufgesetztem Deckel bei starker Hitze 4–5 Minuten garen, bis sie sich geöffnet haben. Dabei gelegentlich am Topf rütteln. Mit einem Schaumlöffel aus dem Topf nehmen. Geschlossene Muscheln aussortieren. Die anderen aus ihren Schalen lösen, in eine Schüssel geben.

Beschädigte Venusmuscheln und solche, die sich nicht sofort schließen, wenn man daraufklopft, aussortieren. Das restliche Olivenöl mit einer Knoblauchzehe in einem zweiten Topf erhitzen. Die Muscheln zufügen, mit aufgesetztem Deckel bei starker Hitze 3–5 Minuten garen, bis sie sich geöffnet haben. Dabei gelegentlich am Topf rütteln. Mit einem Schaumlöffel herausnehmen und geschlossene Muscheln aussortieren. Die anderen aus ihren Schalen lösen, in eine Schüssel geben.

Die Garnelen in einem großen Topf mit Salzwasser in 2 Minuten gar kochen. Gut abtropfen lassen, noch heiß aus den Schalen lösen. Den Kalmar abspülen. Kopf (mit Innereien) und Tentakel aus dem Körpermantel ziehen. Die Tentakel vom Kopf abtrennen, das Kauwerkzeug aus der Mitte herausdrücken und entfernen. Den durchsichtigen Knochenschulp aus dem Körpermantel ziehen. Den Körpermantel unter fließendem kaltem Wasser gut abspülen, dabei die Haut abziehen. Den Körpermantel in Ringe, die Tentakel in Stücke schneiden.

Für den Teig das Mehl mit 1 Prise Salz in eine Schüssel sieben. Eigelb und Wein unterrühren. In einer zweiten Schüssel das Eiweiß steif schlagen und zusammen mit dem Salbei vorsichtig unter den Teig heben.

→

→

Je 4–5 Venus- und Miesmuscheln abwechselnd mit den bunten Paprikastücken auf Spieße stecken. Die Auberginen abspülen und trocken tupfen. Reichlich Öl in einer Fritteuse auf 180–190 °C erhitzen, sodass ein Brotwürfel in 30 Sekunden braun wird.

Den Kalmar mit Mehl bestäuben. Ins heiße Öl geben und in 1–2 Minuten knusprig frittieren. Mit einem Schaumlöffel herausnehmen, auf Küchenpapier abtropfen lassen. Warm halten. Die Spieße in den Teig tauchen, kurz abtropfen lassen, im heißen Öl in einigen Minuten knusprig ausbacken. Auf Küchenpapier abtropfen lassen. Warm halten. Zuletzt Garnelen, Zucchini und Auberginen in den Teig tauchen, kurz abtropfen lassen, im heißen Öl knusprig ausbacken. Mit einem Schaumlöffel herausnehmen und auf Küchenpapier abtropfen lassen.

Alle frittierten Zutaten salzen und pfeffern. Auf einen vorgewärmten Servierteller anrichten und sofort servieren.

Kalmare mit Garnelenfüllung

Calamari ripieni di gamberetti

Vorbereiten: 50 Min.
(inkl. Kühlzeit)
Garzeit: 20 Min.
Für 4 Personen

- 8 Kalmare, küchenfertig
- 500 ml trockener Weißwein
- 2 Lorbeerblätter
- 300 g Garnelen, roh und gepult
- 1 Knoblauchzehe, gehackt
- 2 EL frisch gehackte glatte Petersilie
- Saft von 2 Zitronen
- 100 ml Olivenöl und etwas Olivenöl zum Beträufeln
- Salz und Pfeffer
- Radicchioblätter zum Garnieren

Die Kalmare abspülen. Köpfe (mit Innereien) und Tentakel aus den Körpermänteln ziehen. Die Tentakel von den Köpfen abtrennen, die Kauwerkzeuge aus der Mitte herausdrücken und entfernen. Die durchsichtigen Knochenschulpe aus den Körpermänteln ziehen. Die Körpermäntel unter fließendem kaltem Wasser gut abspülen, dabei die Haut abziehen. Einen Liter Wasser in einem großen Topf zum Kochen bringen, 1 Prise Salz, Wein und Lorbeerblätter zugeben. Dann wieder zum Kochen bringen, die Kalmare einlegen und 20 Minuten köcheln lassen. Die Kalmare abtropfen und abkühlen lassen.

→

→ Inzwischen die Garnelen in einem Topf mit Salzwasser 4–5 Minuten kochen. Vom Herd nehmen und im Wasser abkühlen lassen, dann abgießen und in eine große Schüssel geben.

Den Knoblauch, die Hälfte der Petersilie und 2 Esslöffel Zitronensaft unter die Garnelen mischen. Mit reichlich Olivenöl beträufeln, mit Pfeffer würzen und gut durchmengen.

Die Kalmare mit der Garnelenmischung füllen und mit einem hölzernen Cocktailspieß verschließen. Die gefüllten Kalmare auf einem Servierteller anrichten und mit Radicchio garnieren. Olivenöl, restlichen Zitronensaft und Petersilie verrühren und mit Salz und Pfeffer abschmecken. Das Dressing über die Kalmare träufeln und servieren.

Hinweis: Je kleiner die Kalmare, desto zarter und schmackhafter sind sie.

Sepia mit Erbsen

Seppie ai piselli

Vorbereiten: 20 Min.
Garzeit: 1 Std. 20 Min.
Für 4 Personen

- 4 EL Olivenöl
- 1 Knoblauchzehe
- 800 g Sepien, küchenfertig und in Streifen geschnitten
- 200 ml trockener Weißwein
- 700 g Erbsen, gepalt oder Erbsen aus der Dose, abgespült und abgetropft
- Salz und Pfeffer

Das Olivenöl mit dem Knoblauch in einer Pfanne erhitzen. Den Knoblauch entfernen und wegwerfen, sobald er braun wird. Die Sepien in die Pfanne geben, mit Salz und Pfeffer abschmecken, gut rühren und einige Minuten garen.

Den Wein zugießen und 5 Minuten kochen, bis er verdampft ist. Wasser zugießen, sodass die Sepien fast bedeckt sind, und zum Kochen bringen. Die Hitze reduzieren, abdecken und 1 Stunde köcheln lassen. Die Erbsen zugeben und in 5–10 Minuten gar kochen. Sofort servieren.

Oktopus nach Seemanns Art

Polpi del marinaio

Vorbereiten: 10 Min.
Garzeit: 2 Std.
Für 4 Personen

1 kg Oktopus, küchenfertig
1 Knoblauchzehe, zerdrückt
1 Zwiebel, in dünne Ringe geschnitten
Olivenöl, zum Beträufeln
1 Tomate, geschält, entkernt und gewürfelt
5 EL Weißwein
Salz und Pfeffer

Den Oktopus in einen schweren Topf legen. Knoblauch und Zwiebel zugeben, mit Salz und Pfeffer würzen und mit Olivenöl beträufeln.

Abdecken und bei schwacher Hitze 1 Stunde garen. Tomate und Wein zugeben und den Oktopus 1 Stunde weiterkochen, bis er zart ist.

Den Oktopus aus dem Topf nehmen und in Stücke schneiden. Mit dem Kochsud, der recht dickflüssig sein sollte, servieren. Falls er zu dick ist, etwas lauwarmes Wasser unterrühren.

Steinbutt in Orangensauce

Rombo all'arancia

Vorbereiten: 10 Min.
Garzeit: 25 Min.
Für 4 Personen

2 unbehandelte Orangen
1 EL Olivenöl
4 Steinbuttfilets
2 EL Zucker
Salz
Orangenscheiben, zum Garnieren

Von 1 Orange die Schale ohne das weiße Innere ablösen, dann die Schale fein hacken. Diese Orange auspressen. Das Olivenöl in einer Pfanne erhitzen und den Fisch hineingeben, mit Salz würzen und mit dem Orangensaft beträufeln. Bei mittlerer Hitze 15 Minuten garen, dabei die Filets gelegentlich wenden.

Inzwischen die andere Orange auspressen und den Saft in eine Schale gießen. Zwei Esslöffel Wasser mit Zucker und Orangenschale in einen kleinen Topf geben und ein paar Minuten sanft erhitzen. Dann den restlichen Saft einrühren.

Die Sauce über den Fisch gießen und 10 Minuten köcheln lassen. Den Fisch auf eine Servierplatte legen und mit Orangenscheiben garnieren.
Sofort servieren.

Fischcouscous

Cuscus di pesce

Vorbereiten: 3½ Std.
(inkl. Ruhezeit)
Garzeit: 1½ Std.
Für 4 Personen

- 500 g Couscous (siehe Hinweis)
- 2 EL Olivenöl, und etwas Öl zum Beträufeln
- 1 rote Zwiebel, gehackt
- 1 große Knoblauchzehe, fein gehackt
- 1 Selleriestange, gehackt
- 2 EL gehackte glatte Petersilie
- 3 Tomaten, geschält und gehackt
- 1 kg Fisch und Meeresfrüchte, z. B. Makrele, Drachenkopf, Knurrhahn, Meeraal, Zackenbarsch, Sepia oder Kalmar, küchenfertig, in Stücke geschnitten
- Salz und Pfeffer

Den Couscous in eine große, breite Schüssel streuen und mit angefeuchteten Fingern einige Tropfen Salzwasser einarbeiten, sodass eine kleine, gleichmäßige Körnung entsteht. Den Couscous leicht mit Olivenöl beträufeln. Die Körner auf einem sauberen Tuch ausbreiten und mindestens 3 Stunden trocknen lassen.

Das Olivenöl in einem großen Topf erhitzen. Zwiebel, Knoblauch, Sellerie und Petersilie darin bei schwacher Hitze 5 Minuten unter gelegentlichem Rühren anbraten, bis die Zwiebel weich wird. Tomaten, dann Fisch- und Meeresfrüchte zugeben und mit 1,5 Liter kochendem Wasser ablöschen. Salzen und pfeffern und bei aufgesetztem Deckel 30 Minuten köcheln lassen. Den Fisch mit einem Schaumlöffel herausnehmen und in einer abgedeckten Schüssel beiseitestellen.

Den Sud abmessen und ein Drittel in einen sauberen Topf oder einen speziellen Couscous-Topf (Couscousier) füllen. Mit 1 Liter kochendem Wasser strecken. Das Tuch mit dem Couscous an den vier Ecken zusammenfassen und in einen Dämpfeinsatz oder in den oberen Teil des Couscousiers geben. Bei schwacher Hitze mindestens 1 Stunde gar dämpfen. Den Couscous in die Mitte einer Servierplatte geben und den Fisch mit der Sauce ringsum anrichten.

Hinweis: Couscous ist eine nordafrikanische Spezialität. Dort wird er traditionell mit Fleisch zubereitet. Auf Sizilien serviert man ihn aber auch gerne mit Fisch. Für dieses Gericht traditionellen Couscous aus Durumweizengrieß und keinen vorgekochten Instant-Couscous verwenden.

Schwertfisch-Carpaccio mit Auberginenkaviar

Carpaccio di spada con caviale di melanzane

Vorbereiten: 4 Std.
(inkl. Marinierzeit)
Garzeit: 2 Std.
Für 4 Personen

Saft von 2 Zitronen
150 ml Olivenöl
1 Prise getrockneter Oregano
500 g Schwertfischfilet, in feine Scheiben geschnitten
Salz und Pfeffer

Für den Auberginenkaviar

3 Auberginen, in Scheiben geschnitten
Saft von 1 Zitrone
1 Knoblauchzehe
1 EL gehackte glatte Petersilie
2 Tomaten, geschält, entkernt und gehackt
2 EL Olivenöl
Salz

Zitronensaft, Olivenöl und Oregano in einer großen, nicht metallischen Form verrühren. Salzen und pfeffern. Die Fischscheiben hineingeben und mit Frischhaltefolie abgedeckt 3–4 Stunden im Kühlschrank marinieren.

Für den Auberginenkaviar die Auberginenscheiben in einem großen Topf mit kochendem Wasser 4 Minuten blanchieren. Mit einem Schaumlöffel herausnehmen und auf einem sauberen Tuch abkühlen lassen.

Die Auberginenscheiben im Mixer pürieren. Zitronensaft, Knoblauch, Petersilie, Tomaten und Olivenöl zugeben und kurz mitpürieren. Mit Salz abschmecken.

Die Schwertfischscheiben abtropfen lassen und auf einem großen Servierteller anrichten. Dabei die Tellermitte frei lassen. Die Marinade durch ein Haarsieb passieren und über den Fisch träufeln. Den Auberginenkaviar in die Tellermitte geben und sofort servieren.

Schwertfisch-päckchen

Ruota di pesce spada al cartoccio

Vorbereiten: 25 Min.
Garzeit: 40 Min.
Für 6 Personen

1,5 kg Schwertfischfilet, maximal 6 cm dick
175 g Olivenöl
Saft von 1 Zitrone
1 frische rote Chili, entkernt und fein gehackt
1 Knoblauchzehe, in Scheiben geschnitten
1 Bund glatte Petersilie, gehackt
Salz
Zitronenzesten, zum Garnieren

Den Backofen auf 160 °C vorheizen und eine hitzebeständige Schüssel mit Wasser hineinstellen. Der entstehende Wasserdampf verhindert, dass der Fisch beim Garen austrocknet. Eine große Auflaufform so mit Alufolie auskleiden, dass die Folie an den Seiten weit über den Rand ragt. Je die Hälfte des Olivenöls und des Zitronensafts hineingeben und je die Hälfte von Chili, Knoblauch und Petersilie darauf verteilen, dann salzen.

Den Fisch in die Form legen. Die zweite Hälfte der Zutaten über den Fisch geben und salzen. Die Alufolie über dem Fisch fest verschließen und den Fisch im Ofen 40 Minuten garen.

Den Fisch aus der Alufolie nehmen und in Scheiben schneiden. Auf einer Servierplatte mit den Zitronenzesten garniert anrichten. Sofort servieren.

Goldbrasse mit Fenchel

Orata ai finocchi

Vorbereiten: 10 Min.
Garzeit: 40 Min.
Für 4 Personen

4 Fenchelknollen, geputzt und halbiert
1 ganze Goldbrasse (1 kg), geschuppt und ausgenommen
1 Zweig frischer Thymian
1 Knoblauchzehe
Olivenöl, zum Beträufeln
Saft von 2 Zitronen
Salz und Pfeffer

Den Backofen auf 180 °C vorheizen. Den Fenchel in 10 Minuten in Salzwasser gar kochen. Die Goldbrasse mit dem Thymianzweig füllen und innen salzen und pfeffern. In eine Auflaufform legen, den Knoblauch zugeben, mit Olivenöl beträufeln, salzen und pfeffern. Um den Fisch herum Fenchel arrangieren und 30 Minuten im Ofen garen. Nach der Hälfte der Garzeit den Fisch vorsichtig wenden. Die Goldbrasse mit Zitronensaft beträufeln und servieren.

Meerbrasse mit Kräutern

Orata piccante

Vorbereiten: 20 Min.
Garzeit: 30 Min.
Für 4 Personen

1 ganze Meerbrasse (1 kg), küchenfertig
2 Zweige Salbei, gehackt
1 Zweig Rosmarin, gehackt
2 Stängel Basilikum, gehackt
1 Knoblauchzehe, gehackt
2 Tomaten, in Scheiben geschnitten
5 EL trockener Weißwein
Olivenöl, zum Beträufeln
Salz und Pfeffer

Den Backofen auf 200 °C vorheizen. Den Fisch innen salzen und pfeffern und den Rücken einschneiden. Auf einen großen Bogen Backpapier legen und mit Kräutern, Knoblauch und Tomaten bedecken.

Den Fisch mit Weißwein und Olivenöl beträufeln. Salzen und pfeffern. Das Backpapier zu einem Päckchen einschlagen und auf ein Backblech heben. Im Ofen 30 Minuten garen. Das Päckchen auf eine Servierplatte heben, öffnen und die Meerbrasse sofort servieren.

Lachsforellenfilets mit Zitrone und Gin

Filetti di trota salmonata al limone e gin

Vorbereiten: 2½ Std.
(inkl. Marinierzeit)
Garzeit: 10 Min.
Für 4 Personen

900 g Lachsforellenfilets
6 EL Olivenöl
Saft von 3 Zitronen
1 EL gehackte glatte Petersilie
25 g Butter
120 ml Gin
Salz und Pfeffer

Die Fischfilets nebeneinander in eine große, nicht metallische Form legen. Olivenöl, Zitronensaft und Petersilie in einer Schale verrühren und mit Salz abschmecken. Den Fisch mit der Marinade überziehen und abgedeckt 2 Stunden im Kühlschrank marinieren. Die Butter in einer großen Pfanne zerlassen. Die Fischfilets samt Marinade darin bei mittlerer bis starker Hitze 3 Minuten von jeder Seite anbraten. Die Hitze reduzieren. Mit dem Gin ablöschen und flambieren. Wenn die Flammen erloschen sind, die Filets salzen und pfeffern. Sofort servieren.

Lachsforellen gefüllt mit Mandeln und Joghurt

Trota salmonata ripiena di mandorle e yogurt

Vorbereiten: 20 Min.
Garzeit: 30 Min.
Für 4 Personen

Olivenöl, zum Bestreichen
100 g abgezogene Mandeln, gehackt
150 g Naturjoghurt
Saft von 2 Zitronen
1 Prise gemahlener Kreuzkümmel
2 Lachsforellen, küchenfertig
Salz und Pfeffer

Für die Sauce

100 g abgezogene Mandeln, gehackt
200 ml Weißwein
150 g Naturjoghurt
½ grüne Paprika, entkernt und in Streifen geschnitten
Salz und Pfeffer

Den Backofen auf 200 °C vorheizen. Eine Auflaufform mit Olivenöl einpinseln. Mandeln, Joghurt, Zitronensaft und Kreuzkümmel in einer Schüssel verrühren. Salzen und pfeffern. Die Forellen mit der Masse füllen, mit Öl bestreichen und in die Auflaufform legen. Im vorgeheizten Ofen 30 Minuten garen, bis sich das Fleisch leicht von den Gräten lösen lässt.

Inzwischen für die Sauce Mandeln, Wein und Joghurt in einem Topf verrühren. Mit Salz und Pfeffer abschmecken. Unter gelegentlichem Rühren 10 Minuten sanft köcheln lassen. Die Paprikastreifen zugeben und erhitzen. Den Fisch auf eine Servierplatte heben und mit der Sauce überziehen. Sofort servieren.

Thunfischsteaks mit Kartoffeln und Honigsauce

Tagliata di tonno con patatine e salsa al miele

Vorbereiten: 1 Std.
(inkl. Kühl- und Marinierzeit)
Garzeit: 1 Std. 10 Min.
Für 6 Personen

6 Thunfischsteaks (à 200 g)
3–4 Blätter Zitronenmyrte
1 Knoblauchzehe, in Scheiben geschnitten
6 EL Olivenöl, und etwas Olivenöl zum Beträufeln
24 neue Kartoffeln
Salz und Pfeffer

Für die Sauce

200 ml Weißweinessig
4–5 EL Blütenhonig (siehe Hinweis)
4 Tomaten, geschält, entkernt und gewürfelt
1 EL gehackte glatte Petersilie
1 EL Schnittlauchröllchen
2 EL Olivenöl
2 EL Pinienkerne, geröstet
Salz und Pfeffer

Für die Sauce den Essig in einem kleinen Topf auf drei Viertel einkochen lassen. Dann 4 Esslöffel Honig (nach Geschmack etwas mehr) einrühren. Den Topf vom Herd nehmen und abkühlen lassen. Die Tomaten in einer Schüssel mit etwas Salz, 1 Prise Pfeffer, Petersilie und Schnittlauch bestreuen. Mit dem abgekühltem Honigessig sowie Olivenöl und Pinienkernen vermengen. Mit Salz und Pfeffer abschmecken und ziehen lassen.

Den Backofen auf 200 °C vorheizen. Die Thunfischsteaks salzen und pfeffern. In eine flache Form legen. Myrtenblätter und Knoblauchscheiben darauf verteilen, mit Olivenöl beträufeln und 10 Minuten ziehen lassen.

Drei Esslöffel Olivenöl in einer Pfanne erhitzen. Die Thunfischsteaks darin bei mittlerer bis starker Hitze 2 Minuten von jeder Seite anbraten. In eine Auflaufform geben und im Ofen 10 Minuten garen. Dann an einem warmen Ort 10 Minuten ruhen lassen.

Inzwischen die Kartoffeln in einem Topf mit Salzwasser 10 Minuten kochen. Gut abtropfen lassen. Die restlichen 3 Esslöffel Olivenöl in einer Pfanne erhitzen. Die Kartoffeln darin bei schwacher Hitze in 10–15 Minuten gar braten. Dabei gelegentlich an der Pfanne rütteln. Die Thunfischsteaks auf eine Servierplatte heben. Die Kartoffeln ringsum verteilen. Mit der Sauce überziehen und sofort servieren.

Hinweis: *Millefiori*-Honig (Tausendblütenhonig) stammt aus unzähligen verschiedenen Blüten. Daher kann dieser Blütenhonig je nach Region, Zusammensetzung und Jahrgang sehr unterschiedlich schmecken.

Kräuterbraten

Arrosto alle erbe

Vorbereiten: 30 Min.
Garzeit: 1 Std. 15 Min.
Für 6 Personen

1 kg Kalbsbraten aus dem Rücken oder der Keule
50 g Butter, gewürfelt
2 EL Olivenöl, und etwas Olivenöl zum Beträufeln
100 ml trockener Weißwein
300 ml heißer Kalbsfond oder Rinderbrühe
25 g gemischte gehackte Kräuter, z. B. Thymian, Salbei, Rosmarin, glatte Petersilie und Minze
½ Knoblauchzehe, gehackt
1 EL Dijon-Senf
1 Spritzer Weinbrand
Salz und Pfeffer
Kräuter, zum Garnieren

Das Fleisch mit Salz und Pfeffer einreiben und in einen Bräter geben. Butter zufügen, mit Olivenöl beträufeln und bei mittlerer Hitze in 10 Minuten unter gelegentlichem Wenden rundum goldbraun anbraten. Mit dem Wein ablöschen und 5 Minuten garen, bis der Alkohol verdampft ist. Eine Stunde weiterbraten, dabei regelmäßig Fond oder Brühe nachgießen. Den Backofen auf 200 °C vorheizen. Kräuter, Knoblauch, Senf, Olivenöl und Weinbrand in einer Schale verrühren. Das Fleisch aus dem Bräter nehmen und auf ein großes Stück Alufolie setzen. Mit der Kräutermischung bestreichen und sorgfältig in die Folie einschlagen. Den Braten in eine Bratform setzen und 10 Minuten im Ofen garen. Aus der Folie nehmen, kurz ruhen lassen und in relativ dicke Scheiben schneiden. Auf einer Servierplatte anrichten und mit Kräutern garnieren. Den Bratensaft durch ein Haarsieb in eine Sauciere passieren und zum Braten reichen.

Ente mit Pfirsich

Filetti d'anatra alle pesche

Vorbereiten: 40 Min.
Garzeit: 1¾ Std.
Für 4 Personen

1 Ente (1,5 kg)
3 frische Salbeiblätter
1 Lorbeerblatt
25 g Butter
500 g weiße Pfirsiche, entsteint, gehäutet und geviertelt
1 Prise gemahlener Zimt
Salz und Pfeffer

Die Ente mit Salbei und Lorbeerblatt in einen Schmortopf geben, salzen und pfeffern und mit Wasser bedecken. Zum Kochen bringen, dann die Hitze reduzieren und bei aufgesetztem Deckel 1½ Stunden köcheln lassen. Die Ente aus dem Topf nehmen, die Haut entfernen, dann entbeinen und das Fleisch in Stücke schneiden. Die Fleischstücke zurück in den Topf geben und bei schwacher Hitze etwa 15 Minuten köcheln lassen bis die Flüssigkeit komplett verdampft ist. Inzwischen die Butter in einer großen Pfanne zerlassen und die Pfirsiche 5–10 Minuten unter gelegentlichem Rühren garen. Die Pfirsiche mit Zimt bestreuen, dann das Fleisch dazugeben. Abschmecken und nach Belieben nachwürzen. Ente und Pfirsiche auf einem Servierteller anrichten und sofort servieren. Dieses Gericht schmeckt auch kalt köstlich.

Wildente auf Feigen

Filetti d'anatra selvatica con i fichi

Vorbereiten: 30 Min.

Garzeit: 1 Std. 20 Min.

Für 4 Personen

1 Wildente, küchenfertig, die Leber aufheben
2 EL Olivenöl
750 ml Rotwein
50 ml Weinbrand
Saft von 1 Zitrone
400 g frische Feigen
25 g Butter
Salz und Pfeffer

Den Backofen auf 200 °C vorheizen. Die Ente innen salzen und pfeffern, dann die Leber in die Ente legen. Das Olivenöl in einem Bräter erhitzen, die Ente hineinlegen und den Wein dazugießen. 1 Stunde im Ofen schmoren, bis die Ente gar ist. Die Ente aus dem Ofen nehmen, entbeinen und das Fleisch in dicke Scheiben schneiden. Das Fleisch beiseitestellen und warm halten.

Die Leber dünn aufschneiden. Die Ofentemperatur auf 180 °C reduzieren. Weinbrand, Zitronensaft und Bratensaft im Bräter verrühren und die Leber dazugeben.

Die Feigen so vierteln, dass sie am Stiel noch zusammenhalten, dann in eine Auflaufform legen. Salzen und pfeffern. Die Butter auf den Feigen verteilen und die Früchte 10 Minuten im Ofen backen.

Inzwischen die Sauce im Bräter bei schwacher Hitze erwärmen. Die Feigen aus dem Ofen nehmen. Die Entenscheiben auf einem vorgewärmten Servierteller anrichten, die Sauce darübergeben und mit den heißen Feigen garnieren. Sofort servieren.

Einfache Hühnergalantine

Galantina semplice di cappone

Vorbereiten: 12 Std.
(inkl. Kühl- und Ruhezeit)
Garzeit: 1 Std.
Für 8 Personen

- 3 Blätter Gelatine
- 600 ml klare Gemüse- oder Hühnerbrühe
- 1 großes Brathähnchen
- 2 Karotten
- 300 g Kalbshackfleisch
- 100 g Prosciutto, klein gehackt
- Salz

Die Gelatine in der Brühe nach Packungsangabe auflösen, in eine rechteckige Form geben und im Kühlschrank kühl stellen, bis sie fest geworden ist. Das Hähnchen mit Karotten und 1 Prise Salz in einen großen Topf geben, mit Wasser bedecken und zum Kochen bringen. Die Hitze reduzieren und 15 Minuten köcheln lassen. Den Topf vom Herd nehmen und das Hähnchen im Kochsud abkühlen lassen, dann herausnehmen, den Sud aufheben. Die Haut möglichst in einem Stück abziehen und beiseitelegen.

Das Hähnchen entbeinen und das Fleisch in kleine Stücke schneiden. Das Fleisch mit Hackfleisch und Schinken vermengen und mit Salz abschmecken. Die Fleischmasse zu einer länglichen Pastete formen, zuerst mit der Haut, dann mit einem Musselintuch umwickeln. Mit Küchengarn fest zubinden. Die Karotten aus dem Sud nehmen und wegwerfen, das eingewickelte Fleisch hineingeben und zum Kochen bringen. Die Hitze reduzieren und die Pastete 45 Minuten köcheln lassen. Aus dem Sud nehmen, gut abtropfen lassen und auf einen Teller legen. Die Pastete mit einem Schneidebrett und 2–3 Konservendosen gleichmäßig beschweren, in den Kühlschrank stellen und über Nacht flach werden lassen.

Die Gelatine in kleine Würfel schneiden. Die Pastete auswickeln, in dünne Scheiben schneiden und auf einem Servierteller anrichten. Mit den Gelatinewürfeln garnieren.

Hinweis: Man nimmt an, dass das Wort Galantine aus dem Altfranzösischen kommt und sich entweder von *galatine* (Gelatine) oder von *galine* (Henne) ableitet. Das gleiche Gericht mit Ente zubereitet heißt *ballottine*, hat eine runde Form und ist im Geschmack kräftiger.

Süßsaures Kaninchen

Coniglio in agrodolce

Vorbereiten: 12 Std.
(inkl. Marinierzeit)
Garzeit: 35 Min.
Für 6 Personen

1,5 kg Kaninchen, in Stücke zerteilt
Mehl, zum Bestäuben

Für die Marinade

1 Selleriestange, grob gehackt
1 Karotte, grob gehackt
1 Zwiebel, grob gehackt
1 Schalotte, grob gehackt
1 Knoblauchzehe, grob gehackt
1 Zweig Rosmarin, gehackt
1 Zweig Salbei, gehackt
150 ml Weißweinessig
6 schwarze Pfefferkörner

Für die süßsaure Sauce

3 EL Olivenöl
2 Schalotten, fein gehackt
1 Zwiebel, fein gehackt
1 Sellerieherz, gehackt
150 g entsteinte grüne Oliven, gehackt
50 g Pantelleria-Kapern
2 EL Pinienkerne
2 gehäufte EL Zucker
200 ml Weißweinessig
Salz

Die Kaninchenstücke nebeneinander in eine große Form legen. Die Zutaten für die Marinade in einer Schale verrühren. Die Kaninchenstücke damit übergießen und darin wenden. Mit Frischhaltefolie abdecken und über Nacht im Kühlschrank marinieren.

Am nächsten Tag die Kaninchenstücke aus der Marinade nehmen, gut abtropfen lassen und trocken tupfen. Mit Mehl bestäuben, überschüssiges Mehl abklopfen. Das Olivenöl in einem großen Topf erhitzen. Schalotten und Zwiebel darin bei schwacher Hitze in 5 Minuten unter gelegentlichem Rühren glasig dünsten.

Die Kaninchenstücke zugeben. Die Hitze auf mittlere Stufe erhöhen und das Fleisch in 8–10 Minuten unter gelegentlichem Wenden anbräunen. Den Sellerie zugeben und salzen. Die Hitze wieder reduzieren und alles bei aufgesetztem Deckel 15 Minuten garen. Oliven, Kapern und Pinienkerne zufügen und einige weitere Minuten mitgaren, bis das Fleisch zart ist.

Zucker und Essig unterrühren und das Fleisch einige weitere Minuten garen. Den Herd ausschalten und das Kaninchen im Topf abkühlen lassen. Die Fleischstücke auf einer Servierplatte anrichten und mit der Sauce überziehen.

Hinweis: Kaninchenfleisch ist sehr zart, fettarm und bekömmlich. Es hat ein feines Aroma und schmeckt besonders gut, wenn es mit den Kräutern verfeinert wird, die auch die Tiere fressen. Die Kapern, die auf dem vulkanischen Boden der Insel Pantelleria vor der sizilianischen Küste gedeihen, gelten als die besten der Welt.

Kaninchen mit Paprika

Coniglio ai peperoni

Vorbereiten: 25 Min.
Garzeit: 1 Std. 20 Min.
Für 4 Personen

1 Kaninchen, küchenfertig, entbeint und in Stücke geschnitten
Mehl, zum Bestäuben
4 EL Olivenöl
1 Zweig Rosmarin, gehackt, und etwas Rosmarin zum Garnieren
2 Zweige Salbei, gehackt, und etwas Salbei zum Garnieren
175 ml Weißwein
1 Zwiebel, gehackt
1 Knoblauchzehe, gehackt
150 ml Hühnerbrühe
3 gelbe Paprika, entkernt und geviertelt
Salz und Pfeffer

Die Kaninchenstücke mit Mehl bestäuben. Überschüssiges Mehl abklopfen. Das Olivenöl in einem großen Topf erhitzen. Fleischstücke und Kräuter darin bei mittlerer Hitze in etwa 10 Minuten unter gelegentlichem Wenden anbräunen. Mit dem Weißwein ablöschen und 5 Minuten einkochen lassen, bis der Alkohol verdampft ist. Zwiebel und Knoblauch zugeben. Salzen und pfeffern. Die Brühe angießen und zum Kochen bringen.

Das Kaninchen bei aufgesetztem Deckel 30 Minuten unter gelegentlichem Rühren schmoren. Die Paprika zufügen und das Fleisch weitere 30 Minuten schmoren, bis es gar ist. Vor dem Servieren mit Rosmarin und Salbei bestreuen.

Abbildung S. 296

Gefülltes Kaninchen

Coniglio ripieno

Vorbereiten: 20 Min.
Garzeit: 1¼ Std.
Für 4–6 Personen

150 g Kalbshackfleisch
150 g Schweinehackfleisch
200 g Champignons, grob gehackt
80 g Parmesan, gerieben
2 Eier, leicht verquirlt
1 Prise frisch geriebene Muskatnuss
1 Zweig Thymian, gehackt
1 Zweig Majoran, gehackt
1 Kaninchen, küchenfertig
3 EL Olivenöl
200 ml trockener Weißwein
Salz und Pfeffer

Den Backofen auf 200°C vorheizen. In einer großen Schüssel Kalbs- und Schweinehackfleisch, Champignons, Parmesan und Eier verrühren. Muskat, Thymian und Majoran zugeben, mit Salz und Pfeffer würzen. Das Kaninchen mit der Mischung füllen und mit Küchengarn am Bauch zunähen. Das Olivenöl in einen Bräter geben und das Kaninchen hineinlegen.

Den Bräter auf dem Herd bei mittlerer bis starker Hitze erhitzen. Das Kaninchen einige Minuten von beiden Seiten anbraten, dann mit dem Wein beträufeln und weitere 5 Minuten köcheln lassen, bis der Alkohol verdampft ist. Den Bräter in den Ofen stellen und das Kaninchen 1 Stunde garen. Aus dem Ofen nehmen und abkühlen lassen. Dann in Scheiben schneiden und servieren.

Wachteln mit Trauben

Quaglie all'uva bianca

Vorbereiten: 25 Min.
Garzeit: 20 Min.
Für 4 Personen

- 8 Wachteln
- 200 g kernlose weiße Tafeltrauben, gehäutet
- 8 Scheiben durchwachsener Speck
- 2 EL Olivenöl
- 25 g Butter
- 50 ml Weinbrand
- Salz und Pfeffer

Den Backofen auf 220 °C vorheizen. Die Wachteln salzen und pfeffern. Je 2 Trauben in die Bauchhöhle stecken. Die Wachteln mit den Speckscheiben umwickeln und mit Küchengarn binden. Nebeneinander in einen großen Bräter setzen. Olivenöl und Butter zufügen und die Wachteln im Ofen 10 Minuten garen.

Den Bräter aus dem Ofen nehmen. Die Wachteln mit dem Weinbrand übergießen und flambieren. Wenn die Flammen erloschen sind, die restlichen Trauben zugeben und im Ofen weitere 10 Minuten garen. Die Wachteln in einem Kreis auf einer Servierplatte anrichten und die Traubensauce in die Mitte geben. Sofort servieren.

Abbildung S. 297

Fasan mit Früchten

Fagiano alla frutta

Vorbereiten: 20 Min.
Garzeit: 1¼ Std.
Für 4 Personen

- 750 g blaue und weiße Tafeltrauben
- 50 g Butter
- 1 Fasan, küchenfertig
- Saft von 3 Orangen
- 200 ml trockener Weißwein
- 50 ml Weinbrand
- 20 Walnusskerne, grob gehackt
- 1 EL Mehl
- abgeriebene Schale von ½ unbehandelten Orange
- Salz und Pfeffer

Zum Garnieren

- 1 Orange, in Scheiben geschnitten
- Tafeltrauben

50 g Trauben auspressen und den Saft in einer Schale auffangen. Die Hälfte der Butter in einem Schmortopf bei mittlerer Hitze zerlassen. Den Fasan hineingeben. 15 Minuten unter gelegentlichem Wenden anbraten, bis er von allen Seiten gebräunt ist. Traubensaft, Orangensaft, Wein und Weinbrand zugeben, salzen und pfeffern. Die Hitze reduzieren und den Fasan bei aufgesetztem Deckel 30 Minuten köcheln lassen. Ganze Trauben in eine hitzebeständige Schale geben, mit kochendem Wasser übergießen und zugedeckt 1 Minute ziehen lassen, dann das Wasser abgießen und die Trauben häuten. Trauben und Walnüsse in den Schmortopf geben und weitere 10 Minuten köcheln lassen. Den Fasan herausnehmen und locker mit Alufolie abdecken. Restliche Butter in die Sauce geben, Mehl unterziehen und unter ständigem Rühren zum Kochen bringen. Den Orangenabrieb hinzugeben und unterrühren. Den Fasan mit Orangenscheiben und Trauben garnieren und sofort servieren. Die Sauce separat dazu reichen.

Kaninchen mit Paprika (S. 294)

Wachteln mit Trauben (S. 295)

Fasan mit Trauben

Fagiano all'uva

Vorbereiten: 15 Min.

Garzeit: 45 Min.

Für 4 Personen

1 Fasanenhenne
50 g durchwachsener Speck
25 g Butter
1 EL Olivenöl
1 kg blaue Tafeltrauben
150 ml Sahne
1 EL Weinbrand
Salz und Pfeffer

Den Fasan innen salzen und pfeffern, die Keulen mit Küchengarn zusammenbinden. Den Fasan mit den Speckscheiben bedecken und mit Küchengarn binden. Butter mit Olivenöl in einem Bräter zerlassen. Den Fasan darin bei schwacher Hitze in 10 Minuten unter gelegentlichem Wenden goldbraun anbraten.

Inzwischen 750 g Trauben auspressen und den Saft in einer Schale auffangen. Sahne und Weinbrand unterrühren, den Fasan damit ablöschen. Salzen und pfeffern. Bei aufgesetztem Deckel 15 Minuten sanft schmoren. Die restlichen Trauben zugeben und den Fasan bei aufgesetztem Deckel weitere 15–20 Minuten schmoren, bis er gar ist.

Den Fasan auf ein Schneidebrett heben und locker mit Alufolie abgedeckt ruhen lassen. Die Sauce bei starker Hitze etwas einkochen. Den Fasan tranchieren und auf einer vorgewärmten Servierplatte anrichten. Mit Sauce überziehen und mit Trauben garnieren. Sofort servieren.

Hähnchenrouladen mit Sardellen und Kapern

Involtini di pollo alle acciughe e capperi

Vorbereiten: 15 Min.

Garzeit: 35–40 Min.

Für 4 Personen

- 4 in Salz eingelegte Sardellen, gewässert und abgetropft
- 4 Hähnchenbrustfilets
- 25 g Kapern, abgespült und abgetropft
- 25 g Butter
- 1 EL Olivenöl
- 1 Zwiebel, in feine Scheiben geschnitten
- 50 ml trockener Weißwein
- Salz und Pfeffer

Die Sardellen an der Bauchseite öffnen und auseinanderklappen. Mit der Hautseite nach oben auf ein Schneidebrett legen und mit dem Daumen die Wirbelsäule entlangfahren. Die Fische wenden, die Wirbelsäule herauslösen und am Schwanzende mit einer Schere abtrennen.

Die Hähnchenfilets mit einem Fleischklopfer leicht flach klopfen. Sardellen und Kapern auf den Filets verteilen, dann aufrollen und mit einem Cocktailspieß feststecken. Butter mit Olivenöl in einer Pfanne zerlassen. Die Zwiebel darin bei schwacher Hitze in 5 Minuten unter gelegentlichem Rühren glasig dünsten.

Die Rouladen zugeben. Unter häufigem Wenden rundum bräunen, salzen und pfeffern. Mit dem Wein ablöschen. Bei starker Hitze etwas einkochen lassen. Die Hitze reduzieren und die Rouladen bei aufgesetztem Deckel 20 Minuten köcheln lassen. Auf eine vorgewärmte Servierplatte geben und sofort servieren.

Abbildung S. 306

Hähnchen mit Trauben

Pollo all'uva

Vorbereiten: 15 Min.
Garzeit: 1 Std. 25 Min.
Für 16 Personen

Saft von 6 Zitronen
5 kg Hähnchenteile
100 g Butter
4 EL Olivenöl
3–4 Schalotten, gehackt
500 g weiße Tafeltrauben, halbiert und entkernt
Salz

Zum Garnieren

blaue und weiße Tafeltrauben
Weinblätter

Den Backofen auf 180 °C vorheizen. Den Zitronensaft in eine große Form gießen, die Hähnchenteile darin wenden und abtropfen lassen. Den Zitronensaft aufbewahren.

Die Hälfte der Butter mit dem Olivenöl in einem großen Bräter zerlassen. Die Hähnchenteile darin portionsweise bei schwacher bis mittlerer Hitze unter gelegentlichem Wenden leicht anbräunen, dann salzen. Bei aufgesetztem Deckel im Ofen etwa 1 Stunde garen. Zur Garprobe ein Messer in die dickste Stelle stecken; der austretende Fleischsaft sollte klar sein. Wenn das Fleisch zu trocken erscheint, mit Zitronensaft übergießen.

Die restliche Butter in einem breiten Topf zerlassen. Die Schalotten darin bei schwacher Hitze 5 Minuten unter gelegentlichem Rühren glasig dünsten. Die Trauben zufügen und bei schwacher Hitze 5 Minuten unter gelegentlichem Rühren mitgaren. Die Hähnchenteile auf einer Servierplatte anrichten und mit der Traubensauce überziehen. Mit ganzen Trauben und Weinblättern anrichten und servieren.

Wirsingroulade mit Gemüse

Polpettone di maiale alle verdure

Vorbereiten: 30 Min.
Garzeit: 55 Min.
Für 4 Personen

- 2 Brötchen
- 300 g große Wirsingblätter, dicke Blattrippen entfernt
- 500 g Spinat, dicke Stiele entfernt
- 400 g Mangold, entstielt
- 400 g Schweinehackfleisch
- 2 Eigelb
- Mehl, zum Bestäuben
- 1 l Hühnerbrühe
- Olivenöl, zum Beträufeln
- Saft von 1 Zitrone
- Salz und Pfeffer

Die Brötchen in Stücke reißen und in einer Schüssel mit 6 Esslöffeln Wasser übergießen und 10 Minuten einweichen. Dann das Brot ausdrücken.

Inzwischen 5 Wirsingblätter beiseitelegen. Zwei Liter Wasser in einen großen Topf zum Kochen bringen. Restlichen Wirsing, Spinat und Mangold darin einige Minuten blanchieren. Mit einem Schaumlöffel herausnehmen, gut abtropfen lassen und fein hacken.

Den Blanchiersud erneut zum Kochen bringen und die beiseitegelegten Wirsingblätter kurz blanchieren. Abtropfen und abkühlen lassen. Hackfleisch, Brot, gehacktes Gemüse und Eigelb mit 1 Prise Salz und Pfeffer in einer Schüssel sorgfältig vermengen.

Die ganzen Wirsingblätter leicht überlappend auf einem sauberen Tuch ausbreiten. Die Hackfleischmasse gleichmäßig darauf verteilen und den Wirsing vorsichtig zu einer Roulade aufrollen. Die Enden mit Küchengarn festbinden. Die Roulade mit Mehl bestäuben und in einen Bräter geben. Mit der Brühe übergießen und zum Kochen bringen, dann die Hitze reduzieren und 45 Minuten köcheln lassen. Herausnehmen und abkühlen lassen.

Die Roulade in Scheiben schneiden und auf einer Servierplatte anrichten. Vor dem Servieren mit Olivenöl und Zitronensaft beträufeln.

Rinderfilet mit dicken Bohnen

Filetto con le fave

Vorbereiten: 20 Min.

Garzeit: 25–30 Min.

Für 4 Personen

100 g dicke Bohnen, gepalt
8 dicke Scheiben Rinderfilet
Mehl, zum Bestäuben
3 EL Olivenöl
Saft von ½ Zitrone
100 ml trockener Weißwein
40 g Speck, in Streifen geschnitten
Salz

Die Bohnen in einem Topf mit Salzwasser in 5–10 Minuten gar kochen. Gut abtropfen lassen und die Bohnen zwischen Daumen und Zeigefinger aus den Häuten drücken. Die Filetscheiben mit Mehl bestäuben. Überschüssiges Mehl abklopfen. Das Olivenöl in einer Pfanne erhitzen. Die Filetscheiben darin bei mittlerer bis starker Hitze unter einmaligem Wenden leicht anbräunen. Mit Zitronensaft und Wein ablöschen und einige weitere Minuten garen, bis der Alkohol verdampft ist. Bohnen und Speckstreifen vorsichtig untermischen und 5 Minuten erhitzen. Sofort servieren.

Abbildung S. 307

Gegrillte Kalbskoteletts mit Grapefruit

Costolette grigliate al pompelmo

Vorbereiten: 50 Min. (inkl. Marinierzeit)

Garzeit: 10 Min.

Für 4 Personen

4 Kalbskoteletts, pariert
Saft von 2 Grapefruits
3 EL rosa Pfefferkörner, zerstoßen
2 EL Olivenöl, und etwas Olivenöl zum Beträufeln
1 Stängel Minze, gehackt
100 g Kopfsalat, zerteilt
Salz

Die Koteletts in eine nicht metallische Form geben und mit der Hälfte des Grapefruitsafts beträufeln. Zwei Esslöffel Pfefferkörner zugeben und die Koteletts 30 Minuten marinieren. Den Grill anheizen. Die Koteletts abtropfen lassen, auf den heißen Grill legen und mit Olivenöl beträufeln.

Die Koteletts etwa 5 Minuten von jeder Seite goldbraun grillen. Das Fleisch vom Grill nehmen und salzen. Restlichen Grapefruitsaft, 2 Esslöffel Olivenöl und den übrigen Pfeffer in einer Schüssel verrühren. Mit 1 Prise Salz abschmecken und die Minze unterrühren. Den Salat auf einem Servierteller ausbreiten und die Koteletts darauf anrichten. Sofort servieren. Die Sauce separat dazu reichen.

Kalter Kalbsbraten

Carne estiva

Vorbereiten: 1 Std.
(inkl. Kühl- und Marinierzeit)
Garzeit: 2 Std.
Für 6 Personen

1 Selleriestange
1 Karotte
1 Zwiebel
1 kg Bratenstück aus der Hinterhaxe
100 g Kapern, abgespült und abgetropft
100 ml Olivenöl
Saft von 4 Zitronen
Salz

Sellerie, Karotte und Zwiebel in einem Topf mit Wasser aufkochen. Das Fleisch sorgfältig mit Küchengarn binden und 2 Stunden köcheln lassen.

Den Topf vom Herd nehmen und das Fleisch im Sud abkühlen lassen. Vom Garn befreien und in sehr dünne Scheiben schneiden. Auf einer Servierplatte anrichten, die Kapern darüberstreuen.

Öl und Zitronensaft in einer Schüssel verrühren, leicht salzen und das Dressing über das Fleisch geben. Vor dem Servieren 30 Minuten ziehen lassen.

Kalbshackbraten

Polpettone di vitello

Vorbereiten: 25 Min.
Garzeit: 1 Std. 20 Min.
Für 4 Personen

500 g Hackfleisch vom Kalbsfilet
100 g gekochter Schinken, gehackt
2 Eier, leicht verquirlt
1 Prise frisch gemahlene Muskatnuss
Mehl, zum Bestäuben
50 g Butter
2 EL Olivenöl
1 Zwiebel, gehackt
1 Karotte, gehackt
1 Selleriestange, gehackt
1 TL Tomatenmark
Salz und Pfeffer

Kalbfleisch, Schinken, Eier und Muskatnuss in einer Schüssel vermengen, salzen und pfeffern. Die Mischung zu einem ovalen Laib formen und mit etwas Mehl bestäuben. Butter und Olivenöl in einer Pfanne erhitzen. Zwiebel, Karotte und Sellerie hineingeben und bei schwacher Hitze unter gelegentlichem Rühren in 5 Minuten weich andünsten. Die Hitze erhöhen, den Hackbraten in die Pfanne geben und 10–15 Minuten rundum anbräunen, dabei vorsichtig wenden.

Das Tomatenmark mit 50 ml warmem Wasser in einer kleinen Schale verrühren und in die Pfanne geben. Die Hitze reduzieren und den Hackbraten bei aufgesetztem Deckel 1 Stunde sanft schmoren. Den Hackbraten aus der Pfanne nehmen und 10 Minuten ruhen lassen. In dicke Scheiben schneiden, auf eine vorgewärmte Servierplatte legen und mit Bratensaft übergießen. Sofort servieren.

Hähnchenrouladen mit Sardellen und Kapern (S. 299)

Rinderfilet mit dicken Bohnen (S. 304)

Kalbsrouladen in Aspik

Involtini di vitello in gelatina

Vorbereiten: 4 Std.
(inkl. Ruhezeit)
Garzeit: 35 Min.
Für 6 Personen

1 Scheibe Brot, ohne Kruste
150 g Rinderhack
50 g Schinken, gehackt
50 g Parmesan, frisch gerieben
1 Ei
1 Eigelb
6 dünne Kalbssteaks
25 g Butter
4 EL Olivenöl
4–5 Salbeiblätter
200 ml trockener Weißwein
150 ml Kalbsfond oder Wasser
4½ Blatt Gelatine
Salz und Pfeffer

Das Brot zerrupfen, in eine Schüssel geben und mit Wasser bedecken. Zehn Minuten ziehen lassen, dann gut ausdrücken. Brot, Hackfleisch, Schinken und geriebenen Käse in einer Schüssel vermengen. Ei und Eigelb zugeben, salzen und pfeffern. Die Kalbssteaks mit einem Fleischklopfer flach klopfen, dann die Hackfleischmasse auf den Steaks verteilen, die Steaks zu Rouladen aufrollen und mit Küchengarn binden.

Butter und Olivenöl in einer Pfanne zerlassen, Salbei zugeben und einige Minuten braten, dann den Salbei entfernen. Die Rouladen in der Pfanne unter häufigem Wenden anbraten, bis sie rundum angebräunt sind. Den Weißwein bis auf 1 Esslöffel zugeben und 5 Minuten köcheln lassen, bis der Alkohol verdampft ist. Fond oder Brühe angießen und 15 Minuten köcheln lassen. Den Bratensaft mit 2–3 Esslöffeln Wasser verdünnen, die Hitze erhöhen und 1 Minute kochen. Die Pfanne vom Herd nehmen und die Rouladen in einer Servierschale anrichten.

Den übrigen Weißwein mit Wasser zu 1 Liter Flüssigkeit aufgießen und damit die Gelatine nach Packungsangabe zubereiten. Die Rouladen komplett mit der Gelatine bedecken. Etwas abkühlen lassen. Die Rouladen im Kühlschrank einige Stunden durchkühlen, bis die Gelatine fest ist.

Abbildung S. 310

Vitello tonnato

Vitello tonnato

Vorbereiten: 3¼ Std.
(inkl. Kühl- und Ruhezeit)
Garzeit: 2 Std.
Für 6 Personen

- 800 g Kalbfleisch aus der Oberschale, am Stück
- 1 Karotte
- 1 Zwiebel
- 1 Selleriestange
- 1 EL Weißweinessig
- 1 EL Olivenöl
- Salz

Für die Sauce

- 200 g Thunfisch in Öl, abgetropft
- 3 in Öl eingelegte Sardellen, abgetropft
- 2 EL Kapern, abgespült und abgetropft
- Eigelb von 2 hart gekochten Eiern
- 3 EL Olivenöl
- Saft von 1 Zitrone

Das Fleisch fest mit Küchengarn binden. Salzwasser in einem Topf zum Kochen bringen und das Fleisch mit Karotte, Zwiebel, Sellerie, Essig und Olivenöl hineingeben. Abdecken und das Fleisch bei schwacher Hitze 2 Stunden köcheln lassen, bis es zart ist. Den Topf vom Herd nehmen und das Fleisch im Sud abkühlen lassen.

Für die Sauce Thunfisch, Sardellen, Kapern und Eigelb in einem Mixer pürieren. Olivenöl, 2–3 Esslöffel Kochsud und Zitronensaft unterrühren.

Das Fleisch vom Garn befreien, in dünne Scheiben schneiden und auf eine Servierplatte legen. Die Sauce über das Fleisch geben. Vor dem Servieren einige Stunden ziehen lassen.

Hinweis: Vitello tonnato ist ein Gericht aus dem Frankreich des 18. Jahrhunderts und daher auch als *vitel tonné* bekannt. Heute ist es eine der bedeutenden Spezialitäten aus dem Piemont.

Abbildung S. 311

Kalbsrouladen in Aspik (S. 308)

Vitello tonnato (S. 309)

Desserts

Dolci

Grundlage für all die frischen italienischen Sommerdesserts sind die saisonal frischen Früchte und Blüten, die in Fülle vorkommen: Erdbeeren, Brombeeren, Kirschen, Aprikosen, saftige Pflaumen und Pfirsiche, duftende Rosen oder Feigen schmecken bei heißem Wetter besonders gut. Das Einfache ist oft das Beste, wie etwa ein leicht gekühlter Fruchtsalat, der gerne auch mit einem Schuss Dessertwein und etwas erfrischender Minze serviert wird.

Natürlich gibt es noch viele andere sommerliche Süßspeisen: Leichte Mousses, fruchtige Gelees, Kuchen und Tartes können nicht nur als krönender Abschluss eines Sommermenüs serviert werden, sondern ebenso gut als köstliche *merenda*, der italienische Nachmittagsimbiss, oder auch bei einem Brunch.

Das alles Entscheidende ist, Früchte sorgfältig auszusuchen und Reifegrad und Aroma durch Tasten und Riechen zu prüfen. Für die meisten Früchte gilt außerdem: Besser nicht im Kühlschrank lagern.

Gemischtes Melonengelee

Aspic di anguria e melone

Vorbereiten: 11 Std.
(inkl. Ruhezeit)
Garzeit: 25 Min.
Für 8 Personen

2 kleine Wassermelonen
4 Cantaloupe-Melonen

Für den Sirup

12 Blatt Gelatine
400 g feiner Zucker

Für die Sauce

¼ Cantaloupe-Melone, entkernt
200 g feiner Zucker
150 ml Sekt

Die Melonen halbieren und entkernen. Mit einem Kugelausstecher aus beiden Melonensorten einige Bällchen herauslösen und für die Garnierung beiseitelegen. Das Wassermelonenfleisch im Mixer pürieren und in eine Schüssel geben. Das Fleisch der Cantaloupe-Melone ebenfalls pürieren und in eine weitere Schüssel geben.

Für den Sirup die Gelatine in einer Schüssel mit kaltem Wasser 5 Minuten einweichen. Den Zucker mit 800 ml Wasser in einen Topf geben und unter Rühren zum Kochen bringen, bis sich der Zucker vollständig aufgelöst hat. Dann 5 Minuten ohne Rühren weiterköcheln lassen. Die Gelatine ausdrücken und unter Rühren im Sirup auflösen.

Den Sirup zu gleichen Teilen sorgfältig in das Wassermelonen- bzw. Cantaloupe-Melonenpüree rühren. Die Hälfte der Cantaloupe-Mischung in eine große Puddingform füllen und etwa 1 Stunde im Kühlschrank fest werden lassen.

Die Wassermelonenmischung daraufgießen und etwa 1 Stunde im Kühlschrank fest werden lassen. Restliche Cantaloupe-Mischung daraufgießen. Über Nacht im Kühlschrank vollständig fest werden lassen.

Für die Sauce das Melonenfleisch im Mixer pürieren und durch ein Haarsieb in eine Schüssel streichen. Den Zucker mit 200 ml Wasser in einen Topf geben und unter Rühren zum Kochen bringen, bis sich der Zucker vollständig aufgelöst hat.

→

→ Nun ohne Rühren einkochen, bis ein hellbrauner Karamell entstanden ist. Den Topf vom Herd nehmen und den Sekt und das Melonenpüree unterrühren.

Die Puddingform kurz in heißes Wasser tauchen und das Gelee auf einen Servierteller stürzen. Mit den Melonenbällchen garnieren. Die Sauce separat dazu reichen.

Aprikosenkuchen

Torta di albicocche

Vorbereiten: 35 Min.
Garzeit: 1 Std.
Für 4 Personen

- 800 g Aprikosen
- 250 g Butter, und etwas Butter zum Einfetten
- 250 g feiner Zucker
- 4 Eier, leicht verquirlt
- 400 g Mehl, und etwas Mehl zum Bestäuben
- 3 TL Backpulver
- 40 g Pistazienkerne, gehackt

Den Backofen auf 190 °C vorheizen. Eine Backform (23 cm Durchmesser) mit Butter einfetten. Die Aprikosen in eine Schüssel geben, mit kochendem Wasser übergießen und 15 Sekunden stehen lassen. Dann das Wasser abgießen und die Aprikosen häuten, halbieren und entsteinen. Die Aprikosenhälften nochmals halbieren.

Butter und Zucker in einer Schüssel cremig rühren. Nach und nach die Eier einarbeiten.

Das Mehl darübersieben und unterrühren. Die Aprikosen unterheben. Das Backpulver in etwas lauwarmem Wasser auflösen und in den Teig rühren.

Den Teig in die Form füllen, mit den Pistazien bestreuen und etwa 1 Stunde backen. Den Kuchen 5 Minuten abkühlen lassen, dann aus der Form lösen und auf einem Kuchengitter abkühlen lassen.

Abbildung S. 322

Überbackene Aprikosen

Albicocche al gratin

Vorbereiten: 15 Min.
Garzeit: 15 Min.
Für 4–6 Personen

- 80 g Butter
- 6 EL Zucker
- 12 Aprikosen, halbiert und entsteint
- 125 ml Aprikosenlikör

Den Backofengrill vorheizen. Butter und Zucker unter Rühren in einer ofenfesten Pfanne zerlassen. Die Aprikosen zufügen und bei schwacher Hitze 10 Minuten garen. Die Früchte dürfen nicht auseinanderfallen. Mit 100 ml Likör ablöschen und weitergaren, bis der Alkohol verdampft ist. Die Aprikosen unter dem Grill goldbraun überbacken. Den restlichen Likör in einem kleinen Topf erhitzen. Über die Aprikosen träufeln und flambieren. Warten, bis die Flammen erloschen sind, dann sofort servieren.

Hinweis: Dieses Rezept kann auch mit 6 dünnschaligen Pfirsichen zubereitet werden.

Ricottacreme mit Aprikosen

Crema di ricotta e albicocche

Zubereiten: 10 Min.
Für 4 Personen

- 200 g Ricotta
- 4 EL Vanillezucker
- 100 g Aprikosenkonfitüre
- 100 ml Sahne

Ricotta, Zucker und Konfitüre in einer Schüssel verrühren. Die Sahne in einer zweiten Schüssel steif schlagen, dann unter die Ricottamasse heben. Die Creme auf vier Dessertschalen verteilen und bis zum Servieren in den Kühlschrank stellen.

Marillenknödel

Fagottini di albicocche

Vorbereiten: 50 Min.
Garzeit: 30 Min.
Für 6 Personen

1 kg Kartoffeln
200 g Mehl, gesiebt
2 Eier, leicht verquirlt
500 g Aprikosen
etwa 12 Stück Würfelzucker
50 g Butter
50 g frische weiße Semmelbrösel
1 EL Zucker
1 TL Zimt
Puderzucker, zum Bestäuben
Salz

Die Kartoffeln in einem Topf mit Salzwasser in 25–30 Minuten gar kochen. Abtropfen lassen, pellen und durch ein Sieb in eine Schüssel streichen. Mehl, Eier und 1 Prise Salz zugeben und alles zu einem glatten Teig verkneten. Die Aprikosen entsteinen, ohne sie ganz durchzuschneiden, und je 1 Würfelzucker hineingeben. Den Teig auf der leicht bemehlten Arbeitsfläche ausrollen und Kreise ausstechen, die doppelt so groß sind wie die Aprikosen. Die Aprikosen vollständig in die Teigkreise einhüllen.

Einen Topf mit Wasser zum Kochen bringen und 1 Prise Salz zufügen. Die Marillenknödel darin 3 Minuten gar ziehen lassen. Mit einem Schaumlöffel herausnehmen und sorgfältig abtropfen lassen. Die Butter in einer kleinen Pfanne erhitzen. Die Semmelbrösel darin bei schwacher Hitze einige Minuten unter häufigem Rühren goldbraun abschmelzen. Zucker und Zimt unterrühren und etwas abkühlen lassen. Die Marillenknödel darin wenden, mit Puderzucker bestäuben und sofort servieren.

Aprikosencreme

Crema di albicocche

Vorbereiten: 1½ Std.
(inkl. Kühlzeit)
Garzeit: 15 Min.
Für 6 Personen

600 g Aprikosen, geschält, entsteint und gehackt
175 g feiner Zucker
2 Blatt weiße Gelatine
300 ml Sahne
1–2 Eiswürfel, zerstoßen
1 Eiweiß

Die Aprikosen mit 125 g Zucker in einem Topf bei schwacher Hitze weich garen. Inzwischen die Gelatine in einer Schale Wasser einweichen. Die Aprikosen im Mixer pürieren und das Püree in eine Schüssel füllen. Die Gelatine ausdrücken und unter Rühren im noch heißen Püree auflösen. Das Fruchtpüree auskühlen lassen, dann kalt stellen.

Die Sahne mit dem zerstoßenen Eis mischen und steif schlagen. Das Eiweiß mit dem restlichen Zucker im heißen Wasserbad steif schlagen. Die Schüssel aus dem Wasserbad nehmen und abkühlen lassen. Sahne und Eischnee unter das Aprikosenpüree ziehen und in Dessertgläser füllen.

Orangencreme-Nester

Cestini di arance con crema

Vorbereiten: 4 Std.
(inkl. Kühlzeit)
Garzeit: 25 Min.
Für 4 Personen

- 4 Orangen
- 150–200 ml Milch
- 3 Eigelb
- 120 g feiner Zucker
- 40 g Mehl
- 2 EL Orangenlikör

Oben eine Kappe von den Orangen abschneiden. Das Fruchtfleisch und den Saft mit einem Teelöffel herauslösen und in eine Schüssel geben. Die ausgehöhlten Schalen beiseitelegen. Fruchtfleisch und Saft in ein Haarsieb geben und mit einem Löffelrücken so viel Saft wie möglich ausdrücken. Den Orangensaft mit Milch auf 500 ml auffüllen.

Eigelb und Zucker in einer Schüssel hell und schaumig schlagen. Das Mehl darübersieben und unterheben. Nach und nach die Orangenmilch unterrühren. Die Mischung in einen Topf füllen und bei schwacher Hitze 20–25 Minuten rühren, bis die Masse eingedickt ist und einen Löffelrücken überzieht.

Den Topf vom Herd nehmen und die Creme abkühlen lassen. Den Likör unterrühren. Die Creme in die Orangenschalen füllen. Mit Frischhaltefolie abgedeckt etwa 3 Stunden im Kühlschrank fest werden lassen.

Gebackene Borretschblüten

Frittelle ai fiori di borragine

Vorbereiten: 20 Min.
Garzeit: 10 Min.
Für 4 Personen

- 200 g Borretschblüten
- 3 EL Mehl
- 1 Eigelb
- 150 ml Milch
- natives Olivenöl extra, zum Ausbacken
- Salz

Die Blüten abspülen und auf einem sauberen Tuch trocknen lassen. Das Mehl mit 1 Prise Salz in eine Schüssel sieben. Eigelb und so viel Milch einarbeiten, dass ein cremiger Teig entsteht. Olivenöl etwa 5 cm hoch in einen tiefen Topf füllen und auf 180–190 °C erhitzen, sodass ein Brotwürfel in 30 Sekunden braun wird. Die Blüten in den Teig tauchen und kurz abtropfen lassen. Portionsweise im heißen Öl in etwa 2 Minuten goldbraun ausbacken. Mit einem Schaumlöffel herausnehmen und auf Küchenpapier abtropfen lassen. Sofort servieren.

Abbildung S. 323

Früchte im Teigmantel

Frittelle di frutta allo Champagne

Vorbereiten: 1½ Std.
(inkl. Ruhezeit)
Garzeit: 40 Min.
Für 8 Personen

1 Ananas
4 Äpfel
2 Bananen
Öl, zum Ausbacken
50 g Puderzucker

Für den Teig

150 g Mehl
1 Ei
100 ml halbtrockener Sekt
2 Eiweiß

Für die Sauce

500 g Himbeeren
2–3 EL Puderzucker
2 EL Kirschwasser

Für den Teig das Mehl in eine große Schüssel sieben und eine Mulde in die Mitte drücken. Das Ei und die Hälfte des Sekts hineingeben und zu einem glatten Teig verarbeiten. Dann den restlichen Sekt unterrühren. Den Teig abgedeckt 1 Stunde an einem kühlen Ort ruhen lassen.

Für die Sauce die Himbeeren in einer Schüssel zerdrücken, Puderzucker und Kirschwasser zugeben. Durch ein sehr feines Sieb in eine Servierschale streichen. Bis zum Servieren kalt stellen. Die Ananas schälen, die kleinen braunen „Augen“ mit einem spitzen Messer entfernen. Die Ananas in 1 cm dicke Scheiben schneiden und den holzigen Strunk herausschneiden. Die Äpfel schälen, das Kerngehäuse ausstechen und die Äpfel in 1 cm dicke Scheiben schneiden. Die Bananen schälen und in 2 cm dicke Scheiben schneiden.

Das Eiweiß steif schlagen und vorsichtig unter den Teig ziehen. Reichlich Öl in einer Fritteuse auf 180–190 °C erhitzen, sodass ein Brotwürfel in 30 Sekunden braun wird. Die Früchte in den Teig tauchen, abtropfen lassen und portionsweise goldbraun ausbacken. Mit einem Schaumlöffel herausnehmen und auf Küchenpapier abtropfen lassen. Mit Puderzucker bestäuben und mit der Himbeersauce servieren.

Aprikosenkuchen (S. 315)

ebackene Borretschblüten (S. 320)

Kirschflammeri

Semolino alle ciliegie

Vorbereiten: 20 Min.

Garzeit: 1 Std.

Für 6 Personen

250 ml halbtrockener Weißwein
120 g Grieß
Butter, zum Einfetten
2 Eier
120 g feiner Zucker
500 g Kirschen, entsteint
50 g Mandeln, abgezogen und gehackt
1 Eiweiß

Den Wein mit 500 ml Wasser in einem Topf aufkochen. Den Grieß einrieseln lassen und unter Rühren 15 Minuten weich kochen. Vom Herd nehmen und abkühlen lassen.

Den Backofen auf 200 °C vorheizen. Eine runde Auflaufform einfetten. Wenn der Grießbrei kalt ist, die Eier einzeln unterrühren und Zucker, Kirschen und Mandeln zugeben. Das Eiweiß in einer Schüssel steif schlagen und unter den Grießbrei ziehen.

Die Mischung in die Auflaufform füllen und auf ein Backblech setzen. Das Blech mit kochendem Wasser füllen und den Pudding 45 Minuten backen, dann aus dem Ofen nehmen. Bei Zimmertemperatur auskühlen lassen, dann auf einen Servierteller stürzen.

Hinweis: Italien ist heute einer der weltweit führenden Erzeuger von Kirschen. Seit über 3000 Jahren wachsen im Mittelmeergebiet die verschiedensten Kirschsorten. Die alten Ägypter waren die Ersten, die Kirschen anbauten.

Kirschsuppe

Zuppa di ciliegie

Vorbereiten: 30 Min.
Garzeit: 30 Min.
Für 4 Personen

50 g Butter
750 g Kirschen, entsteint
100 g feiner Zucker
½ Flasche Rotwein
1 TL Zimt
1 EL Speisestärke
1 EL Kirschwasser

Die Butter in einem Topf bei mittlerer Hitze zerlassen. Die Kirschen darin 3–4 Minuten unter Rühren köcheln lassen. Zucker zugeben und rühren, bis er sich aufgelöst hat, dann den Topf vom Herd nehmen.

Den Wein mit dem Zimt in einem zweiten Topf zum Kochen bringen. Die Kirschen zusammen mit der Buttersauce zugeben und 5–6 Minuten unter ständigem Rühren garen. Die Kirschen mit einem Schaumlöffel herausnehmen und auf vier Dessertschalen verteilen.

Die Speisestärke mit dem Kirschwasser anrühren. In den Wein geben und bei schwacher Hitze rühren, bis die Sauce eingedickt ist, dann über die Kirschen gießen. Warm oder kalt servieren.

Abbildung S. 326

Feigen mit Sahne

Fichi alla crema

Zubereiten: 2½ Std.
(inkl. Kühlzeit)
Für 4 Personen

8 grüne Feigen
40 g feiner Zucker
Rum, zum Beträufeln
200 ml Sahne

Die Feigen vorsichtig schälen, sodass sie nicht zerdrückt werden. Kreuzweise bis an die Basis einschneiden und in eine große Schüssel geben. Mit Zucker bestreuen und mit Rum beträufeln. Im Kühlschrank 2 Stunden ziehen lassen.

Die Sahne steif schlagen. Die Feigen abtropfen lassen und den Saft auffangen. Die Feigen auf einen großen Servierteller setzen. Je 1 Klacks Schlagsahne in die Mitte der Feigen geben und mit etwas Saft beträufelt sofort servieren.

Abbildung S. 327

Kirschsuppe (S. 325)

eigen mit Sahne (S. 325)

Gedeckte Kirschtorte

Torta di ciliege

Vorbereiten: 1 Std.
(inkl. Ruhezeit)
Garzeit: 45 Min.
Für 6–8 Personen

150 g feiner Zucker
1 Ei
2 Eigelb
abgeriebene Schale von ½ unbehandelten Zitrone
150 g weiche Butter, gewürfelt, und etwas Butter zum Einfetten
200 g Mehl, gesiebt, und etwas Mehl zum Bestäuben
Salz

Für die Füllung

250 ml Milch
½ Vanillestange, aufgeschlitzt
2 Eigelb
100 g feiner Zucker
25 g Mehl, gesiebt
20 g Butter
250 g Schwarzkirschen, entsteint
2 EL Weinbrand

Für den Teig Zucker, Ei, 1 Eigelb, Zitronenschale und 1 Prise Salz in einer Schüssel schaumig rühren. Die Butter nach und nach einarbeiten, dann das Mehl unterheben. Den Teig auf der bemehlten Arbeitsfläche kurz durchkneten und zu einer Kugel formen. In Frischhaltefolie eingeschlagen an einem kühlen Ort 30 Minuten ruhen lassen. Das letzte Eigelb verquirlen.

Für die Füllung Milch und Vanillestange in einem Topf aufkochen, dann den Topf vom Herd nehmen. Eigelb und 50 g Zucker verquirlen, das Mehl unterrühren. Die Vanillestange entfernen und die Milch in dünnem Strahl in die Eiermasse rühren. Die Creme in einen Topf geben und bei schwacher Hitze unter ständigem Rühren zum Kochen bringen.

Den Topf vom Herd nehmen und die Butter auf die Creme geben, damit sich keine Haut bildet. Die Creme auskühlen lassen. Kirschen, restlichen Zucker und Weinbrand in einen Topf geben und bei schwacher Hitze aufkochen. Zehn Minuten köcheln lassen.

Den Backofen auf 200 °C vorheizen. Eine runde Kuchenform mit Butter einfetten. Zwei Drittel des Teigs auf der leicht bemehlten Arbeitsfläche kreisrund ausrollen und die vorbereitete Form damit auskleiden. Die Creme auf den Teigboden streichen und die Kirschen darauf verteilen.

Den restlichen Teig kreisrund ausrollen. Auf die Füllung legen und am Rand andrücken. Den Teigdeckel mit verquirltem Eigelb bestreichen und mehrmals einstechen. 45 Minuten backen. Den Kuchen in der Form auskühlen lassen.

Reisauflauf mit Kirschen

Torta di riso e ciliegie

Vorbereiten: 25 Min.

Garzeit: 1 Std. 20 Min.

Für 8 Personen

700 g Kirschen, entsteint
150 g feiner Zucker
100 ml Rotwein
½ Zimtstange
1 l Milch
dünn abgelöste Schale von ½ unbehandelten Zitrone
300 g Arborio- oder anderer Rundkornreis
Butter, zum Einfetten
frische weiße Semmelbrösel, zum Ausstreuen
½ TL gemahlene Gewürznelken
2 EL Weinbrand
30 g Zitronat, fein gehackt
2 Eier, leicht verquirlt
1 Päckchen klarer Tortenguss
Salz

Kirschen, 100 g Zucker, Wein und Zimt in einen Topf geben. Köcheln lassen, bis die Flüssigkeit etwas eingekocht ist, dann den Topf vom Herd nehmen. Den Backofen auf 160 °C vorheizen. Die Milch in einem zweiten, großen Topf mit Zitronenschale und 1 Prise Salz zum Kochen bringen. Den Reis zugeben und 15 Minuten köcheln lassen.

Eine rechteckige Backform mit Butter einfetten. Mit Semmelbröseln und restlichem Zucker ausstreuen. Den Milchreis vom Herd nehmen und die Zitronenschale entfernen. Nelken, Weinbrand, Zitronat, Eier und Kirschen samt Flüssigkeit unterrühren. Die Masse in die Backform füllen und 35 Minuten im Ofen backen. Zur Garprobe ein Holzstäbchen in die Mitte stechen; es sollte sauber wieder herauskommen.

Den Auflauf in der Form abkühlen lassen. Den Tortenguss nach Packungsangaben zubereiten und über dem Auflauf verteilen. Denn Guss fest werden lassen, dann den Auflauf in Scheiben schneiden und servieren.

Gegrillte Feigen mit Rum

Fichi al rum

Vorbereiten: 10 Min.

Garzeit: 3–4 Min.

Für 4 Personen

350 ml Rum
2–3 EL Sahne
12 vollreife Feigen, halbiert
3 EL brauner Zucker
frische Feigenblätter, zum Garnieren

Rum und Sahne in einer Schüssel sorgfältig verrühren. Die Feigen mit der Schnittseite nach oben über die heißeste Stelle eines angeheizten Grills auf den Rost setzen. Mit Zucker bestreuen und mit etwas Rumsahne beträufeln, dann 3–4 Minuten grillen. Dabei mehrmals mit der Rumsahne beträufeln. Die Feigen auf einen Servierteller setzen. Mit den Feigenblättern garnieren und warm oder kalt servieren.

Kronen aus Wassermelone

Corone di anguria

Zubereiten: 1 Std.
(inkl. Gefrierzeit)
Für 10 Personen

1 Wassermelone (2 kg)
400 g feiner Zucker
Saft von 1 Zitrone
1 Eiweiß
80 g Zartbitterschokolade, grob gehackt
1 kleine Honigmelone, z. B. Charentais oder Ogen, geschält, entkernt und in feine Scheiben geschnitten

Die Wassermelone waagerecht halbieren und 3 2 cm dicke Scheiben abschneiden. Von den Scheiben in 4 cm großen Abständen 2 cm lange Schalenstücke herausschneiden, sodass ein zahnradartiges Muster entsteht. Die Scheiben im Kühlschrank kühlen. Das restliche Melonenfleisch entkernen und mit 350 g Zucker und dem Zitronensaft im Mixer pürieren. Die Masse in die Eismaschine geben und 20 Minuten bzw. den Angaben des Herstellers folgend zu Eis weiterverarbeiten.

Inzwischen das Eiweiß in einer Schüssel steif schlagen und die Schokolade unterheben. Wenn die Melonenmasse zu gefrieren beginnt, den Eischnee unterheben. Zum Servieren eine Wassermelonenscheibe auf einen Servierteller legen und die Meloneneiskugeln daraufsetzen. Mit der zweiten Melonenscheibe bedecken. Weiteres Meloneneis und die dritte Melonenscheibe auf dieselbe Art daraufsetzen. Das restliche Meloneneis in Kugeln daraufgeben und die Honigmelonenscheiben dazwischensetzen. Sofort servieren.

Gebackene Feigen mit Walderdbeersauce

Fichi al forno con salsa di fragoline di bosco

Vorbereiten: 15 Min.
Garzeit: 6–8 Min.
Für 4 Personen

8 Feigen
25 g Butter, gewürfelt
25 g feiner Zucker
150 ml Rum
200 g Walderdbeeren, geputzt
200 ml Sahne

Den Backofen auf 180 °C vorheizen. Die Feigen halbieren und auf ein Stück Backpapier setzen. Die Butter in Flöckchen daraufgeben. Mit Zucker bestreuen und mit Rum beträufeln. Das Backpapier über den Feigen einschlagen und das Päckchen auf ein Backblech setzen. Im Ofen 6–8 Minuten garen. Einige Erdbeeren für die Garnierung beiseitelegen. Die restlichen Erdbeeeren im Mixer pürieren und die Sahne einarbeiten. Die Feigen auf vier Dessertteller setzen, mit der Erdbeersauce überziehen und mit den ganzen Beeren garnieren. Sofort servieren.

Gewürzfeigen

Fichi alle spezie

Vorbereiten: 2 Std.
(inkl. Kühlzeit)
Garzeit: 20 Min.
Für 6 Personen

- 1 TL gemahlener Zimt
- 1 TL gemahlene Koriandersamen
- 1 TL gemahlener Ingwer
- 2 Gewürznelken
- 100 g feiner Zucker
- dünn abgelöste Schale von 1 unbehandelten Orange, in Streifen geschnitten
- 12 reife Feigen

Zimt, Koriander, Ingwer, Nelken, Zucker und Orangenschale in einem Topf vermengen. 500 ml Wasser zugeben und zum Kochen bringen. Die Hitze reduzieren und alles 10 Minuten ohne zu rühren köcheln lassen. Die Feigen hineingeben und 3–4 Minuten garen, dabei darf der Sirup nicht mehr kochen. Den Topf vom Herd nehmen und die Feigen auskühlen lassen. Abtropfen lassen und in eine Servierschale geben, den Sirup bei mittlerer Hitze auf die Hälfte einkochen. Die Gewürznelken herausnehmen und den Sirup über die Feigen gießen. Vollständig auskühlen lassen, dann servieren.

Hinweis: Koriander gehört zur gleichen Familie wie Anis und Kreuzkümmel. Die aromatischen Blätter werden gern zum Kochen verwendet, die gemahlenen Samen als Gewürz für Süßspeisen.

Holunderblütenküchlein

Frittelle di fiori di sambuco

Vorbereiten: 20 Min.
Garzeit: 10–15 Min.
Für 4 Personen

- 130 g Mehl
- 3 Eier, getrennt
- 1 EL Milch
- 25 g Butter, zerlassen
- 3 EL Weißwein
- 1 EL klarer Honig
- Olivenöl, zum Ausbacken
- 12–16 Holunderblütendolden
- feiner Zucker, zum Bestreuen
- Zimt, zum Bestäuben

Das Mehl in eine Schüssel sieben. Eigelb und Milch sorgfältig einarbeiten. Butter, Wein und Honig unterrühren. Das Eiweiß in einer zweiten Schüssel steif schlagen und unter den Teig heben. Das Olivenöl in einer Fritteuse auf 180–190 °C erhitzen, sodass ein Brotwürfel in 30 Sekunden braun wird.

Die Holunderblüten an den Stielen halten und einige Male in den Teig tauchen. Kurz abtropfen lassen, dann im heißen Öl goldbraun ausbacken. Herausnehmen und auf Küchenpapier abtropfen lassen. Auf eine Servierplatte setzen, mit Zucker bestreuen und mit Zimt bestäuben. Sofort servieren.

Zabaglione von Orangenblüten

Zabaglione di fiori d'arancio

Vorbereiten: 1¼ Std.
(inkl. Ruhezeit)
Garzeit: 6–8 Min.
Für 4 Personen

200 ml halbtrockener Weißwein
Saft von ½ Zitrone
12 Orangenblüten
3 Eigelb
130 g feiner Zucker

Wein und Zitronensaft in einer Schüssel mischen, Die Orangenblüten zufügen und 1 Stunde ziehen lassen. Dann die Flüssigkeit durch ein Haarsieb in eine zweite Schüssel passieren.

Eigelb und Zucker in einer hitzebeständigen Schüssel schaumig schlagen. Unter Rühren den Wein zugießen. Die Masse im Wasserbad 6–8 Minuten rühren, bis sie eindickt. Die Zabaglione in Dessertschalen füllen und sofort servieren.

Frischkäseherzen

Cuori di formaggio

Zubereiten: 8¼ Std.
(inkl. Kühlzeit)
Für 4 Personen

200 g Mascarpone
200 g Ricotta, zerkrümelt
100 g Robiola-Käse, zerkrümelt
100 ml Sahne
500 g Erdbeeren, geputzt
Puderzucker, zum Bestäuben

Den Mascarpone in einer großen Schüssel mit einem Holzlöffel glatt rühren. Ricotta, Robiola und Sahne sorgfältig einarbeiten, bis die Masse luftig und locker ist. Eine Herzform mit einem großen Stück Musselintuch auslegen. Die Frischkäsemasse einfüllen und im Kühlschrank mindestens 8 Stunden kühlen und setzen lassen. Die Erdbeeren ebenfalls kalt stellen.

Das Käseherz auf einen Servierteller stürzen. Mit Erdbeeren garnieren und mit Puderzucker bestäuben.

Erdbeersalat mit Minze

Insalata di fragole alla menta

Zubereiten: 4¼–5¼ Std.
(inkl. Ruhezeit)
Für 4–6 Personen

500 ml Asti Spumante oder anderer Schaumwein
20 Minzeblätter
2 EL Weißweinessig
1 kg Erdbeeren
150 g feiner Zucker

Den Schaumwein mit 12 Minzeblättern in eine Schüssel geben und an einem kühlen Ort 3–4 Stunden ziehen lassen. Den Essig in eine große Schüssel mit kaltem Wasser geben. Die Erdbeeren darin waschen, dann auf Küchenpapier abtropfen lassen. Die Stielansätze entfernen, größere Erdbeeren halbieren. In eine Servierschüssel geben und den Zucker vorsichtig untermischen. Die Minzeblätter aus dem Wein entfernen.

Den Wein über die Erdbeeren gießen und abgedeckt an einem kühlen Ort (nicht im Kühlschrank) 1 Stunde ziehen lassen. Vor dem Servieren die restlichen Minzeblätter fein hacken und die Erdbeeren damit garnieren.

Erdbeeren mit rosafarbener Creme

Fragole alla crema rosa

Zubereiten: 2¼–3¼ Std.
(inkl. Kühlzeit)
Für 6 Personen

1 kg Erdbeeren, geputzt
250 ml Sahne
150 g Puderzucker

Die Hälfte der Erdbeeren im Mixer pürieren. Das Püree in eine Schüssel füllen. Sahne und Puderzucker unterrühren. Die restlichen Erdbeeren in eine große Servierform oder in Dessertschalen geben und mit der rosafarbenen Erdbeercreme überziehen. Vor dem Servieren 2–3 Stunden kalt stellen.

Erdbeerkuchen

Dolce di fragola

Vorbereiten: 30 Min.
Garzeit: 40 Min.
Für 6 Personen

200 g Himbeergelee
400 g Erdbeeren, geputzt
50 g feiner Zucker
abgeriebene Schale von
1 unbehandelten Zitrone

Für den Biskuitboden

Butter, zum Einfetten
80 g Mehl, gesiebt, und etwas
Mehl zum
Bestäuben
6 Eier, getrennt
150 g feiner Zucker
80 g Speisestärke, gesiebt

Den Biskuit zuerst zubereiten. Den Backofen auf 180 °C vorheizen. Eine Springform mit Butter einfetten und leicht mit Mehl bestäuben. Eigelb und Zucker in einer Schüssel schaumig rühren. Das Eiweiß in einer zweiten Schüssel steif schlagen und vorsichtig unter die Eigelbmasse ziehen. Mehl und Speisestärke portionsweise unterziehen. Den Teig in die Springform füllen, die Oberfläche glatt streichen und etwa 40 Minuten backen. Den Biskuit in der Form auskühlen lassen.

Für den Belag das Himbeergelee mit 3 Esslöffeln Wasser bei schwacher Hitze auflösen, bis es eine sirupartige Konsistenz hat. Die Erdbeeren vorsichtig mit Zucker und Zitronenschale vermengen und den Biskuit gleichmäßig damit belegen. Das Himbeergelee darübergießen. Vor dem Servieren abkühlen lassen.

Abbildung S. 338

Erdbeertarte

Crostata di fragole

Vorbereiten: 1 Std.
(inkl. Kühlzeit)
Garzeit: 20 Min.
Für 6 Personen

Butter, zum Einfetten
500 g Blätterteig
(Tiefkühlware, aufgetaut)
Mehl, zum Bestäuben
200 g Erdbeerkonfitüre ohne
Stückchen
250 ml Sahne
1 kg Erdbeeren, geputzt

Den Backofen auf 200 °C vorheizen. Eine runde Kuchenform mit Butter einfetten. Den Blätterteig auf der leicht bemehlten Arbeitsfläche ausrollen und die Form so damit auskleiden, dass ein kleiner Rand entsteht. Den Teigboden mehrmals mit einer Gabel einstechen, mit Backpapier belegen und mit getrockneten Hülsenfrüchten beschweren. Im vorgeheizten Ofen 20 Minuten blindbacken. Backpapier samt Hülsenfrüchten entfernen und den Teigboden erkalten lassen, dann aus der Form lösen und auf eine Kuchenplatte heben. Den Teigboden mit drei Vierteln der Erdbeerkonfitüre bestreichen. Die Sahne in einer Schüssel steif schlagen und auf der Konfitüre verstreichen. Mit den Erdbeeren belegen. Die restliche Konfitüre mit etwas warmen Wasser in einer Schale glatt rühren und die Erdbeeren damit glasieren.

Waldbeertarte

Crostata ai frutti di bosco

Vorbereiten: 2 Std.
(inkl. Kühlzeit)
Garzeit: 1 Std.
Für 16 Personen

Für die Konditorcreme

500 ml Milch
100 g feiner Zucker
3 Eigelb
fein abgeriebene Schale von 1 unbehandelten Zitrone
80 g Speisestärke
2 EL Rum

Für den Teig

600 g Mehl, und etwas Mehl zum Bestäuben
300 g Butter, und etwas Butter zum Einfetten
240 g feiner Zucker
fein abgeriebene Schale von 2 unbehandelten Zitronen
6 Eigelb

Für die Garnierung

225 g Brombeeren
225 g Walderdbeeren
225 g Himbeeren
225 g Blaubeeren
225 g Rote Johannisbeeren oder Rote und Weiße Johannisbeeren gemischt
Puderzucker, zum Bestäuben (nach Belieben)

Für die Konditorcreme die Milch in einen Topf füllen. Zucker, Eigelb, Zitronenschale und Speisestärke unterrühren. Bei mittlerer Hitze mit einem Holzlöffel rühren, bis die Masse aufkocht. Dann kräftig schlagen und einige Sekunden kochen. Die Creme in eine Schüssel füllen, den Rum zufügen und rühren, bis die Creme ausgekühlt ist.

Den Backofen auf 160 °C vorheizen. Für den Teig das Mehl in eine Schüssel sieben und die Butter mit den Fingern einarbeiten, bis eine feinkrümelige Masse entstanden ist. Zucker, Zitronenschale und Eigelb zufügen und alles zu einem glatten Teig verkneten. Alternativ alles in der Küchenmaschine zu einem Teig verarbeiten.

Ein Viertel des Teigs abnehmen und in Frischhaltefolie geschlagen beiseitelegen. Eine Quicheform (40 cm Durchmesser) mit Butter einfetten. Den übrigen Teig auf der leicht bemehlten Arbeitsfläche ausrollen und die Form damit auskleiden. Den Teigboden mehrmals mit einer Gabel einstechen, mit Backpapier belegen und mit getrockneten Hülsenfrüchten beschweren. Im Ofen 20 Minuten blindbacken. Backpapier samt Hülsenfrüchten entfernen und den Teigboden weitere 10 Minuten backen. Auf einem Kuchengitter in der Form auskühlen lassen.

Den Backofen erneut auf 160 °C vorheizen. Die Konditorcreme auf dem Teigboden verstreichen. Den restlichen Teig zu Strängen rollen und in einem Muster nach Wahl auf die Creme setzen. Im Ofen etwa 30 Minuten backen, bis die Teigstreifen goldbraun sind. Den Kuchen auf einem Kuchengitter auskühlen lassen. Die Beeren zwischen den Teigstreifen auf die Creme setzen. Nach Belieben mit Puderzucker bestäuben.

Abbildung S. 339

Erdbeerkuchen (S. 336)

Waldbeertarte (S. 337)

Fruchtsalat

Macedonia

Zubereiten: 3–4 Std.
(inkl. Ruhezeit)
Für 6 Personen

1 kg gemischte frische Früchte
Saft von 1 Zitrone
50 ml Maraschino
50 g Mandelstifte
150 g feiner Zucker
Vanille- oder Zitroneneis, zum Servieren

Die Früchte putzen, gegebenenfalls entsteinen und in Würfel schneiden. In eine große Schüssel geben und Zitronensaft, Maraschino, Mandeln und Zucker zufügen und sorgfältig vermengen. An einem kühlen Ort einige Stunden ziehen lassen. Mit Eiscreme servieren.

Fruchtsalat mit Walderdbeer-Coulis

Misto di frutta in salsa di fragoline

Zubereiten: 40 Min.
(inkl. Kühlzeit)
Für 4 Personen

500 g Walderdbeeren, geputzt
Saft von 1 Zitrone
3 EL feiner Zucker
1 kleine Melone
6 Aprikosen, geschält, entsteint und in Spalten geschnitten
2 Pfirsiche, geschält, entsteint und in Spalten geschnitten
150 g Brombeeren
200 g Erdbeeren
2 Kiwis, geschält und klein gewürfelt

Für die Coulis Walderdbeeren, Zitronensaft und Zucker im Mixer glatt pürieren.

Die Melone halbieren, entkernen und mit einem Kugelausstecher Bällchen aus dem Fruchtfleisch herauslösen. Alle Früchte in einer Schüssel vermengen. Mit der Walderdbeer-Coulis überziehen und den Fruchtsalat vor dem Servieren 20 Minuten im Kühlschrank ziehen lassen.

Götterspeise mit roten Früchten

Corona di frutti rossi in gelatina

Vorbereiten: 12 Std.
(inkl. Kühl- und Ruhezeit)
Garzeit: 10–15 Min.
Für 8 Personen

250 g feiner Zucker
150 g Schwarzkirschen
1 kg gemischte rote Früchte, z. B. Erdbeeren, Himbeeren und Rote Johannisbeeren, geputzt
6 Blatt Gelatine
Saft von 1 Zitrone
2 EL Kirschwasser
Minzeblätter, zum Garnieren

Den Zucker mit 100 ml Wasser in einen Topf geben und unter Rühren zum Kochen bringen. Weiterrühren, bis sich der Zucker vollständig aufgelöst hat. Die Kirschen zugeben und 10 Minuten köcheln lassen, dann vom Herd nehmen. Die Kirschen herausnehmen und beiseitestellen. Den Sirup durch ein Haarsieb in eine Schüssel passieren.

Die Gelatine 5 Minuten in einer Schale mit kaltem Wasser einweichen. Ausdrücken und unter Rühren im noch heißen Sirup auflösen. Vollständig auskühlen lassen.

Die Kirschen und die gemischten roten Früchte in einer Schüssel vorsichtig mit Sirup, Zitronensaft und Kirschwasser vermengen. Eine Ringform mit Eiswasser ausspülen und kurz abtropfen lassen. Die Fruchtmischung einfüllen und mit Frischhaltefolie abgedeckt über Nacht im Kühlschrank fest werden lassen.

Vor dem Servieren die Frischhaltefolie entfernen. Die Götterspeise mit einem angefeuchteten Messer rundum von der Form lösen. Die Form kurz in warmes Wasser tauchen und die Götterspeise auf einen Servierteller stürzen. Mit Minzeblättern garniert servieren.

Fruchtgelee

Budino di frutta in gelatina

Vorbereiten: 12 Std.
(inkl. Kühlzeit)
Garzeit: 25 Min.
Für 6 Personen

Saft von 1 kg Orangen
Saft von 2 Zitronen
80 g feiner Zucker
2 EL gemahlene weiße Gelatine
500 g Erdbeeren
1 kleine Melone

Orangen- und Zitronensaft sowie Zucker in einen Topf gießen und unter ständigem Rühren sanft erhitzen, bis sich der Zucker aufgelöst hat. Die Gelatine nach Packungsangabe zubereiten und unterrühren. Den Sirup zum Kochen bringen, dann vom Herd nehmen. Durch ein sehr feines Sieb in eine Schüssel gießen. Die Erdbeeren pürieren, durch ein feines Sieb passieren und in den Sirup rühren. Etwas abkühlen lassen und in eine Kranzform (1,5 Liter) füllen. Im Kühlschrank über Nacht fest werden lassen.

Die Melone halbieren und entkernen. Mit einem Kugelausstecher Bällchen aus der Melone ausstechen. Die Form kurz in heißes Wasser tauchen, dann das Gelee auf einen Servierteller stürzen und die Melonenkugeln in der Mitte anrichten.

Reis mit Früchten

Riso alla frutta

Vorbereiten: 1¾ Std.
(inkl. Kühlzeit)
Garzeit: 20 Min.
Für 4 Personen

200 g Langkornreis
1 Stück dünn abgelöste Zitronenschale
250 g Erdbeeren, geputzt
6 Aprikosen, geschält, entsteint und gehackt
4 Kiwis, geschält und gewürfelt
1 Melone, geschält, entkernt und gewürfelt
250 g Rote Johannisbeeren
Saft von 1 Zitrone
100 g feiner Zucker
50 g Pistazienkerne, geröstet
Salz

Den Reis mit der Zitronenschale in einem Topf mit Salzwasser in 15 Minuten gar kochen. Das Wasser abgießen und den Reis abtropfen und abkühlen lassen. In eine große Schüssel füllen und Erdbeeren, Aprikosen, Kiwis, Melone und die Hälfte der Johannisbeeren vorsichtig unterheben.

Zitronensaft und Zucker mit 100 ml Wasser in einen kleinen Topf geben und unter Rühren sanft erhitzen, bis sich der Zucker vollständig aufgelöst hat. Den Sirup abkühlen lassen, dann über den Reis gießen.

Restliche Johannisbeeren und Pistazien unterheben. Vor dem Servieren 30 Minuten im Kühlschrank ziehen lassen.

Waffeln mit Himbeercreme

Lamponi alla crema in cialda

Vorbereiten: 40 Min.
(inkl. Kühlzeit)
Garzeit: 5–6 Min.
Für 4 Personen

150 ml Sahne
75 g Naturjoghurt
1 EL Kirschwasser
200 g Himbeeren
1 EL Puderzucker

Für die Waffeln

25 g weiche Butter
40 g Puderzucker, und etwas Puderzucker zum Bestäuben
2 EL klarer Honig
40 g Mehl
1 Prise Zimt
1 Prise frisch gemahlene Muskatnuss
1 Prise frisch gemahlene Gewürznelken
1 Eiweiß

Den Backofen auf 200 °C vorheizen, ein Backblech mit Backpapier belegen. Für die Waffeln Butter mit Puderzucker verrühren, dann nach und nach Honig, Mehl und Gewürze unterrühren.

In einer anderen Schüssel das Eiweiß steif schlagen, dann unter den Teig heben. Mit einem Löffel den Teig in 4 Portionen mit reichlich Abstand auf dem Backpapier verteilen. In 5–6 Minuten goldbraun backen, dann aus dem Ofen nehmen. Die Waffeln mit einem Pfannenwender nacheinander auf umgedrehte Dessertschälchen legen, sodass sie beim Abkühlen deren Form annehmen. Die Waffeln mit Puderzucker bestäuben.

Für die Creme die Sahne steif schlagen, dann Joghurt und Kirschwasser unterheben. Die kalten, festen Waffeln vorsichtig von den Schälchen nehmen. Mit der Öffnung nach oben auf einzelne Servierteller stellen und mit der Creme füllen. Mit den Himbeeren garnieren und mit Puderzucker bestäuben, dann servieren.

Frisches Fruchtgelee

Frutta fresca in gelatina

Vorbereiten: 12½ Std.
(inkl. Kühlzeit)
Garzeit: 20 Min.
Für 6 Personen

3 Blatt Gelatine
1 Flasche halbtrockener Weißwein
100 g feiner Zucker
2 Kiwis, geschält und klein geschnitten
2 Klementinen
12 Himbeeren
1 Apfel, geschält, entkernt und gehackt
1 Banane, geschält und gehackt
1 Birne, geschält, entkernt und gehackt
2 frische Minzeblätter, gehackt

Die Gelatine 5 Minuten in einer Schale mit kaltem Wasser einweichen, dann ausdrücken. Den Wein in einem Topf erhitzen, Gelatine und Zucker zugeben und rühren, bis sich beides aufgelöst hat. Den Topf vom Herd nehmen, das Gelee abkühlen lassen und über Nacht in den Kühlschrank stellen.

Für einen schönen Farbeffekt die Früchte bunt gemischt in einer großen Schüssel anrichten und 3–4 Stunden in den Kühlschrank stellen.

Direkt vor dem Servieren das Weingelee, das dickflüssig sein sollte, über die Früchte gießen. Mit der Minze garnieren.

Waldbeer-Bavaroise

Bavarese ai frutti di bosco

Zubereiten: 7–9 Std.
(inkl. Kühlzeit)
Für 8 Personen

- 12 Blatt Gelatine
- 200 g Walderdbeeren
- 400 g Brombeeren
- 50 ml Weißwein
- 500 g Erdbeeren
- 2 EL frisch gepresster Zitronensaft
- 175 g Puderzucker
- 500 ml Sahne, und etwas Sahne zum Garnieren (nach Belieben)

Zum Garnieren

- 1 Zweig Zitronenmelisse
- Erdbeeren
- Walderdbeeren
- Brombeeren

Die Gelatine 5 Minuten in einer Schüssel mit kaltem Wasser einweichen. Walderdbeeren und Brombeeren in separaten Schüsseln mit dem Weißwein übergießen, abtropfen lassen und trocken tupfen. Die Walderdbeeren mit den Erdbeeren im Mixer glatt pürieren und in eine große Schüssel füllen.

Die Brombeeren ebenfalls glatt pürieren und durch ein feines Kunststoff-Haarsieb in das Erdbeerpüree passieren. Zitronensaft und Puderzucker unterrühren. Die Gelatine ausdrücken und in einer hitzebeständigen Schüssel auf einem Wasserbad vollständig auflösen (siehe auch Packungsangabe), dann unter das Fruchtpüree rühren.

Die Sahne in einer zweiten Schüssel steif schlagen und unter das Fruchtpüree heben. Die Masse in eine Form füllen und mit Frischhaltefolie abgedeckt 6–8 Stunden oder sogar über Nacht fest werden lassen.

Vor dem Servieren die Form kurz in heißes Wasser tauchen und die Creme auf einen Servierteller stürzen. Nach Belieben mit Melisseblättchen und ganzen Beeren garnieren und mit Schlagsahne servieren.

Hinweis: Eine Bavaroise, oder Bayerische Creme, ist ein erfrischendes Dessert und wird gerne auch mit saisonalen Früchten zubereitet, die der Grundzubereitung zugefügt werden. Durch die Gelatine erhält die Creme die Konsistenz eines Flammeris und ist ein perfektes Sommerdessert.

Gratinierte Zabaglione mit frischen Beeren

Gratin di frutti di bosco all zabaione

Vorbereiten: 20 Min.
Garzeit: 30 Min.
Für 4 Personen

500 g gemischte Beeren, z. B. (Wald-)Erdbeeren, Brombeeren, Himbeeren und Blaubeeren
3 Eigelb
60 g feiner Zucker
2 EL Grand Marnier
abgeriebene Schale von ½ unbehandelten Zitrone

Größere Beeren halbieren und entweder in einer großen oder auf vier kleine Auflaufformen verteilen. Den Backofengrill vorheizen. Eigelb, Zucker und Grand Marnier in einer hitzebeständigen Schüssel verquirlen. Im Wasserbad unter ständigem Rühren in 8–10 Minuten eindicken lassen. Die Mischung darf dabei nicht kochen. Vom Wasserbad nehmen und die Zitronenschale unterrühren.

Die Zabaglione über die Beeren gießen und unter dem Backofengrill goldbraun überbacken. Warm oder kalt servieren.

Abbildung S. 350

Melonenbällchen mit Minzjoghurt

Palline di melone allo yogurt profumato alla menta

Zubereiten: 2¼–3¼ Std.
(inkl. Kühl- und Ruhezeit)
Für 6–8 Personen

500 g griechischer Joghurt
4 TL klarer Honig
2 Stängel Minze, gehackt
2 Melonen

Joghurt, Honig und Minze in einer Schüssel verrühren und 2–3 Stunden im Kühlschrank ziehen lassen. Die Melonen halbieren, entkernen und mit einem Kugelausstecher möglichst viele Bällchen aus dem Fruchtfleisch herauslösen. Die Melonenbällchen unter den Minzjoghurt mischen und in eine gläserne Servierschüssel füllen. Vor dem Servieren 10 Minuten in den Kühlschrank stellen.

Abbildung S. 351

Limettenpudding

Budino al lime

Vorbereiten: 20 Min.
Garzeit: 1 Std. 10 Min.
Für 4–6 Personen

5 Eier
200 g feiner Zucker
100 ml Limettensaft
dünn abgelöste Schale von 1 unbehandelten Limette, zum Garnieren

Für den Karamell

100 g feiner Zucker

Für den Karamell den Zucker mit 75 ml heißem Wasser in einen Topf geben und ohne Rühren sanft schmelzen lassen, bis ein goldbrauner Karamell entstanden ist. Den Karamell langsam in eine Puddingform füllen und durch Schwenken gleichmäßig in der Form verteilen.

Eier und Zucker in einer Schüssel schaumig schlagen, den Limettensaft zufügen. Die Masse in die Form füllen, mit Backpapier abdecken und in einen Topf mit siedendem Wasser stellen. Darin 1 Stunde garen.

Die Form aus dem Wasserbad nehmen und den Pudding abkühlen lassen. Auf einen Servierteller stürzen und mit Limettenschale garniert servieren.

Mandelblütenkuchen

Torta ai fiori di mandorlo

Vorbereiten: 15 Min.
Garzeit: 30 Min.
Für 6 Personen

Butter, zum Einfetten
350 g Mehl, und etwas Mehl zum Bestäuben
1 TL Backpulver
150 g feiner Zucker
50 g abgezogene Mandeln, gehackt
2 EL Mandelblüten
4 Eier, leicht verquirlt
4–5 EL Erdbeerkonfitüre
150 g Erdbeeren, geputzt und halbiert

Den Backofen auf 200 °C vorheizen. Ein Backblech mit Butter einfetten. Mehl und Backpulver in eine Schüssel sieben. Zucker, Mandeln und Mandelblüten untermischen. Nach und nach die Eier einarbeiten. Den Teig auf der leicht bemehlten Arbeitsfläche zu einem Rechteck ausrollen. Auf das vorbereitete Backblech heben und etwa 30 Minuten backen.

Den Kuchen auf dem Blech erkalten lassen. Auf eine Kuchenplatte heben und mit der Erdbeerkonfitüre bestreichen. Mit den Erdbeeren belegen.

Gratinierte Zabaglione mit frischen Beeren (S. 348)

Melonenbällchen mit Minzjoghurt (S. 348)

Apfelkuchen

Torta di mele

Vorbereiten: 1 Std.
(inkl. Kühlzeit)
Garzeit: 30–40 Min.
Für 6–8 Personen

- 80 g weiche Butter, und etwas Butter zum Einfetten
- 300 g Mehl, und etwas Mehl zum Bestäuben
- 3 Eier
- 150 g feiner Zucker
- 1 TL Backpulver
- 3 Äpfel, geschält, entkernt und in gleich große Stücke geschnitten
- geschlagene Sahne, zum Servieren

Den Backofen auf 180°C vorheizen. Eine Kuchenform einfetten und mit Mehl bestäuben. Eier und Zucker in einer Schüssel schaumig schlagen, dann die Butter unterheben und sorgfältig vermischen. Mehl und Backpulver in die Masse sieben und alles gut vermengen. Die Apfelstücke unterheben.

Den Teig in die Kuchenform geben, die Oberfläche glatt streichen und 30–40 Minuten backen. Zur Garprobe ein Holzstäbchen in die Mitte stechen, es sollte sauber wieder herauskommen. Den Kuchen aus dem Ofen nehmen und abkühlen lassen. Aus der Form nehmen und mit geschlagener Sahne servieren. Der Kuchen kann auch warm serviert werden.

Wassermelonen-Gelo

Gelo di melone

Vorbereiten: 4½–6½ Std.
(inkl. Kühlzeit)
Garzeit: 5 Min.
Für 6 Personen

- 80 g Pfeilwurz
- 120 g feiner Zucker
- 1 l Wassermelonensaft
- 100 g Zuccata (kandierter Kürbis), gewürfelt
- 50 g Zartbitterschokolade
- Jasminblüten, zum Garnieren

Pfeilwurz und Zucker in einen Topf geben. Den Wassermelonensaft unter Rühren zugießen. Bei schwacher Hitze unter ständigem Rühren zum Kochen bringen und einige Minuten eindicken lassen. Dann die Zuccata unterrühren. Die Masse in sechs Dessertschalen füllen.

Inzwischen die Schokolade in kleine, etwa melonenkerngroße Stücke hacken. Je 5–6 Schokoladenstücke in das Gelo geben und im Kühlschrank 4–6 Stunden fest werden lassen. Zum Servieren die Schalen kurz in warmes Wasser tauchen und das Gelo auf Dessertteller stürzen. Mit frischen Jasminblüten garniert servieren.

Hinweis: Gelo ist in Palermo wie auch im westlichen Teil Siziliens eine traditionelle Speise zu Mariä Himmelfahrt, am 15. August. Ein gutes Wassermelonen-Gelo sollte eine schöne rote, durchscheinende Farbe haben und im Mund zergehen.

Abbildung S. 354

Melonentraum

Melone sorpresa

Zubereiten: 2½ Std.
(inkl. Kühlzeit)
Für 6 Personen

1 große Melone, halbiert und entkernt
350 g Himbeeren
350 g kernlose weiße Weintrauben
3 Pfirsiche, geschält, entsteint und gewürfelt
4 EL feiner Zucker
5 EL Likör, z. B. Maraschino

Mit einem Kugelausstecher möglichst viele Bällchen aus dem Fruchtfleisch herauslösen und in eine große Schüssel geben. Die Melonenschalen aufbewahren. Himbeeren, Trauben und Pfirsiche zu den Melonenkugeln geben. Zucker und Likör zufügen und vorsichtig vermengen. Den Fruchtsalat in die Melonenschalen füllen und 2 Stunden im Kühlschrank ziehen lassen.

Abbildung S. 355

Melone mit Kokoscreme

Melone con crema fredda al cocco

Vorbereiten: 1 Std.
(inkl. Kühlzeit)
Garzeit: 45 Min.
Für 4 Personen

300 g Kokosraspel
100 g brauner Zucker
fein abgeriebene Schale von 1 großen unbehandelten Limette
40 g Speisestärke
5 EL Rum
2 Cantaloupe- oder Ogen-Melonen
4 EL Naturjoghurt
Salz

Kokosraspel, Zucker und Limettenschale mit 1,5 Liter Wasser und 1 Prise Salz in einen großen Topf geben. Bei schwacher Hitze etwa 30 Minuten unter gelegentlichem Rühren köcheln lassen. Vom Herd nehmen und durch ein Haarsieb in einen sauberen Topf passieren. Die Speisestärke mit 2 Esslöffeln Wasser in einer Schale anrühren, dann in die Kokosmischung rühren. Bei schwacher Hitze auf den Herd setzen. Den Rum zugeben und köcheln lassen, bis der Alkohol verdampft ist.

Weitere 15 Minuten rühren, bis die Kokoscreme eingedickt ist. Den Limettensaft unterrühren. Den Topf vom Herd nehmen und die Creme abkühlen lassen. Die Melonen halbieren und entkernen. Mit einem Kugelausstecher möglichst viele Bällchen aus dem Fruchtfleisch herauslösen. Dabei darauf achten, dass die Melonenschale nicht beschädigt wird. Joghurt und Melonenbällchen unter die Kokoscreme heben. Die Mischung in die Melonenhälften füllen und servieren.

Wassermelonengelo (S. 352)

Melonentraum (S. 353)

Bunter Melonensalat

Coppette di meloni

Zubereiten: 50 Min.
(inkl. Kühlzeit)
Für 4 Personen

- 4 kleine Cantaloupe- oder Charentais-Melonen
- 1 kleine weiße Melone, geschält, entkernt und in Würfel geschnitten
- 2 große Scheiben Wassermelone, geschält, entkernt und in Würfel geschnitten
- 80 g feiner Zucker
- 120 ml Portwein
- Minzeblätter, zum Garnieren

Von den Cantaloupe- oder Charentais-Melonen oben eine Kappe abschneiden und das Fruchtfleisch herauslösen. Dabei darauf achten, dass die Schale nicht beschädigt wird. Die Melonenschalen im Kühlschrank kühlen. Das Fruchtfleisch würfeln und in eine große Schüssel geben. Weiße Melone, Wassermelone, Zucker und Portwein untermischen und 30 Minuten im Kühlschrank ziehen lassen. Vor dem Servieren den Melonensalat in die Melonenschalen füllen und mit frischer Minze garnieren.

Melone mit Brombeeren

Melone alle more

Zubereiten: 20 Min.
Für 4 Personen

- 1 Melone
- 500 g Brombeeren
- 1 EL Portwein
- Puderzucker, zum Bestreuen

Von den Melonen oben eine Kappe abschneiden. Mit einem Esslöffel die Kerne herauslösen. Mit einem Kugelausstecher Bällchen aus dem Fruchtfleisch herauslösen und in eine Schüssel geben. Brombeeren und Portwein zufügen. Mit Puderzucker bestäuben und alles vorsichtig vermengen. Mit Frischhaltefolie abgedeckt bis zum Servieren kalt stellen. Vor dem Servieren 4 Dessertgläser mit Puderzucker ausstäuben und die Melonen-Brombeer-Mischung einfüllen.

Brombeertarte

Crostata di more

Vorbereiten: 1¾ Std.
(inkl. Kühlzeit)
Garzeit: 25–40 Min.
Für 6 Personen

Butter, zum Einfetten
Mehl, zum Bestäuben
1 kg Brombeeren
200 g Himbeerkonfitüre

Für den Mürbteig

200 g Mehl, und etwas Mehl zum Bestäuben
100 g feiner Zucker
100 g weiche Butter, in Stücke geschnitten
2 Eigelb
2 TL abgeriebene Schale von 1 unbehandelten Zitrone
Salz

Für die Konditorcreme

4 Eigelb
100 g feiner Zucker
25 g Mehl
500 ml Milch
einige Tropfen Vanillearoma oder 1 TL abgeriebene Schale von 1 unbehandelten Zitrone

Für den Teig Mehl und Zucker auf die Arbeitsfläche sieben und eine Mulde in die Mitte drücken. Butter, Eigelb, Zitronenschale und 1 Prise Salz hineingeben und sorgfältig durchkneten. Den Teig in Frischhaltefolie eingeschlagen 1 Stunde im Kühlschrank ruhen lassen.

Für die Konditorcreme Eigelb und Zucker schaumig schlagen. Nach und nach das Mehl sorgfältig unterrühren. Die Milch in einem Topf kurz aufkochen und Vanillearoma oder Zitronenschale zufügen. Vom Herd nehmen. Die heiße Milch unter ständigem Rühren langsam in die Eiermasse gießen. Bei schwacher Hitze 3–4 Minuten rühren, bis die Creme eingedickt ist. Die Creme in eine Schüssel füllen und abkühlen lassen. Gelegentlich rühren, damit sich keine Haut bildet.

Den Backofen auf 180 °C vorheizen und eine Quicheform einfetten. Den Teig auf der leicht bemehlten Arbeitsfläche kreisrund ausrollen und die Form damit auskleiden. Den Teigboden mehrmals mit einer Gabel einstechen. Die erkaltete Konditorcreme auf den Teigboden gießen und 35–40 Minuten backen.

350–400 g Brombeeren für die Garnierung beiseitelegen. Die restlichen Beeren im Mixer pürieren. Durch ein feines Sieb in eine Schüssel streichen und mit der Konfitüre zu einem dickflüssigen Püree verrühren. Falls nötig, mit etwas Wasser strecken.

Den Kuchen auskühlen lassen, mit dem Püree bestreichen und mit den restlichen Brombeeren garniert servieren.

Blaubeercreme

Crema ai mirtilli

Vorbereiten: 1 Std.
(inkl. Kühlzeit)
Garzeit: 25 Min.
Für 4 Personen

500 ml Milch
1 TL Vanillezucker
4 Eigelb
120 g feiner Zucker

Für die Blaubeeren

1 EL feiner Zucker
200 g Blaubeeren

Für die Creme Milch und Vanillezucker kurz aufkochen. Den Topf vom Herd nehmen. Eigelb und Zucker in einem zweiten Topf schaumig schlagen. Die heiße Milch unter Rühren langsam zugießen. Bei sehr schwacher Hitze weiterrühren, bis die Creme eindickt und einen Löffelrücken überzieht. Die Creme darf nicht kochen. Den Topf vom Herd nehmen und die Creme etwas abkühlen lassen.

Den Zucker in einem Topf mit 2 Esslöffeln Wasser bei schwacher Hitze auflösen. Die Blaubeeren zufügen und bei mittlerer Hitze etwa 15 Minuten köcheln lassen. Vom Herd nehmen und etwas abkühlen lassen. Die Beeren abtropfen lassen.

Die Creme in Dessertgläser füllen, die Sirupbeeren darüberschichten und mit den restlichen Blaubeeren garnieren.

Milchreis mit Blaubeeren

Riso dolce ai mirtilli

Vorbereiten: 1¼ Std.
(inkl. Kühlzeit)
Garzeit: 20 Min.
Für 4 Personen

500 ml Milch
250 g Vialone nano oder anderer Risotto-Reis
200 g Blaubeeren
4 EL feiner Zucker
1 Prise Zimt
½ TL Vanillearoma
fein abgeriebene Schale von 1 unbehandelten Zitrone
250 ml Sahne

Die Milch in einem großen Topf aufkochen. Den Reis zufügen und 20 Minuten unter gelegentlichem Rühren sanft köcheln lassen, bis er gar ist. Falls der Reis zu fest ist, etwas warmes Wasser unterrühren und einige weitere Minuten köcheln lassen. Den Reis in eine Schüssel füllen. Die Blaubeeren einrühren, bis der Reis gefärbt ist. Nach und nach den Zucker einarbeiten. Zimt, Vanillearoma, Zitronenschale und die Hälfte der Sahne unterziehen. Den Milchreis in eine große Form oder mehrere Dessertschalen füllen und vollständig abkühlen lassen.

Die restliche Sahne steif schlagen. Falls eine große Form verwendet wird, den Milchreis auf einen Servierteller stürzen. Die Schlagsahne separat dazureichen.

Gefüllte Pfirsiche

Pesche ripiene

Vorbereiten: 20 Min.
Garzeit: 1 Std.
Für 4 Personen

- 25 g Butter, und etwas Butter zum Einfetten
- 5 gelbfleischige Pfirsiche
- 50 g feiner Zucker
- 4 Amarettini, zerkrümelt
- 2 Eigelb
- 25 g Kakaopulver

Den Backofen auf 160 °C vorheizen. Eine Auflaufform mit Butter einfetten. Einen Pfirsich schälen, entsteinen, fein würfeln und in eine Schüssel geben. Restliche Pfirsiche halbieren und entsteinen. Die Hälften etwas aushöhlen, das Fruchtfleisch zum gewürfelten Pfirsich geben und mit Zucker, Amarettini, Eigelb und Kakaopulver vermengen. Die Masse kuppelförmig auf die Pfirsichhälften geben. Die Butter in Flöckchen darauf verteilen. Die Pfirsiche in die Form setzen und 1 Stunde backen. Heiß servieren.

Abbildung S. 360

Pfirsichgelee

Aspic di pesche

Vorbereiten: 2½ Std.
(inkl. Kühlzeit)
Garzeit: 20 Min.
Für 4 Personen

- 6 Blatt Gelatine
- 3 vollreife gelbfleischige Pfirsiche, entsteint und geachtelt
- 120 ml Amaretto oder anderer Likör
- 200 g feiner Zucker
- 150 g kandierte Früchte, gehackt (nach Belieben)

Die Gelatine 10 Minuten in einer Schale mit kaltem Wasser einweichen. Die Pfirsiche in eine Schüssel geben, mit Amaretto beträufeln und im Kühlschrank ziehen lassen. Den Zucker mit 500 ml Wasser in einen Topf geben und unter Rühren zum Kochen bringen, bis sich der Zucker vollständig aufgelöst hat. Den Topf vom Herd nehmen, die Gelatine ausdrücken und unter Rühren im heißen Sirup vollständig auflösen. Falls verwendet, 120 g kandierte Früchte unterrühren und 5 Minuten stehen lassen. Ein Drittel der Mischung in eine Glasform füllen und 30 Minuten kalt stellen, bis sie zu stocken beginnt.

Die Form aus dem Kühlschrank nehmen. Die Hälfte der Pfirsichscheiben auf dem Gelee verteilen, mit der Hälfte des restlichen Sirups bedecken und weitere 30 Minuten kühl stellen. Restliche Pfirsichscheiben und übriges Gelee darauf verteilen und im Kühlschrank 1 Stunde fest werden lassen. Das Gelee auf einen Servierteller stürzen und mit den übrigen kandierten Früchten, falls verwendet, garnieren.

Abbildung S. 361

Gefüllte Pfirsiche (S. 359)

firsichgelee (S. 359)

Pfirsiche mit Erdbeeren

Pesche con le fragole

Zubereiten: 3–4 Std.
(inkl. Ruhezeit)
Für 4 Personen

6 gelbfleischige Pfirsiche
2 EL feiner Zucker
300 g Erdbeeren, geputzt
3 EL Erdbeerkonfitüre
2–3 EL halbtrockener Weißwein

Die Pfirsiche in einer Schüssel mit kochendem Wasser übergießen. Einige Minuten ziehen lassen, dann abtropfen lassen, schälen, halbieren und entsteinen. Mit der Schnittfläche nach oben auf einen großen Teller setzen. Mit Zucker bestreuen und mit den Erdbeeren füllen. Die Konfitüre mit dem Weißwein in einer Schale glatt rühren und die Pfirsiche damit überziehen. Vor dem Servieren einige Stunden an einem kühlen Ort ziehen lassen.

Gebackene Birnen

Fagottini di pere e prugne

Vorbereiten: 1½ Std.
(inkl. Ruhezeit)
Garzeit: 45 Min.
Für 6 Personen

24 Pflaumen
250 ml frisch gebrühter Schwarztee, abgekühlt
200 g Mehl, und etwas Mehl zum Bestäuben
2 EL Olivenöl
100 g weiche Butter
3 EL feiner Zucker
2 EL Weinbrand
6 Birnen
1 Eigelb, mit 1 TL Wasser verquirlt
Salz

Die Pflaumen in einer Schüssel mit dem Tee übergießen und 1 Stunde ziehen lassen. Inzwischen das Mehl mit 1 Prise Salz auf die Arbeitsfläche sieben und eine Mulde in die Mitte drücken. Das Olivenöl hineingeben. Nach und nach das Mehl einarbeiten, dann die Butter unterkneten. So viel Wasser einarbeiten, dass ein weicher, elastischer Teig entsteht. Den Teig zu einer Kugel formen und abgedeckt 30 Minuten an einem kühlen Ort ruhen lassen.

Den Backofen auf 150 °C vorheizen. Die Pflaumen abtropfen lassen. Mit Zucker und Weinbrand im Mixer oder mit dem Stabmixer glatt pürieren. Die Birnen schälen und das Kerngehäuse ausstechen, dabei aber die Birnen ganz und auch den Stiel an der Frucht lassen. Die ausgehöhlten Birnen mit dem Pflaumenmus füllen.

Ein Backblech mit Backpapier belegen. Den Teig auf einer leicht bemehlten Arbeitsfläche ausrollen und in 6 Quadrate schneiden. Die Birnen vollständig in den Teig einhüllen, sodass nur der Stiel herausragt. Mit Eigelb bestreichen und auf das Backblech setzen. Im Ofen 45 Minuten goldbraun backen. Auf einem Kuchengitter auskühlen lassen.

Pfirsiche mit sommerlicher Zabaglione

Pesche allo zabaione estivo

Vorbereiten: 20 Min.

Garzeit: 25 Min.

Für 6 Personen

250 g feiner Zucker
9 weißfleischige Pfirsiche, geschält, halbiert und entsteint
8 Eigelb
120 ml trockener Weißwein
1 EL Kirschwasser
200 g Walderdbeeren, geputzt
Puderzucker, zum Bestreuen

150 g Zucker mit 200 ml Wasser in einen Topf geben. Die Pfirsiche zufügen und bei schwacher Hitze 15 Minuten garen. Mit einem Schaumlöffel herausnehmen und abkühlen lassen.

Für die Zabaglione das Eigelb mit dem restlichen Zucker in einer hitzebeständigen Schüssel schaumig schlagen, dann den Wein zufügen. Die Schüssel auf ein Wasserbad setzen und 6–8 Minuten rühren, bis die Masse dicklich-schaumig ist und einen Löffelrücken überzieht. Die Creme darf nicht kochen. Die Zabaglione vom Wasserbad nehmen und das Kirschwasser unterrühren.

Einige Esslöffel Zabaglione in sechs Dessertschalen geben, die Pfirsiche hineinsetzen und mit der restlichen Zabaglione überziehen. Die Walderdbeeren darauf verteilen, mit Puderzucker bestäuben und bis zum Servieren kalt stellen.

Gegrillte Nektarinen

Pesche noce alla griglia

Vorbereiten: 30 Min.

Garzeit: 30 Min.

Für 4 Personen

4 große Nektarinen, halbiert und entsteint
½ Vanillestange
½ Zimtstange
25 g feiner Zucker
3 EL Amaretto
2 Kiwis, geschält und in Scheiben geschnitten

Den Backofengrill vorheizen und ein Backblech mit Backpapier belegen. Die Nektarinen mit der Schnittseite nach unten daraufsetzen und unter dem Grill 10–15 Minuten garen, bis sie leicht gebräunt sind. Den Backofen auf 190 °C vorheizen.

Inzwischen die Vanillestange auskratzen und das Mark in einem Mörser mit Zimt und Zucker mischen. Die Nektarinen mit der Schnittseite nach oben in eine flache Auflaufform setzen. Mit der Zuckermischung bestreuen und etwas Amaretto in die Mitte träufeln. Im Ofen 10–15 Minuten backen. Mit Kiwischeiben garniert warm oder kalt servieren.

Pflaumen mit Sahne und Eis

Prugne con gelato alla panna

Vorbereiten: 15 Min.
Garzeit: 20 Min.
Für 4 Personen

500 g Pflaumen
75 g feiner Zucker
2 EL Vanillezucker
250 ml Sahne
1 TL Puderzucker
Bananen- oder Zabaglione-Eiscreme, zum Servieren
4 Kirschen, zum Garnieren (nach Belieben)

Die Pflaumen in einem großen Topf mit kochendem Wasser 2–3 Minuten blanchieren. Abtropfen lassen, die Haut abziehen, halbieren und entsteinen. Die Pflaumen in eine Form geben, mit Zucker und Vanillezucker bestreuen und ziehen lassen. Inzwischen die Sahne in einer Schüssel steif schlagen und den Puderzucker unterrühren. Die Schlagsahne in einen Spritzbeutel mit kleiner Sterntülle füllen. Einige Eiskugeln in vier Dessertschalen setzen und die Pflaumen darübergeben. Mit der Schlagsahne und, falls verwendet, den Kirschen garnieren.

Pflaumen mit Mandeln

Prugne alle mandorle

Vorbereiten: 15 Min.
Garzeit: 15 Min.
Für 4 Personen

8 Pflaumen, halbiert und entsteint
50 g feiner Zucker
100 g abgezogene Mandeln, fein gehackt

Etwa 500 ml Wasser in einen Topf mit Dämpfeinsatz füllen und zum Kochen bringen. Die Pflaumen mit dem Zucker bestreuen, in den Einsatz geben und 10 Minuten bei aufgesetztem Deckel dämpfen. Vom Herd nehmen, die Pflaumen auf einen Servierteller geben und mit den Mandeln bestreuen. Vor dem Servieren abkühlen lassen.

Pflaumen in Wein

Prugne al vino

Vorbereiten: 20 Min.
Garzeit: 20 Min.
Für 6 Personen

1 Flasche Roséwein
1 Zimtstange
120 g feiner Zucker
dünn abgelöste Schale von ½ unbehandelten Zitrone
1 kg Pflaumen, halbiert und entsteint

Wein, Zimt, Zucker und Zitronenschale in einem Topf bei schwacher Hitze unter ständigem Rühren zum Kochen bringen, bis sich der Zucker aufgelöst hat. Die Pflaumen zugeben, erneut aufkochen und 10 Minuten köcheln lassen. Die Mischung in eine hitzebeständige Servierschale füllen und auskühlen lassen. Die Zimtstange entfernen und das Dessert bis zum Servieren kalt stellen.

Abbildung S. 370

Flambierte Pflaumen

Prugne flambé

Zubereiten: 2½ Std.
(inkl. Kühlzeit)
Für 4 Personen

- 600 g gemischte gelbe und rote Pflaumen
- 150 ml Sahne
- 400 ml Marsala oder anderer Dessertwein
- 8 Stück Würfelzucker
- 120 ml Rum

Von den Pflaumen oben eine kleine Kappe abschneiden und beiseitelegen. Die Steine herauslösen, ohne die Pflaumen aufzureißen. Die Sahne steif schlagen und die Pflaumen damit füllen. Die restliche Sahne in den Kühlschrank stellen. Die Kappen farblich variierend wieder auf die Pflaumen setzen. Den Wein in eine große Schüssel füllen und die Pflaumen hineinsetzen. Im Kühlschrank 2 Stunden ziehen lassen.

Vor dem Servieren die Zuckerwürfel mit dem Rum tränken. Die Pflaumen mit der restlichen Sahne überziehen. Je 1 Stück Würfelzucker daraufsetzen und flambieren. Wenn die Flammen erloschen sind, sofort servieren.

Karamellisierte Trauben

Uva caramellata

Vorbereiten: 1¼ Std.
Garzeit: 15 Min.
Für 4 Personen

- Mandelöl, zum Bestreichen
- 400 g Weintrauben am Stängel, z. B. grüne Muskateller- oder Italia-Trauben
- 150 g feiner Zucker

Eine Servierform mit Mandelöl ausstreichen. Die Trauben in mehrere kleine Zweige mit nur wenigen Beeren zerteilen. Den Zucker mit 3–4 Esslöffeln Wasser in einen kleinen Topf geben und bei sehr schwacher Hitze unter ständigem Rühren zum Kochen bringen, bis sich der Zucker aufgelöst hat. Ohne Rühren, dabei aber unter gelegentlichem Topfrütteln einige weitere Minuten erhitzen, bis ein goldbrauner Karamell entstanden ist. Den Topf vom Herd nehmen. Falls der Karamell zu dickflüssig ist, mit 1 Esslöffel heißem Wasser strecken. Die Trauben ganz kurz in den Karamell tauchen und in die vorbereitete Servierform setzen. Den Karamell fest werden lassen, dann servieren.

Hinweis: Statt Karamell 1 Tafel Zartbitterschokolade im Wasserbad schmelzen. Die Trauben kurz hineintauchen und im Kühlschrank fest werden lassen.

Zwetschgenknödel Triester Art

Gnocchi di patate con prugne alla triestina

Vorbereiten: 25 Min.

Garzeit: 1 Std.

Für 4 Personen

12 Zwetschgen
12 Stück Würfelzucker
1 kg Kartoffeln
40 g Butter
4 EL frische weiße Semmelbrösel
1 Prise Zimt
1 Prise feiner Zucker
200 g Mehl
1 Ei
Salz

Die Zwetschgen 5–7 Minuten in einem Topf mit kochendem Wasser blanchieren. Abtropfen lassen, aufschneiden und entsteinen. Je 1 Stück Würfelzucker hineingeben und wieder zusammenklappen. Die Kartoffeln in einem Topf mit Salzwasser in 25–30 Minuten gar kochen.

Inzwischen die Butter in einem kleinen Topf zerlassen. Die Semmelbrösel darin bei schwacher Hitze einige Minuten unter häufigem Rühren bräunen. Zimt und Zucker unterrühren. Den Topf vom Herd nehmen.

Die Kartoffeln schälen und noch warm zerstampfen. Auf die Arbeitsfläche geben und eine Mulde hineindrücken. Mehl, Ei und 1 Prise Salz hineingeben. Alles zu einem geschmeidigen Teig verarbeiten. Den Kartoffelteig in 12 gleich große Portionen aufteilen. Die Teigportionen etwas flach drücken, die Pflaumen darin einhüllen und den Teig vorsichtig zu Knödeln formen.

Einen großen Topf Wasser zum Kochen bringen. Die Zwetschgenknödel hineingeben und ziehen lassen, bis sie an die Oberfläche steigen. Mit einem Schaumlöffel herausnehmen und abtropfen lassen. In eine vorgewärmte Servierform geben, mit Semmelbröseln überziehen und servieren.

Hinweis: Wenn Zwetschgen gerade keine Saison haben, können auch Pflaumen verwendet werden.

Kleine Krapfen mit Rosenblüten

Frittelle alle rose

Vorbereiten: 30 Min.
Garzeit: 5 Min.
Für 4 Personen

- 500 g feiner Zucker
- 1 TL Anislikör
- 130 g Mehl
- 1 TL Backpulver
- 250 ml Milch
- 20 g Butter
- 500 ml Naturjoghurt
- 50 g Rosinen
- Olivenöl, zum Ausbacken
- Blütenblätter von 2–3 unbehandelten rosafarbenen Rosen

Den Zucker mit 500 ml Wasser in einen großen Topf geben und unter Rühren zum Kochen bringen, bis sich der Zucker vollständig aufgelöst hat. Die Hitze reduzieren und den Sirup ohne Rühren 5 Minuten köcheln lassen, bis er etwas eingedickt ist. Den Anislikör unterrühren und den Sirup vollständig abkühlen lassen.

Mehl und Backpulver in eine Schüssel sieben und 2–3 Esslöffel Milch unterrühren. Dann Butter, Joghurt und restliche Milch sorgfältig einarbeiten. Den Teig zu Kugeln formen und je einige Rosinen hineindrücken.

Reichlich Olivenöl in einen tiefen Topf oder eine Fritteuse füllen und auf 180–190 °C erhitzen, sodass ein Brotwürfel in 30 Sekunden braun wird. Die Krapfen darin, gegebenenfalls portionsweise, goldbraun ausbacken. Mit einem Schaumlöffel herausnehmen und auf Küchenpapier abtropfen lassen. In den Sirup tauchen, mit den Blütenblättern garnieren und sofort servieren.

Abbildung S. 371

Pflaumen in Wein (S. 366)

Kleine Krapfen mit Rosenblüten (S. 369)

Eiscreme und Getränke

Gelati e bibite

Die wunderbare Auswahl an frischen Früchten, die der italienische Sommer bietet, zeigt sich auch in der Vielfalt köstlicher Eiscremes, Sorbets und Granitas. Ob Kirsch-, Aprikosen-, Melonen-, Johannisbeer-, Feigen-, Brombeer-, Pflaumen-, Erdbeer- oder Himbeereis: Italienische Eisdesserts sind meist sehr einfach in der Zubereitung und erfordern nichts weiter als aromatische vollreife Früchte und nur eine Handvoll weitere Zutaten.

Die Früchte sollten erst unmittelbar vor der Zubereitung gewaschen werden, da vollreife Früchte sonst sehr schnell Schaden nehmen. Mit einer Eismaschine sind viele Eiscremes schon in einer halben Stunde zubereitet. Aber auch ohne Maschine gelingen die Eiscremes aus diesem Kapitel problemlos im Gefrierfach. Sie müssen die Eismasse lediglich in regelmäßigen Abständen sorgfältig durchrühren, damit sie schön cremig wird und gleichmäßig gefriert.

Zu guter Letzt bietet die italienische Sommerküche auch jede Menge fruchtiger Getränkerezepte – mit und ohne Alkohol. Sie sorgen für die perfekte Erfrischung an langen, heißen Sommertagen.

Ananaseis

Gelato all'ananas

Zubereiten: 5½ Std.
(inkl. Gefrierzeit)
Für 4 Personen

1 frische Ananas
500 g Ananasstücke in Sirup (Dose)
1 EL Puderzucker, gesiebt
250 ml Sahne

Von der frischen Ananas eine Kappe abschneiden und das Fruchtfleisch mit einem scharfen Messer herauslösen, ohne die Schale zu beschädigen. Die Schale beiseitelegen. Den harten Strunk entfernen und das Fruchtfleisch grob hacken. Zusammen mit der Dosenananas samt Sirup im Mixer oder mit dem Stabmixer pürieren.

Das Ananaspüree in eine Schüssel füllen, den Puderzucker unterrühren und 1 Stunde tiefkühlen, bis die Eismasse angefroren ist. Die Sahne steif schlagen und unterheben.

Die Eismasse in die Ananasschale füllen und mindestens 4 Stunden tiefkühlen.

Jasminblüteneis

Gelato ai fiori di gelsomino

Vorbereiten: 30 Min.
(inkl. Gefrierzeit)
Garzeit: 10 Min.
Für 4 Personen

200 g feiner Zucker
50–60 frische unbehandelte Jasminblüten, und einige Blüten zum Garnieren
100 ml Sahne

Zucker und Jasminblüten mit 500 ml Wasser in einem Topf zum Kochen bringen. So lange rühren, bis sich der Zucker vollständig aufgelöst hat. Den Sirup ohne Rühren bei schwacher Hitze 10 Minuten einkochen und vollständig abkühlen lassen.

Inzwischen die Sahne in einer Schüssel steif schlagen und den Jasminsirup unterziehen. Die Masse in die Eismaschine füllen und in etwa 20 Minuten bzw. den Angaben des Herstellers folgend zu Eis weiterverarbeiten, dann ins Gefrierfach geben, bis das Eis fest ist.

Zum Servieren das Jasmineis in Champagnerschalen oder Dessertgläser füllen und mit einigen frischen Jasminblüten garnieren.

Eis von gemischten Waldbeeren

Gelato ai frutti di bosco

Zubereiten: 30 Min.
(inkl. Gefrierzeit)
Für 6 Personen

400 g gemischte Beeren, z. B. Walderdbeeren, Brombeeren, Himbeeren, Blaubeeren
Saft von ½ Zitrone
175 g feiner Zucker
250 ml Sahne

Beeren, Zitronensaft, Zucker und Sahne im Mixer in 2 Minuten glatt pürieren. Die Masse in eine Eismaschine füllen und in etwa 20 Minuten bzw. den Angaben des Herstellers folgend zu Eis weiterverarbeiten, dann ins Gefrierfach geben.

Die Eiscreme in Kugeln in Dessertgläsern anrichten und servieren.

Abbildung S. 380

Minzeis

Gelato di menta

Vorbereiten: 3½–4½ Std.
(inkl. Kühl- und Gefrierzeit)
Garzeit: 5 Min.
Für 4 Personen

200 g Minzeblätter, sehr fein gehackt
80 g feiner Zucker
50 g Zartbitterschokolade, in Stücke gebrochen
2 Eigelb
200 ml Sahne
Schlagsahne und Minzeblätter, zum Garnieren

Minzeblätter und Zucker in einer Schüssel mischen. Die Schokolade in einer hitzebeständigen Schüssel auf einem Wasserbad schmelzen.

Die Schokolade etwas abkühlen lassen. Das Eigelb sorgfältig unterrühren und die Masse vollständig abkühlen lassen. Die Sahne in einer zweiten Schüssel steif schlagen, unter den Minzzucker ziehen und dann unter die Schokoladenmasse heben.

Eine gefriergeeignete Form mit Wasser ausspülen. Die Eismasse einfüllen, mit Frischhaltefolie abdecken und 3–4 Stunden tiefkühlen. Vor dem Servieren die Form kurz in heißes Wasser tauchen und das Eis auf einen Servierteller stürzen.
Mit Schlagsahne und Minzeblättern garnieren und sofort servieren.

Erdbeer-Joghurt-Eis

Gelato di fragole e yogurt

Vorbereiten: 1 Std. 20 Min.
(inkl. Gefrierzeit)
Garzeit: 35 Min.
Für 6–8 Personen

600 g Erdbeeren, geputzt
1 EL Orangenblütenwasser
1 EL Zitronensaft
120 g feiner Zucker
300 ml Sahne
4 Eigelb

Für die Erdbeersauce

600 g Erdbeeren, geputzt
500 ml griechischer Joghurt
80 g feiner Zucker

Für die Himbeer-Coulis

300 g Himbeeren
25 g feiner Zucker
1 EL Orangenblütenwasser

Für das Eis Erdbeeren, Orangenblütenwasser, Zitronensaft und 50 g Zucker im Mixer glatt pürieren. Die Sahne in einen Topf füllen und bei schwacher Hitze zum Kochen bringen. Den Topf vom Herd nehmen. Das Eigelb mit dem restlichen Zucker in einer Schüssel cremig rühren und unter die warme Sahne ziehen.

Den Topf wieder auf den Herd setzen und bei schwacher Hitze rühren, bis die Masse eindickt und einen Löffelrücken überzieht. Die Creme darf nicht kochen. Dann zum Erdbeerpüree in den Mixer geben und mixen. Die Eismasse vollständig abkühlen lassen, dann in die Eismaschine geben und in 20 Minuten bzw. den Angaben des Herstellers folgend weiterverarbeiten. In eine gefriergeeignete Form füllen und 30 Minuten tiefkühlen.

Für die Erdbeersauce die Erdbeeren im Mixer pürieren. In eine Schüssel füllen und Joghurt, Zucker und 100 ml Wasser unterrühren. Abgedeckt in den Kühlschrank stellen.

Für die Himbeer-Coulis die Himbeeren durch ein Haarsieb in eine Schüssel streichen. Zucker und Orangenblütenwasser unterrühren. Die Eiscreme in Kugeln in Dessertgläser geben. Mit der Himbeer-Coulis und dann mit der Erdbeersauce überziehen und sofort servieren.

Geeistes Erdbeer-Himbeer-Soufflé

Souffle gelato di lamponi e fragole

Zubereiten: 3 Std. 20 Min. (inkl. Gefrierzeit)

Für 4 Personen

200 g Himbeeren, und einige Himbeeren zum Garnieren
200 g Erdbeeren, geputzt
175 g feiner Zucker
25 ml Erdbeerlikör oder anderer Fruchtlikör
fein abgeriebene Schale von ½ unbehandelten Zitrone
500 ml Sahne
3 Blatt Gelatine

Aus Backpapier einen Streifen zurechtschneiden, der 4 cm breit und so lang wie der Umfang der verwendeten Souffléform ist. Den Streifen in den Rand der Form legen und mit Klebeband fixieren.

Himbeeren und Erdbeeren mit Zucker, Likör und Zitronenschale im Mixer glatt und schaumig pürieren. In eine Schüssel füllen. Die Sahne in einer zweiten Schüssel steif schlagen.

Die Gelatine in einer hitzebeständigen Schale mit Wasser bedecken und 5 Minuten einweichen. Das Wasser abgießen und die Gelatine auf einem Wasserbad unter Rühren auflösen. Schlagsahne und Gelatine vorsichtig unter das Beerenpüree heben, damit die Masse schön luftig bleibt.

Die Masse in die vorbereitete Form füllen und 3 Stunden tiefkühlen. Vor dem Servieren den Backpapierstreifen entfernen und das Soufflé mit Himbeeren garnieren.

Abbildung S. 381

Eis von gemischten Waldbeeren (S. 375)

Geeistes Erdbeer-Himbeer-Soufflé (S. 379)

Walderdbeer-Zitronen-Eis

Gelato di fragoline e limone

Vorbereiten: 1¼ Std.
(inkl. Gefrierzeit)
Garzeit: 5 Min.
Für 6 Personen

Für das Walderdbeereis

400 g Walderdbeeren, geputzt
100 ml leichter Weißwein
300 ml Milch
1 Streifen dünn abgelöste Schale von 1 unbehandelten Zitrone
1 Vanilleschote, aufgeschnitten
2 Eier
250 g feiner Zucker
200 ml Sahne

Für das Zitroneneis

Saft von 6 Zitronen
250 g feiner Zucker
350 ml Milch
350 ml Sahne

Für das Walderdbeereis die Beeren mit Weißwein abspülen. Die Milch mit Zitronenschale und Vanilleschote kurz aufkochen. Den Topf vom Herd nehmen und die Milch abkühlen lassen.

Eier und Zucker im Mixer schaumig rühren. Die Walderdbeeren zufügen und pürieren. Die Sahne einarbeiten. Die Milch durch ein Haarsieb zugießen und weitermixen, bis die Masse homogen ist. In die Eismaschine füllen und den Angaben des Herstellers folgend zu Eis weiterverarbeiten.

Für das Zitroneneis Zitronensaft und Zucker im Mixer mischen. Milch und Sahne zugeben und kurz einarbeiten. Die Masse in die Eismaschine füllen und den Angaben des Herstellers folgend zu Eis weiterverarbeiten. Vor dem Servieren Kugeln von beiden Eiscremesorten pyramidenförmig auf einen großen Servierteller setzen oder in Dessertschalen geben.

Hinweis: Sorbets und Eiscremes mit Früchten enthalten mehr Wasser als Sahneeis und müssen etwas länger gefrieren und gerührt werden, damit sich keine groben Eiskristalle bilden. Da beim Gefrieren der Fruchtgeschmack etwas gemindert wird, sollten nur sehr reife und vollaromatische Früchte verwendet werden.

Geeiste Melonencreme

Crema gelata di melone

Zubereiten: 4½ Std.
(inkl. Gefrierzeit)
Für 2 Personen

- 2 kleine Melonen
- 3–4 EL Blüten- oder anderer klarer Honig
- 150 g Vollmilch-Naturjoghurt

Eine Melone halbieren und entkernen. Das Fruchtfleisch mit einem Löffel herauslösen und im Mixer oder mit dem Stabmixer pürieren. Das Melonenpüree in eine Schüssel füllen und mit 3 Esslöffeln Honig verrühren. Nach Geschmack weiteren Honig zum Süßen einarbeiten. Den Joghurt unterrühren. Die Masse in einen gefriergeeigneten rechteckigen Behälter füllen und im Gefrierfach 4 Stunden gefrieren. Inzwischen die zweite Melone halbieren und entkernen. Mit einem Kugelausstecher Bällchen aus dem Fruchtfleisch herauslösen und bis zum Gebrauch in den Kühlschrank stellen. Die geeiste Melonencreme 10 Minuten vor dem Servieren aus dem Gefrierfach nehmen und antauen lassen. Auf einen Servierteller stürzen und in Scheiben schneiden. Mit den Melonenbällchen garnieren.

Pfirsicheis

Gelato di pesche

Vorbereiten: 6¼ Std.
(inkl. Ruhe- und Gefrierzeit)
Garzeit: 20 Min.
Für 4 Personen

- 500 g Pfirsiche, geschält, entsteint und in Scheiben geschnitten
- 175 g Puderzucker
- 2 Blatt weiße Gelatine
- 5 Eier, getrennt
- 20 ml Rum

Die Pfirsiche in eine Schüssel geben, mit dem Puderzucker bestäuben und 2 Stunden ziehen lassen. Durch ein Haarsieb in eine zweite Schüssel passieren. Die Gelatine 5 Minuten in einer Schale mit kaltem Wasser einweichen, dann ausdrücken. Das Eigelb mit dem Pfirsichmark in einen Topf geben und bei schwacher Hitze 15–20 Minuten rühren, bis die Masse eingedickt ist. Die Gelatine mit etwas Wasser in eine hitzebeständige Schale geben und auf einem Wasserbad unter Rühren auflösen. In die Pfirsichmasse rühren und erkalten lassen. Das Eiweiß in einer sauberen Schüssel steif schlagen und unter die Pfirsichcreme heben. Einen gefriergeeigneten Behälter mit dem Rum ausstreichen und die Pfirsichcreme einfüllen. Im Gefrierfach 4 Stunden gefrieren. Vor dem Servieren den Behälter kurz in heißes Wasser tauchen. Das Eis auf einen Servierteller stürzen und in Scheiben schneiden.

Abbildung S. 386

Haselnusseis

Gelato di nocciole

Vorbereiten: 1 Std.
(inkl. Gefrierzeit)
Garzeit: 10–15 Min.
Für 6 Personen

100 g Haselnusskerne
750 ml Milch
25 g Vanillezucker
6 Eigelb
175 g feiner Zucker

Den Backofen auf 200 °C vorheizen. Die Nüsse auf einem Backblech verteilen und 10–15 Minuten rösten, bis sie leicht gebräunt sind. In ein sauberes Tuch geben und damit die dünnen Häute abreiben. Die Nüsse fein hacken und in eine Schüssel geben. Die Milch aufkochen und den Vanillezucker unterrühren. Einige Esslöffel Milch mit den Nüssen vermengen, dann die restliche Milch zugießen. Eigelb und Zucker in einer anderen Schüssel schaumig rühren. Die heiße Haselnussmilch unterrühren.

Die Mischung in einen sauberen Topf füllen und bei mittlerer Hitze unter ständigem Rühren zum Kochen bringen. Den Topf vom Herd nehmen und die Haselnussmasse auskühlen lassen. In die Eismaschine füllen und in etwa 20 Minuten bzw. den Angaben des Herstellers folgend zu Eis weiterverarbeiten. In einen flachen, gefriergeeigneten Behälter füllen und ins Gefrierfach stellen.

Sahneeis mit Rosenblüten

Gelato di panna ai petali di rosa

Vorbereiten: 3½ Std.
(inkl. Ruhe- und Gefrierzeit)
Garzeit: 10 Min.
Für 4 Personen

200 ml Sekt
175 g feiner Zucker
50–65 g frische unbehandelte Rosenblütenblätter
2–3 Tropfen Rosenwasser
100 ml Sahne
unbehandelte Rosenblütenblätter und Rosenblätter, zum Garnieren

Sekt und Zucker mit 100 ml Wasser in einem Topf sanft erhitzen. So lange rühren, bis sich der Zucker vollständig aufgelöst hat. Den Topf vom Herd nehmen. 10 g Blütenblätter beiseitelegen, den Rest in den Sirup rühren und 3 Stunden ziehen lassen. Den Sirup durch ein Haarsieb in eine Schüssel passieren. Restliche Blütenblätter und Rosenwasser zufügen und alles im Mixer pürieren. Die Masse in die Eismaschine füllen. Die Sahne in einer Schüssel steif schlagen, zum Rosensirup in die Eismaschine geben und in etwa 20 Minuten bzw. den Angaben des Herstellers folgend zu Eis weiterverarbeiten. Die Eiscreme in Dessertschalen geben und mit Rosenblütenblättern und Rosenblättern garniert servieren.

Kamillen-Semifreddo

Semifreddo di camomilla

Vorbereiten: 4–5 Std.
(inkl. Gefrierzeit)
Garzeit: 10 Min.
Für 4 Personen

- 200 g frische unbehandelte Kamillenblüten
- 100 g feiner Zucker
- 3 Eier, getrennt
- 50 ml Marsala
- Saft von ½ Zitrone
- 200 ml Sahne
- gehackte Mandeln, zum Garnieren

Kamillenblüten und Zucker mit 200 ml Wasser in einem Topf zum Kochen bringen. Dabei so lange rühren, bis sich der Zucker aufgelöst hat. Nun ohne Rühren weiterkochen, bis ein dicker Sirup entstanden ist. Durch ein Haarsieb in eine Schüssel passieren. Kamillenblüten dabei leicht mit einem Löffel ausdrücken. Abkühlen lassen. Das Eigelb in den Sirup rühren, bis die Masse eingedickt ist. Marsala und Zitronensaft einarbeiten.

Eiweiß und Sahne in getrennten Schüsseln steif schlagen. Erst den Eischnee, dann die Schlagsahne unter die Kamillenmasse heben. Einen gefriergeeigneten Behälter mit Frischhaltefolie auskleiden, die Eismasse einfüllen und einige Stunden im Gefrierfach gefrieren. Vor dem Servieren mit Mandeln garnieren.

Geeister Wein mit Erdbeeren

Vino gelato alle fragole

Zubereiten: 3¼ Std.
(inkl. Gefrierzeit)
Für 4–6 Personen

- Saft von 2 Zitronen
- 3–4 Stängel Minze
- 4 Erdbeeren, geputzt und geviertelt
- feiner Zucker, zum Bestreuen
- 1 Flasche trockener Weißwein, gekühlt

Den Zitronensaft mit 500 ml Wasser in einen Messbecher füllen. Die Fächer eines Eiswürfelträgers zur Hälfte mit dem Zitronenwasser füllen und im Gefrierfach 1 Stunde gefrieren. Je 1 Minzeblatt darauflegen und mit dem restlichen Zitronenwasser bedecken.

Wieder ins Gefrierfach geben und 2 Stunden gefrieren. Die Erdbeeren in einer kleinen Schüssel mit dem Zucker bestreuen. Zum Servieren je 2 Zitroneneiswürfel in Gläser geben, mit dem Wein auffüllen und mit den Erdbeeren garnieren.

Abbildung S. 387

Pfirsicheis (S. 383)

Geeister Wein mit Erdbeeren (S. 385)

Himbeer-Semifreddo

Semifreddo ai lamponi

Vorbereiten: 4½ Std.
(inkl. Gefrierzeit)
Garzeit: 15 Min.
Für 6-8 Personen

6 Eigelb
250 g feiner Zucker
250 g Himbeeren
750 ml Sahne

Das Eigelb mit dem Zucker in einer hitzebeständigen Schüssel hell und schaumig schlagen. Die Schüssel auf ein Wasserbad setzen und die Eiermasse rühren, bis sie eingedickt ist und einen Löffelrücken überzieht.

Die Schüssel vom Wasserbad nehmen und die Eiermasse kalt rühren. Die Himbeeren in eine flache Form geben und mit einer Gabel grob zerdrücken. Die Sahne in einer zweiten Schüssel steif schlagen. Erst die Eiermasse, dann das Himbeerpüree unter die Sahne heben. Einen gefriergeeigneten Behälter mit Frischhaltefolie auskleiden. Die Eismasse einfüllen, die Oberfläche glatt streichen und mindestens 4 Stunden im Gefrierfach gefrieren. Vor dem Servieren den Behälter kurz in heißes Wasser tauchen und das Semifreddo auf einen Teller stürzen. Die Frischhaltefolie vorsichtig abziehen und das Semifreddo in 1 cm dicke Scheiben schneiden.

Abbildung S. 390

Brombeersorbet

Sorbetto di more

Vorbereiten: 3½ Std.
(inkl. Kühl- und
Gefrierzeit)
Garzeit: 12-15 Min.
Für 4 Personen

130 g feiner Zucker
2 EL Orangenblütenwasser, und etwas Orangenblütenwasser zum Beträufeln
600 g Brombeeren
geschlagene Sahne oder Brombeerkonfitüre, zum Servieren

Zucker und Orangenblütenwasser mit 150 ml Wasser in einem Topf zum Kochen bringen. So lange rühren, bis sich der Zucker vollständig aufgelöst hat. Nun ohne Rühren 5 Minuten einkochen lassen. Den Topf vom Herd nehmen und den Sirup abkühlen lassen. Die Brombeeren im Mixer pürieren und unter den erkalteten Sirup rühren.

Die Sorbetmasse in einen gefriergeeigneten Behälter füllen und mit etwas Orangenblütenwasser beträufeln. Mit Alufolie abdecken und im Gefrierfach etwa 3 Stunden gefrieren. Das Sorbet in Kugeln mit Schlagsahne oder Brombeerkonfitüre garniert servieren.

Johannisbeer-Semifreddo

Semifreddo di ribes rossi

Zubereiten: 10½ Std.
(inkl. Gefrierzeit)
Für 4 Personen

500 ml Sahne
80 g Puderzucker
50 g Löffelbiskuits
200 g Rote Johannisbeeren

Einen gefriergeeigneten rechteckigen Behälter mit Frischhaltefolie auskleiden. Sahne mit Puderzucker in einer Schüssel steif schlagen, dann auf zwei Schüsseln aufteilen und bis zum Gebrauch in den Kühlschrank stellen. Die Löffelbiskuits in eine Sahneportion krümeln. Dann die Hälfte davon in den vorbereiteten Behälter streichen und 2 Stunden im Gefrierfach gefrieren.

Zwei Esslöffel Johannisbeeren beiseitelegen. Die restlichen Beeren im Mixer oder mit dem Stabmixer glatt pürieren. Das Püree in die zweite Sahneportion rühren, in den Behälter geben und glatt streichen. Im Gefrierfach 2 Stunden gefrieren. Dann die restliche Löffelbiskuitsahne darauf verstreichen und weitere 6 Stunden tiefkühlen. Vor dem Servieren den Behälter kurz in heißes Wasser tauchen und das Semifreddo auf einen Servierteller stürzen. Mit den zurückbehaltenen Johannisbeeren garniert servieren.

Pflaumensorbet

Sorbetto di prugne

Vorbereiten: 45 Min.
(inkl. Gefrierzeit)
Garzeit: 10 Min.
Für 4 Personen

400 g Pflaumen, halbiert und entsteint
fein abgeriebene Schale von 1 unbehandelten Orange
250 g feiner Zucker
½ Zimtstange
1 Eiweiß

Die Pflaumenhälften klein schneiden, mit Orangenschale und 2 Esslöffeln Zucker in eine große Schüssel geben und etwa 10 Minuten ziehen lassen. Inzwischen den restlichen Zucker und die Zimtstange mit 250 ml Wasser in einem Topf zum Kochen bringen. Dabei so lange rühren, bis sich der Zucker vollständig aufgelöst hat. Nun ohne Rühren 5 Minuten einkochen. Die Zimtstange entfernen und den Sirup abkühlen lassen. Die Pflaumen mit Sirup und Eiweiß in den Mixer geben und glatt pürieren. Die Sorbetmasse in die Eismaschine füllen und in etwa 20 Minuten bzw. den Angaben des Herstellers folgend zu Sorbet weiterverarbeiten. In einen gefriergeeigneten Behälter füllen und ins Gefrierfach stellen.

Abbildung S. 391

Himbeer-Semifreddo (S. 388)

Pflaumensorbet (S. 389)

Zuccotto

Zuccotto

Zubereiten: 4½ Std.
(inkl. Kühlzeit)
Für 8 Personen

- 300 g Löffelbiskuits
- 150 ml Grand Marnier
- 750 ml Sahne
- 150 g Kakaopulver
- 2 EL Puderzucker
- 150 g Zartbitterschokolade, gehackt
- 20 Mandeln, blanchiert, gehäutet und gehackt

Eine kuppelförmige Form mit einigen Löffelbiskuits auskleiden und das Gebäck mit etwas Grand Marnier beträufeln. Die Sahne steif schlagen, dann auf zwei Schüsseln aufteilen. Kakaopulver und Puderzucker unter die eine Hälfte rühren, Schokolade und Mandeln unter die andere. Die Kakaosahne in einer gleichmäßigen Schicht in die Form füllen und glatt streichen. Die Form einige Male auf die Arbeitsfläche klopfen, damit Luftblasen entweichen. Die Kakaosahne mit einer Schicht Löffelbiskuits bedecken und mit etwas Grand Marnier beträufeln. Nun die Mandelsahne einfüllen und mit den restlichen Löffelbiskuits bedecken. Mit dem übrigen Grand Marnier beträufeln. Etwa 4 Stunden im Kühlschrank ziehen lassen. Auf einen Servierteller stürzen. Für einen geeisten Zuccotto die Form tiefkühlen.

Hinweis: Zuccotto ist eine Spezialität aus Florenz und soll das erste Semifreddo der italienischen Küche gewesen sein. Seine Kuppelform soll dem Dom von Florenz nachempfunden sein.

Wassermelonensorbet

Sorbetto d'anguria

Zubereiten: 40 Min.
(inkl. Gefrierzeit)
Für 4–6 Personen

- 1 kleine Wassermelone
- 200 g Puderzucker
- Saft von ½ Zitrone
- Zitronenscheiben, zum Garnieren

Von der Wassermelone eine Kappe abschneiden. Das Fruchtfleisch herauslösen und entkernen. Die Schale aufbewahren. 350 g Fruchtfleisch abwiegen und mit Puderzucker, Zitronensaft und 400 ml Wasser glatt pürieren. Die Masse in die Eismaschine füllen und 20 Minuten bzw. den Angaben des Herstellers folgend zu Sorbet weiterverarbeiten. Das Sorbet in Kugeln unterschiedlicher Größe in die Melonenschale geben und mit Zitronenscheiben garniert servieren.

Hinweis: Sie können dieses Melonensorbet auch mit Honigmelone zubereiten. Fügen Sie dem Wasser dann noch ein Gläschen Portwein zu.

Aprikosensorbet

Sorbetto d'albicocche

Vorbereiten: 4½ Std.
(inkl. Gefrierzeit)
Garzeit: 15 Min.
Für 4 Personen

200 g feiner Zucker
400 g Aprikosen, entsteint
2 EL weißer Rum

Den Zucker mit 100 ml Wasser zum Kochen bringen und rühren, bis er sich vollständig aufgelöst hat. Nun ohne Rühren 10 Minuten einkochen. Die Aprikosen zugeben und 5 Minuten mitköcheln lassen.

Die Aprikosen durch ein Kunststoff-Haarsieb in eine Schüssel streichen und den Rum unterrühren. Die Aprikosenmasse in einen gefriergeeigneten Behälter füllen und etwa 1 Stunde anfrieren lassen. Die dicke Masse in eine Schüssel geben und 2–3 Minuten kräftig rühren. Wieder in den Behälter füllen und weitere 2–3 Stunden tiefkühlen. Das Sorbet in Dessertschalen geben und sofort servieren.

Basilikumsorbet

Sorbetto al basilico

Zubereiten: 1¼ Std.
(inkl. Gefrierzeit)
Für 4 Personen

16 Basilikumblätter, und ein paar Basilikumblätter zum Garnieren
500 ml trockener Sekt
100 g Puderzucker
Saft von 1 Zitrone
4 Eiweiß

Basilikum, Sekt, Puderzucker und Zitronensaft im Mixer auf höchster Stufe 1 Minute mixen, dann in eine Schüssel füllen. Das Eiweiß in einer Schüssel steif schlagen und vorsichtig unterheben.

In einen gefriergeeigneten Behälter füllen und etwa 45 Minuten tiefkühlen, bis die Masse körnig ist. Das Sorbet in vier Dessertschalen füllen, mit einigen ganzen Basilikumblättchen garnieren und sofort servieren.

Hinweis: Durch die Zugabe von Eischnee wird das Sorbet cremiger und nicht so wässrig.

Kirschsorbet

Sorbetto di ciliegie

Zubereiten: 2¼–3¼ Std.
(inkl. Gefrierzeit)
Für 4 Personen

300 g vollreife Kirschen, entsteint
150 g Puderzucker
½ TL Bittermandelaroma

Kirschen, Puderzucker und Mandelaroma mit 200 ml Wasser in den Mixer geben und glatt pürieren. Die Masse in eine kleine Kastenform füllen und 2–3 Stunden tiefkühlen. Dabei 2–3-mal pro Stunde umrühren. Das Sorbet in vier Dessertgläser füllen und sofort servieren.

Kiwisorbet

Sorbetto al kiwi

Vorbereiten: 30 Min.
(inkl. Gefrierzeit)
Garzeit: 15 Min.
Für 4 Personen

200 g feiner Zucker
4 Kiwis
Saft von 1 Zitrone
Erdbeeren, zum Garnieren

Den Zucker mit 500 ml Wasser in einem Topf zum Kochen bringen. Dabei so lange rühren, bis sich der Zucker vollständig aufgelöst hat. Nun ohne Rühren etwa 15 Minuten einkochen, bis ein Sirup entstanden ist. Die Kiwis schälen, klein schneiden und im Mixer pürieren. Kiwipüree, Sirup und Zitronensaft in einer Schüssel verrühren. In die Eismaschine füllen und in etwa 20 Minuten bzw. den Angaben des Herstellers folgend zu Sorbet weiterverarbeiten. Das Sorbet auf vier Gläser verteilen, mit Erdbeeren garnieren und servieren.

Brombeereis am Stiel

Ghiaccioli alle more

Vorbereiten: 3¼ Std.
(inkl. Gefrierzeit)
Garzeit: 10 Min.
Für 4 Personen

200 g feiner Zucker
300 g Brombeeren
Saft von 1 Zitrone

Den Zucker mit 500 ml Wasser in einem Topf zum Kochen bringen. Dabei so lange rühren, bis sich der Zucker vollständig aufgelöst hat. Nun ohne Rühren bei sehr schwacher Hitze 5–10 Minuten einkochen, bis ein Sirup entstanden ist, dann abkühlen lassen. Die Brombeeren im Mixer glatt pürieren. Durch ein Kunststoff-Haarsieb in eine Schüssel streichen, Zitronensaft und erkalteten Sirup unterrühren. Die Masse in vier oder mehr Eisförmchen füllen, Stiele hineinstecken und 3 Stunden tiefkühlen.

Aprikosengranita

Granita all'albicocca

Vorbereiten: 3¼ Std.
(inkl. Gefrierzeit)
Garzeit: 40 Min.
Für 4 Personen

200 g feiner Zucker
400 g Aprikosen, entsteint und klein geschnitten
1 TL Vanillearoma
Saft von 1 Zitrone
8 Minzeblätter

Den Zucker mit 200 ml Wasser in einem Topf bei schwacher Hitze zum Kochen bringen. Dabei so lange rühren, bis sich der Zucker vollständig aufgelöst hat. Nun ohne Rühren 5–10 Minuten einkochen lassen, bis ein Sirup entstanden ist.

Den Sirup abkühlen lassen. Die Aprikosen in den Sirup geben. Den Topf wieder auf den Herd setzen und den Sirup 30 Minuten sehr sanft köcheln lassen, dann abkühlen lassen. Die Aprikosen mit dem Sirup durch ein Kunststoff-Haarsieb in eine Schüssel streichen. Vanillearoma und Zitronensaft unterrühren. Die Masse in einen gefriergeeigneten Behälter füllen.

Im Gefrierfach 3 Stunden gefrieren, dabei alle 30 Minuten umrühren. Die Granita in vier Dessertschalen füllen, mit Minzeblättchen garnieren und sofort servieren.

Erdbeergranita

Granita alla fragola

Vorbereiten: 3 Std. 20 Min.
(inkl. Gefrierzeit)
Garzeit: 10 Min.
Für 4 Personen

150 g feiner Zucker
250 g Erdbeeren, geputzt
Saft von 1 Orange
Saft von 1 Zitrone

Den Zucker mit 250 ml Wasser in einem Topf bei schwacher Hitze zum Kochen bringen. Dabei so lange rühren, bis sich der Zucker vollständig aufgelöst hat. Nun ohne Rühren 5–10 Minuten einkochen lassen, bis ein Sirup entstanden ist.

Den Sirup abkühlen lassen. Vier Erdbeeren für die Garnierung beiseitelegen. Die restlichen durch ein Kunststoff-Haarsieb in eine Schüssel streichen. Orangen- und Zitronensaft sowie den Sirup unterrühren.

Die Granitamasse in einen gefriergeeigneten Behälter füllen und 3 Stunden tiefkühlen. Dabei alle 30 Minuten umrühren.Die Granita in vier hohe Dessertgläser füllen. Mit den zurückgelegten Erdbeeren garnieren und sofort servieren.

Pfirsichgranita

Granita alla pesca

Vorbereiten: 3¼ Std.
(inkl. Gefrierzeit)
Garzeit: 40 Min.
Für 4 Personen

- 150 g feiner Zucker
- 400 g Pfirsiche, geschält, entsteint und gewürfelt
- Saft von 1 Zitrone
- 1 TL Vanillearoma
- 4 dicke Zitronenscheiben, zum Garnieren

Den Zucker mit 200 ml Wasser in einem Topf zum Kochen bringen. So lange rühren, bis sich der Zucker vollständig aufgelöst hat. Nun ohne Rühren bei sehr schwacher Hitze 5–10 Minuten einkochen, bis ein Sirup entstanden ist.

Den Sirup abkühlen lassen. Den Topf wieder auf den Herd setzen. Die Pfirsiche in den Sirup geben und bei aufgesetztem Deckel 30 Minuten köcheln lassen. Die Pfirsiche mit dem Sirup durch ein Kunststoff-Haarsieb in eine Schüssel streichen. Zitronensaft und Vanillearoma unterrühren.

Die Granitamasse in einen gefriergeeigneten Behälter füllen und mindestens 3 Stunden tiefkühlen. Dabei alle 30 Minuten umrühren. Die Granita in vier Dessertgläser füllen, mit je 1 Zitronenscheibe garnieren und sofort servieren.

Himbeer-Johannisbeer-Granita

Granita di lamponi e ribes

Vorbereiten: 3 Std. 20 Min.
(inkl. Gefrierzeit)
Garzeit: 10 Min.
Für 4 Personen

- 400 g Himbeeren
- 150 g Rote Johannisbeeren
- 100 g feiner Zucker
- Saft von ½ Zitrone
- Zitronenscheiben, zum Garnieren

Himbeeren und Johannisbeeren durch ein Kunststoff-Haarsieb in eine Schüssel streichen. Den Zucker mit 200 ml Wasser in einem Topf bei schwacher Hitze zum Kochen bringen. So lange rühren, bis sich der Zucker vollständig aufgelöst hat. Nun ohne Rühren bei sehr schwacher Hitze 5–10 Minuten einkochen, bis ein Sirup entstanden ist. Den Sirup abkühlen lassen. Beerenmark und Zitronensaft in den erkalteten Sirup rühren.

Die Granitamasse in einen gefriergeeigneten Behälter füllen und mindestens 3 Stunden tiefkühlen. Dabei alle 30 Minuten umrühren. Die Granita in Dessertschalen füllen und sofort mit Zitronenscheiben garniert servieren.

Champagner-Barracuda

Barracuda di champagne

Zubereiten: 2 Std. 10 Min.
(inkl. Kühlzeit)
Für 4 Personen

4–5 Erdbeeren, geputzt
1½ EL Grenadinesirup
1 Flasche Champagner demi-sec (halbtrocken)
Walderdbeeren, zum Garnieren

Die Erdbeeren in eine Schüssel geben und mit dem Stabmixer pürieren. Das Püree in einen hohen Behälter füllen und im Kühlschrank 2 Stunden kühlen. Vor dem Servieren den Champagner langsam zugießen und unterrühren. In Gläser füllen und mit Walderdbeeren garniert servieren.

Erdbeeren in Marsala

Fragole al marsala

Zubereiten: 1 Monat
(inkl. Ruhezeit)
Ergibt 2 kg

½ Flasche Marsala
1 kg Erdbeeren, geputzt
250 g feiner Zucker

Marsala und Erdbeeren in eine Schüssel geben und 30 Minuten ziehen lassen. Den Marsala abgießen und in einer Schüssel auffangen. Erdbeeren und Zucker abwechselnd in ein sterilisiertes Glas schichten, bis alle Zutaten aufgebraucht sind.

Mit dem Marsala übergießen und das Glas fest verschließen. An einem kühlen, dunklen Ort mindestens 1 Monat ziehen lassen. Die Erdbeeren in Dessertschalen geben und mit dem Marsala servieren.

Hinweis: Werden die Erdbeeren zu lange aufbewahrt, werden sie weich und verlieren an Farbe und Aroma.

Früchte in Sekt

Spumante alla frutta

Zubereiten: 2½ Std.
(inkl. Kühlzeit)
Für 16 Personen

- 18 Stück Würfelzucker
- Angostura, zum Beträufeln
- 1 kg gemischte frische Früchte, klein geschnitten
- 500 ml Weinbrand
- 300 ml Grand Marnier
- 4 Flaschen halbtrockener oder trockener Sekt, gekühlt

Die Zuckerwürfel in eine große Schüssel geben und mit einigen Tropfen Angostura beträufeln. Die Früchte darauf verteilen und mit Weinbrand und Grand Marnier übergießen. Abgedeckt mindestens 2 Stunden im Kühlschrank ziehen lassen.

Vor dem Servieren mit dem Sekt übergießen und alles vorsichtig vermengen.

Abbildung S. 404

Beschwipste Himbeeren

Lamponi sotto spirito

Vorbereiten: 2¼ Monate
(inkl. Ruhezeit)
Garzeit: 15 Min.
Ergibt 1,2 kg

- 500 g Himbeeren
- 400 ml Obstbrand oder Wodka
- 250 g feiner Zucker

Die Himbeeren in ein sterilisiertes Glas füllen. Das Glas leicht auf die Arbeitsfläche klopfen, damit sich die Beeren setzen. Mit dem Alkohol übergießen, abdecken und 8 Tage ziehen lassen.

Wenn die Himbeeren schön durchgezogen sind, für den Sirup den Zucker mit 400 ml Wasser in einem Topf bei schwacher Hitze zum Kochen bringen. Dabei so lange rühren, bis sich der Zucker vollständig aufgelöst hat. Nun ohne Rühren bei sehr schwacher Hitze etwa 15 Minuten einkochen, bis ein Sirup entstanden ist, dann abkühlen lassen. Den Sirup über die Himbeeren gießen. Das Glas fest verschließen und an einem kühlen, dunklen Ort 2 Monate ziehen lassen.

Gemischter Waldbeeren-cocktail

Cocktail ai frutti di bosco

Zubereiten: 1¼ Std.
(inkl. Kühlzeit)
Für 4 Personen

600 g frische gemischte Beeren, z. B. Erdbeeren, Brombeeren, Himbeeren und Blaubeeren
300 g feiner Zucker
25 g Weinbrand

Zum Garnieren

4 Eiswürfel
4 Orangenscheiben
4 Rispen Schwarze Johannisbeeren
8 Minzeblätter

Die Beeren mit Zucker und 600 ml Wasser in eine große Schüssel geben und vermengen. Portionsweise im Mixer pürieren. Den Weinbrand zugeben und nochmals kurz mixen. Mit einem Trichter in eine Karaffe oder einen Krug füllen und im Kühlschrank ziehen lassen.

Vor dem Servieren in Gläser füllen und die Eiswürfel zugeben. Mit je 1 Orangenscheibe, 1 Rispe Johannisbeeren und 2 Minzeblättern garnieren.

Abbildung S. 405

Champagner mit Pfirsich

Champagne alla pesca

Zubereiten: 5 Min.
Für 1 Person

¼ sehr reifer Pfirsich, entsteint, in Stücke geschnitten und gekühlt
120 ml Champagner, gekühlt
1 EL Grand Marnier oder Wodka

Den Pfirsich in eine Sektflöte geben und mit Champagner und Grand Marnier oder Wodka auffüllen. Sofort servieren.

Früchte in Sekt (S. 402)

emischter Waldbeerencocktail (S. 403)

Gin Fizz mit Melone

Melon fizz

Zubereiten: 2¼ Std.
(inkl. Kühlzeit)
Für 6 Personen

1 große Melone
200 g Puderzucker
250 ml Gin
1 Flasche trockener Sekt

Die Melone halbieren, entkernen und in Spalten schneiden. Das Fruchtfleisch von der Schale lösen und in Würfel schneiden. In eine große Schüssel geben und mit dem Puderzucker bestäuben. Mit Gin und Sekt übergießen und vor dem Servieren mindestens 2 Stunden im Kühlschrank ziehen lassen.

Abbildung S. 408

Pfirsiche mit Champagner

Pesche allo champagne

Zubereiten: 1¼ Std.
(inkl. Ruhezeit)
Für 6 Personen

500 g Pfirsiche, geschält, entsteint und gewürfelt
½ Flasche trockener Weißwein, gekühlt
1 Stück dünn abgelöste Schale von 1 unbehandelten Zitrone
Saft von ½ Zitrone
½ Flasche Champagner, gekühlt

Die Pfirsiche in eine Schüssel geben und bis zum Gebrauch kalt stellen. Den Wein in eine große Karaffe füllen und die Zitronenschale zufügen. An einem kühlen Ort 1 Stunde ziehen lassen.

Vor dem Servieren die Zitronenschale entfernen. Den Zitronensaft in den Wein rühren. Mit dem Champagner auffüllen und die gewürfelten Pfirsiche zufügen.

Sommerlicher Smoothie

Frullato d'estate

Zubereiten: 10 Min.
Für 4 Personen

600 g fettarmer Naturjoghurt
600 ml zerstoßenes Eis
50 g feiner Zucker
Saft von ½ kleinen Zitrone
4 Gänseblümchen, zum Garnieren

Den Joghurt mit zerstoßenem Eis, Zucker und Zitronensaft in den Mixer geben und auf mittlerer Stufe glatt pürieren. Den Smoothie in vier Gläser füllen, mit Gänseblümchen garnieren und sofort servieren.

Abbildung S. 409

Brombeeren oder Blaubeeren in Grappa

More e mirtilli sotto grappa

Für die Brombeeren:

Zubereiten: 1–2 Monate (inkl. Ruhezeit)
Ergibt etwa 1,2 kg

500 g Brombeeren
600 ml Grappa
150 g feiner Zucker

Die Brombeeren putzen, kurz abspülen und abtropfen lassen. Auf einem sauberen Tuch ausbreiten und mehrere Stunden trocknen lassen. In sterilisierte Gläser füllen und fest verschließen.

Grappa und Zucker in einen Krug füllen und rühren, bis sich der Zucker aufgelöst hat. Zu den Brombeeren gießen und die Gläser fest verschließen. 1–2 Monate an einem kühlen, dunklen Ort ziehen lassen. Dabei die Gläser gelegentlich umdrehen.

Für die Blaubeeren:

Zubereiten: 3 Monate (inkl. Ruhezeit)
Ergibt etwa 1,5 kg

300 g Blaubeeren
1 l Grappa
150 g feiner Zucker

Die Blaubeeren putzen, kurz abspülen und abtropfen lassen. Auf einem sauberen Tuch ausbreiten und trocknen lassen. In sterilisierte Gläser füllen und fest verschließen.

Grappa und Zucker in einen Krug füllen und rühren, bis sich der Zucker aufgelöst hat. Zu den Blaubeeren gießen und Gläser fest verschließen. Mindestens 3 Monate an einem kühlen, dunklen Ort ziehen lassen. Dabei die Gläser gelegentlich umdrehen.

Wassermelonensmoothie

Frullato di cocomero

Zubereiten: 10 Min.
Für 1 Person

1 Scheibe Wassermelone, geschält, entkernt und in Stücke geschnitten
Saft von ½ Orange
Saft von ½ Zitrone
100 ml trockener Sekt, gekühlt
1 EL feiner Zucker
1 kleiner Wassermelonenkeil mit Schale, zum Garnieren

Die Wassermelone mit Orangen- und Zitronensaft im Mixer glatt pürieren und in einen Krug füllen. Sekt und Zucker zufügen und rühren, bis sich der Zucker aufgelöst hat. In hohe Gläser füllen, mit dem Melonenstück garnieren und sofort servieren.

Gin Fizz mit Melone (S. 406)

ommerlicher Smoothie (S. 406)

Erdbeersmoothie

Frullato di fragole

Zubereiten: 30 Min.
(inkl. Ruhezeit)
Für 4 Personen

- 2 EL Weißweinessig
- 200 g Erdbeeren, mit Stiel
- feiner Zucker, zum Abschmecken
- 750 ml Milch

Den Essig in eine mittelgroße Schüssel mit Wasser rühren. Die Erdbeeren hineingeben und etwa 10 Minuten ziehen lassen. Das Essigwasser abgießen. Die Erdbeeren abtropfen lassen, putzen und im Mixer glatt pürieren.

Das Erdbeerpüree nach Belieben mit Zucker süßen. Die Milch zugießen und kurz untermixen. Den Smoothie in vier gekühlte hohe Gläser füllen und sofort servieren.

Rhabarbersaft

Succo di rabarbaro

Vorbereiten: 20 Min.
Garzeit: 15 Min.
Für 6–8 Personen

- 1 kg Rhabarber, in kurze Stücke geschnitten
- 250 g Zucker
- 225 ml Apfelsaft

Den Rhabarber in einen Topf geben und knapp mit Wasser bedecken. Den Zucker zufügen und zum Kochen bringen. Die Hitze reduzieren und den Rhabarber 15 Minuten köcheln lassen, bis er zerfallen ist.

Den Rhabarber durch ein Haarsieb in eine Schüssel passieren und sorgfältig ausdrücken. Den Apfelsaft in den aufgefangenen Rhabarbersaft rühren. Den Saft in eine saubere Flasche füllen, gut verschließen und im Kühlschrank aufbewahren.

Rezeptverzeichnis

Antipasti, Häppchen und Pizza

Eier und Frittatas

Erster Gang

Fisch und Meeresfrüchte

Fleisch

Salat

Saucen, Marinaden und Würzbutter

Gemüse

Desserts

Eiscreme und Getränke

Register

Kursiv gesetzte Seitenzahlen verweisen auf Abbildungen.

A

B

C

D

E

F

G

H

I

J

K

L

M

N

O

Q

R

S

T

Anmerkungen

Die in den Rezepten verwendete Butter sollte ungesalzen sein.

Der in den Zutaten genannte Pfeffer ist immer schwarz und frisch gemahlen zu verwenden, wenn im Rezept nicht anders angegeben.

Die in den Rezepten verwendeten Eier, Gemüse und Früchte sind mittelgroß, wenn nicht anders angegeben.

Milch ist immer Vollmilch, wenn im Rezept nicht anders angegeben.

Knoblauchzehen sind stets groß; bei kleinen Knoblauchzehen verwenden Sie 2 Stück.

Zubereitungs- und Garzeiten sind als Richtlinien zu verstehen. Beim Garen mit Umluft muss die Ofentemperatur den Herstellerangaben angepasst werden.

Die Temperatur von Frittieröl prüft man am besten mit einem Würfel Brot. Das Öl ist dann an die 180 °C heiß und hat die ideale Frittiertemperatur erreicht, wenn der Brotwürfel im Öl in 30 Sekunden braun wird. Das Frittiergut muss dabei stets vorsichtig und langsam eingelegt werden, damit das heiße Fett nicht spritzt. Tragen Sie beim Frittieren lange Küchenhandschuhe und lassen Sie den Topf nie unbeaufsichtigt.

Einige Gerichte in diesem Buch bestehen aus rohen oder nur leicht gegarten Eiern. Insbesondere ältere Menschen, Kinder, Schwangere, kranke Personen sowie Personen mit schlechtem Immunsystem sollten auf den Verzehr dieser Eierspeisen verzichten.

Alle Löffelangaben in den Rezepttexten beziehen sich auf das gestrichene Maß:
1 Teelöffel (TL) = 5 ml
1 Esslöffel (EL) = 15 ml

Fotos von Italien
von Joel Meyerowitz

Fotos von
Rezepten und Zutaten
von Andy Sewell

Illustrationen
von Jeffrey Fisher

Design
von Sonya Dyakova

Edel:Books
Ein Verlag der Edel Germany GmbH

1. Auflage 2013
Edel Germany GmbH, Hamburg

Diese Ausgabe erscheint bei Edel Germany GmbH, Deutschland, als Lizenzausgabe von Phaidon Press Limited, Regent's Wharf, All Saints Street, London, N1 9PA, Großbritannien, www.phaidon.com

Titel der Originalausgabe:
Recipes from an Italian Summer

Die Rezepte in diesem Buch stammen aus dem Buch *Der Silberlöffel*, © 2005 Phaidon Press Limited, das erstmals 1950 von Editoriale Domus in Italienisch unter dem Titel *Il Cucchiaio d'argento* veröffentlicht wurde. Die überarbeitete, erweiterte und neu gestaltete 8. Ausgabe erschien 1997; eine Ausgabe unter dem Titel *Primi piatti* erschien 2004, *Secondi piatti* 2005, *Antipasti e contorni* 2007. © Editoriale Domus S.p.A.

Projektkoordination für Edel Germany: Constanze Gölz

Übersetzung ins Deutsche:
Lisa Voges

Satz und Redaktion der deutschen Ausgabe:
bookwise GmbH, München

Original title:
Recipes from an Italian Summer
This Edition published by Edel Germany GmbH under licence from Phaidon Press Limited, Regent's Wharf, All Saints Street, London N1 9PA, UK
www.phaidon.com

Recipes from an Italian Summer originates from *Il cucchiaio d'argento estate*, first published in 2005, and *Il cucchiaio d'argento*, first published in 1950, eighth edition (revised, expanded and updated in 1997) © Editoriale Domus S.p.A.

Printed in Romania, by G.Canale&C

Der Verlag bedankt sich bei Mary Consonni für die Übersetzung aus dem Italienischen sowie Clelia d'Onofrio, Carmen Figini, Louisa Carter, Martin und Vanessa Lam, Summer Nocon und Philip Britten für ihre Mitarbeit an diesem Werk.

Fotos Seite 14, 18–19, 22–23, 36–37, 52–53, 74–75, 98–99, 106–107, 110–111, 140–141, 144–145, 178–179, 188–189, 214, 215, 230–231, 240, 241, 250, 251, 268–269, 274–275, 280–281, 288–289, 300–301, 318, 319, 332–333, 372, 394–395, 400–401
©Joel Meyerowitz

Fotos Seite 26, 27, 30, 31, 40, 41, 46–47, 56, 57, 61, 64, 68, 69, 78, 79, 82, 83, 88, 89, 94, 95, 102, 114, 115, 118, 119, 122, 123, 126, 127, 130, 136, 137, 150–151, 154, 155, 157, 159, 166, 167, 174, 175, 182, 183, 193, 198, 202, 203, 208, 209, 218–219, 222, 223, 236, 237, 246, 247, 255, 258–259, 262, 263, 287, 292–293, 296, 297, 306, 307, 310, 311, 312, 322, 323, 326, 327, 338, 339, 344–345, 350, 351, 354, 355, 360, 361, 364–365, 370, 371, 376–377, 380, 381, 386, 387, 390, 391, 404, 405, 408, 409, 411
von Andy Sewell

Pesci
Carni
Pasta
Oli
Vini
Erbe